U0902514

袁闊成傳

袁俊贤 审定
李娟娟 编著

人民出版社
青岛出版社
QINGDAO PUBLISHING HOUSE

图书在版编目（CIP）数据

袁阔成传 / 袁俊贤审定；李娟娟编著 . -- 青岛 :
青岛出版社 , 2017.4
ISBN 978-7-5552-5328-0

Ⅰ . ①袁… Ⅱ . ①袁… ②李… Ⅲ . ①袁阔成（1929-2015）
—传记 Ⅳ . ① K825.78

中国版本图书馆 CIP 数据核字 (2017) 第 071092 号

书　　名	袁阔成传
审　　定	袁俊贤
编　　著	李娟娟
出版发行	青岛出版社
社　　址	青岛市海尔路 182 号（266061）
本社网址	http://www.qdpub.com
邮购电话	13335059110　0532–85814750（传真）0532– 68068026
统　　筹	刘　咏　侯俊智
策　　划	刘志宏　刘　坤
责任编辑	刘　冰　贾银峰
装帧设计	刘　欣　祝玉华
印　　刷	青岛浩鑫彩印有限公司
出版日期	2018 年 1 月第 1 版　2018 年 1 月 第 1 次印刷
开　　本	16 开（710mm × 1000mm）
印　　张	20.25
字　　数	200 千
图　　数	193
印　　数	1 - 5000
书　　号	ISBN 978–7–5552–5328–0
定　　价	68.00 元

编校印装质量、盗版监督服务电话　4006532017　0532–68068638
建议陈列类别：人物传记

《袁阔成传》终于出版，可喜可贺！

我与袁阔成先生相识于20世纪改革开放初期，几十年来，我不仅喜爱袁先生的表演艺术，敬重他的为人，更一直与他保持着深厚的友谊。

袁阔成先生是我国著名评书表演艺术家，更是中国评书发展史上里程碑式的大师。他出身于评书世家，既亲历了旧社会评书艺人颠沛流离的苦难，也见证了新中国人民演员地位提高的新生活。因此他爱党爱祖国，紧跟时代步伐，在继承传统的基础上，大胆对评书表演改革创新。

1948年冬山海关刚刚解放时，袁阔成先生就在解放军的鼓励下，第一个大胆说新书《小二黑结婚》。20世纪50年代，年轻的袁阔成先生带着他根据《林海雪原》精心改编排练的评书小段《舌战小炉匠》，参加了全国第一届曲艺汇演，一举夺得全国曲艺汇演优秀奖。由此参加了全国第一届曲艺工作者代表大会，当选为理事，受到周恩来总理接见，并参加全国巡演，赴金门岛为解放军官兵进行慰问演出。正是在这次巡演中，袁阔成先生又一次大胆创新，他打破评书的传统表演形式，对评书表演进行改革，撤掉书桌，终于把评书的“半身艺术”变成了说表并重的“全身艺术”。

全国巡演结束不久，袁阔成先生受中央人民广播电台邀请开辟了电台长篇新书栏目，先后播讲了《林海雪原》《暴风骤雨》《野火春风斗古城》《艳阳天》《赤胆忠心》《红岩》等。这一新栏目开播后一直延续至今。

20世纪60年代，袁阔成先生参加了全国第二届文代会，受到伟大领袖毛主席的接见。此后他开始到全国各地示范表演新评书，并亲自对一大批来自全国各地的评书演员和故事员进行讲学辅导，因此可以说，袁阔成先生对这个时期的中国评书的传播推广，以及改革和发展，都起到了不可替代的推进作用。同时也由于他对评书的传播推广影响了一大批未来的评书大家，而在评书界里形成“无徒宗袁”之说。

改革开放的新时期，袁阔成先生的表演艺术又开始绽放新的光芒，在为新中国成立三十年献礼编排表演了《桃花庄》获得表演一等奖，并得到国务院和文化部的嘉奖后，袁阔成先生又以一部365讲的长篇历史评书《三国演义》在中央人民广播电台的成功播讲而再一次名扬中华大地。在这部耗时五年半录制的长篇历史评书中，袁阔成先生以古书新说的形式，将现代词汇融进传统书，具有鲜明的时代特色，他的演技和播讲达到了炉火纯青的境地，这成为中国评书艺术史上不可超越的巅峰之作，中国语言艺术的里程碑。

《三国演义》播出之后，全中国上至中央领导，下到平民百姓以至海外听众无不喜爱，海外友人更是把它当作学习汉语、了解中国文化的教材范本。中央人民广播电台收到数以万计的群众来信，足见其影响之大。袁阔成先生也因此被赞为“古有柳敬亭，今有袁阔成”。

从第一个带头说新书《小二黑结婚》，到评书表演从书馆走进剧场，走进电台，灌唱片，走进电视；从《肖飞买药》到《江姐上船》，再到《三国演义》，袁阔成先生不仅在每一个历史时期都有不可超越的作品问世，更是引领中国评书发展和进步的佼佼者。因而，《袁阔成传》的出版，无疑可以让更多的曲艺工作者，以及喜爱袁阔成先生评书表演艺术的广大听众走进袁阔成先生的生活和工作中，更深刻地感受一代评书表演大师的成长经历。

该书由袁阔成先生的口述和亲笔回忆资料，以及袁先生的女儿、学生、同人朋友等提供资料撰写完成，内容真实、丰富而生动。袁阔成先生生前一直为人低调，从不愿对外宣传自己，因此该书亦是袁阔成先生之唯一一部传记。

相信袁阔成先生精湛的评书表演艺术及他对中国评书发展的卓越贡献将永垂青史！

⊙评书艺术家袁阔成（冯赣勇摄）

⊙邓力群接见袁阔成。

⊙袁阔成与原中央台领导在录制现场（冯赣勇摄）

⊙袁阔成与相声表演艺术家马季先生（冯赣勇摄）

⊙袁阔成与荣高棠、谢添二老在一起（冯赣勇摄）

⊙袁阔成与电影表演艺术家赵子岳先生（冯赣勇摄）

⊙袁阔成与姜昆、郭颂等艺术家

⊙袁阔成与京剧表演艺术家梅宝玥先生等（冯赣勇摄）

⊙袁阔成与电影表演艺术家孙道临先生（冯赣勇摄）

⊙袁阔成与京剧表演艺术家马长礼先生等（冯赣勇摄）

⊙袁阔成与影视表演艺术家李雪健先生等（冯赣勇摄）

⊙袁阔成与中央台著名播音员曹山先生（冯赣勇摄）

⊙袁阔成与剧作家焦乃积先生（冯赣勇摄）

⊙袁阔成与话剧表演艺术家张家声先生

⊙袁阔成与京剧表演艺术家方荣祥先生

⊙袁阔成与歌唱家殷秀梅等（冯赣勇摄）

⊙袁阔成与著名曲艺表演艺术家骆玉笙先生、八一制片厂著名导演翟俊杰先生等

⊙ 20 世纪 50 年代末袁阔成与著名相声表演艺术家刘宝瑞先生等合影。前排左一为刘宝瑞先生，中间白凤鸣先生，后排左一赵连甲先生，右一许多先生（冯赣勇提供）。

⊙ 20 世纪 70 年代袁阔成与相声名家常宝霆先生

⊙ 20 世纪 80 年代，袁阔成与曲艺名家罗荣寿、高凤山在唐山舞台亮相。

⊙ 20世纪80年代袁阔成与高凤山先生等合影，前排右二为高凤山。

⊙袁阔成与相声名家李国盛先生（冯赣勇摄）

⊙袁阔成与北京曲艺家协会副主席崔琦先生

⊙ 20世纪60年代袁阔成与作家王充闾等（右二）在“四清”工作汇报会上（王充闾提供）。

⊙袁阔成与评书艺术家刘兰芳先生、田连元先生、单田芳先生（冯赣勇摄）

⊙袁阔成与评书艺术家刘兰芳先生、田连元先生、单田芳先生等（冯赣勇摄）

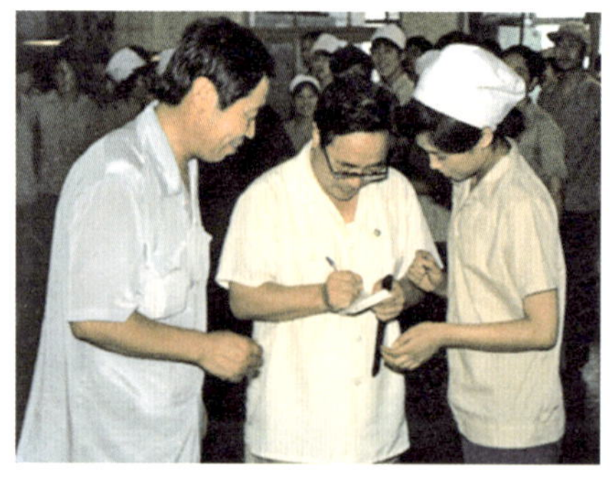

⊙袁阔成为书迷签名（冯赣勇摄）。

目录

第四章 迎解放说新书

第五章 从书场到电台

第六章 营口岁月

历时近三年，终于为中国著名评书表演艺术家袁阔成先生撰写完成了《袁阔成传》。谨以此书献给远在天国的袁阔成先生，以表对一代评书表演艺术大师的崇敬和怀念。

袁阔成先生自幼生长在京城有名的评书世家，其时正是中国评书兴盛的时代。本书以《享誉京城的“袁氏三杰”》为开篇第一节，从中国评书简要发展历程和清末著名评书大家、袁阔成先生的祖父袁霭棠，以及被誉为京城“袁氏三杰”的袁阔成先生之伯父袁杰亭、袁杰英和父亲袁杰武说起，将中国评书大师袁阔成先生如何从一个评书世家的孩子成长为一代中国著名评书表演艺术家的历程一一呈献给大家。

袁阔成先生原名袁麟，1929 年生于天津。幼时曾在私塾读书，8 岁开始跟随父亲袁杰武先生学习评书，13 岁拜评书大家金杰力先生为师，由师父取艺名袁阔成，后还经著名评书大师陈士和先生指点。1947 年 18 岁在沈阳东雅轩“挑帘红”一举成名。此后，年轻的袁阔成长期在北京、天津、唐山、哈尔滨、营口、秦皇岛、山海关等地演出。

经历过旧社会评书艺人地位低下、生活漂泊的袁阔成，不仅深刻体会到新社会评书艺人社会地位的提高，更怀着对党、对社会主义祖国的无比热爱之情，在1948年山海关解放时，就创作表演了新节目《迎解放》，并第一个带头说《小二黑结婚》《吕梁英雄传》等新书，开创了我国说新书的先河。

1950 年，袁阔成受邀带着他的新书《小二黑结婚》走进唐山电台，此后又相继录播了《吕梁英雄传》《新儿女英雄传》《白毛女》《灵泉洞》等十几部现代评书，成为新中国最早走进电台的评书演员之一。

1956 年，袁阔成来到辽宁营口，先后参与创办营口市说唱团，任副团长、团长职务，并成为一名正式在编的新中国评书演员。1958 年，袁阔成精心改编排练的新评书小段《舌战小炉匠》在全国第一届曲艺汇演中获得全国曲艺汇演优秀奖。

之后，袁阔成参加了全国第一届曲艺工作者代表大会，当选为理事，受到周恩来总理接见，并且参加全国巡演，到金门岛慰问演出。在这次演出中，袁阔成大胆创新，撤掉书桌，把评书的“半身艺术”变成了说表并重的“全身艺术”。这是袁阔成打破评书传统表演形式，对评书表演的大胆改革。

1960年，袁阔成参加了全国第二届文代会，受到伟大领袖毛主席的接见。紧接着袁阔成受中央人民广播电台邀请，开辟了中央人民广播电台新小说长篇新书栏目，先后播讲了《林海雪原》《暴风骤雨》《野火春风斗古城》《艳阳天》《赤胆忠心》《红岩》等。栏目开播后，不仅深受全国听众喜爱，而且一直延续至今。

1962年，袁阔成的《肖飞买药》又走进了北京电视台（中央电视台前身）。此后，袁阔成开始到全国各地示范表演新评书，并且进行讲学辅导，一大批评书演员和故事员纷纷向袁阔成学习请教。他对评书的传播推广，不仅影响了一大批未来的评书大家，更推进了评书的改革和发展。

改革开放以后，袁阔成的评书表演艺术更加绽放光芒，他耗时五年半录制的365讲长篇历史评书《三国演义》，以古书新说的形式，为《三国演义》注入了鲜明的时代特色，演技和播讲更是达到了炉火纯青的境地，从而成为中国评书艺术史上不可超越的巅峰之作，中国语言艺术的里程碑。

《三国演义》播出之后，上至中央领导，下到平民百姓以至海外听众无不喜爱，成为海外友人学习汉语了解中国文化的教材范本，收到的群众来信数以万计，可说是影响了几代人，袁阔成也被赞为“古有柳敬亭，今有袁阔成”。1984年2月2日，陈云同志邀请他去中南海共度春节，1984年2月18日，王震同志亲笔给袁阔成写信，赞扬他播讲《三国演义》的成功。

调入中央人民广播电台电台的袁阔成先后录播、整理出版了《漩流》《长坂雄风》（又名《赵子龙》）、《西楚霸王》《十二金钱镖》《封神演义》《碧眼金蟾》《红岩》《股票风云》等评书，并在20世纪90年代重新录播了电视版《三国演义》。

晚年的袁阔成先生仍然不减大师风采。2012年，83岁的他为高速公路交通台完成了评书小段《中华典故故事》的录制后，又在84岁时走进清华大礼堂，向莘莘学子开讲《评书：且听这回分解》，从而为宣传中国评书，让年青一代了解中国评书，关注、热爱中国民族文化，作出新的贡献。

身为中国评书表演大师的袁阔成先生业务精湛，性格幽默，更有一颗爱党、爱祖国的红心，因此在本书最后一章《评书巨匠的风采》中，既有袁阔成先生生活中"辞演"与"卖鞋"的趣事，也有"读书与查字典"的勤奋，还有为何终生未收徒弟的"只有学生没有徒弟"，以及"一把扇子寄深情""首先是一名党员，然后才是演员"等内容，这些很多第一次披露的袁阔成先生工作、生活中的真实故事，都会让我们感受到一代评书表演大师热爱中国评书、关注中国评书的情怀和一个优秀的党员艺术家的高尚情操。

本书在撰写过程中，首先得到袁阔成先生的大力支持，并荣幸地采访他数次。袁阔成先生亦为本书提供了大量珍贵的口述和回忆资料。遗憾的是，在本书初稿完成后，袁阔成先生不幸辞世，没能看到最后修改完成的《袁阔成传》。

本书的撰写还得到人民出版社刘志宏先生、青岛出版社刘坤先生的大力支持和指导，谨在此深表感谢！

本书还得到袁阔成先生的女儿袁田先生，中国曲艺家协会主席姜昆先生，原辽宁春风文艺出版社总编耿瑛先生，袁阔成先生的义子李金斗先生和夫人张蕴华先生，袁阔成先生的义子崔琦先生、阎洪春先生，以及袁阔成先生的学生——原央视《曲苑杂坛》主持人汪文华老师、马步秋先生、冯赣勇先生、李少朋先生、张伟先生的大力支持，他们分别接受我的采访或积极提供了许多资料、照片。特别是冯赣勇先生，更是无偿为本书提供了袁阔成先生在世时工作、学习和生活的大量照片。谨在此对他们表示深深感谢，并在书中配图照片中，除袁阔成先生家人提供的照片外，均标注了拍摄者和提供者的姓名，以示对他们的感谢和尊重。

还要感谢袁阔成先生生前的部分好友、同事，以及袁田先生的部分好友、同事对本书的大力支持。

我相信，无论是袁阔成先生生前的口述和亲笔回忆录，还是先生的女儿、学生和朋友的回忆资料，以及有关先生工作、生活的大量珍贵照片，一定会使这本袁阔成先生的唯一传记"不辱使命"，让读者如亲历般感受到一个永远载入中国评书史册的评书表演大师的成长经历，以及精湛表演和卓越成就闪烁的光芒！

再一次感谢支持撰写《袁阔成传》的所有人！

李娟娟

2016 年 11 月 28 日

壹

第一章 评书世家的孩子

第一节
享誉京城的“袁氏三杰”

20世纪初的中国大地，正是评书大发展的繁盛时期。尤其是这时的北京城，不仅说书的名家人才辈出，而且书目众多，至于大大小小的书棚、书馆更是遍及京城各地。

评书，是我国民族艺术丰富多彩的曲艺艺术门类中的一种。在新中国成立之前，说书人主要说演传统评书。就是把古代故事用现在的话说出来，再加以评论，谈古论今，阐述道理。一般情况下，评书通常是指北方评书，即以北方语言为基础，以北京语音为标准音调的普通话表演。因此，评书也可以说是广大群众十分熟悉的我国民间口头文学之一。

作为民族艺术，评书在我国可谓源远流长，民间大多认为评书“起自春秋，兴于唐宋”。但也有各种不同的看法，因此对于评书的发展和历史，亦有“可溯之源长，可证之史短”之说。

至于老百姓熟悉的评书，也可以说是具有现代意义的评书，则形成于明末清初。评书史上也称这个时期为评书的第一次大发展时期。而在清末到民国初年，则是评书艺术的第二次大发展时期，也是评书发展的繁盛时期。

袁杰亭、袁杰英、袁杰武三兄弟就是这个时期京城有名的说书人。袁家世代居住在北京，兄弟三人也在北京出生长大，他们的父亲袁霭棠先生在清朝末年即为京城有名的说书人。在父亲的影响下，三兄弟很早就开始学习说书，并先后成为当时的评书大家德智厚先生的弟子（亦有三兄弟各自独立拜师一说）。由于学习刻苦，又极具天赋，袁氏三兄弟不仅年纪轻轻就开始“独立门户”说书，更是早早就在京城说书界占有一席之地。

自1916年北京评书研究会成立后，中国的评书又得到了进一步发展。特别是评书研究会对书场上经常上演的40多部大书进行了修订整理后，确定了29部可改正上演的书目。在这29部大书中，就有袁氏三兄弟共同演绎的中国著名评书《五女七贞》，也叫《施公案》。

自此，袁杰亭、袁杰英、袁杰武三兄弟更加潜心钻研、精心演绎《五女七贞》。他们不断进行艺术实践和努力改进，不仅说书艺术造诣更加高深，而且在京城自成一流派，深得广大听书人喜爱。也因此，他们被京城人誉为“袁氏三杰”。

⊙京城“袁氏三杰”之三爷袁杰武先生。

虽然袁氏三兄弟一生只说一部《五女七贞》，但他们却以风格迥异又各有千秋的评书艺术表演活跃在京城各大书馆。其中大爷袁杰亭 18 岁出师，天生一副匀称身材、浓眉阔目，给人的第一印象就是个精明强干之人。大爷曾长期在北京西安市场书馆说书献艺，是三兄弟中说得最好的。他不仅表演庄重大气，而且声若洪钟，可说是台词音准分明，吐字如捉虎，悦耳动听，听众更是无不动容。因此，京城听书客对大爷说书的评价是：听大爷的书“解气”、过瘾。

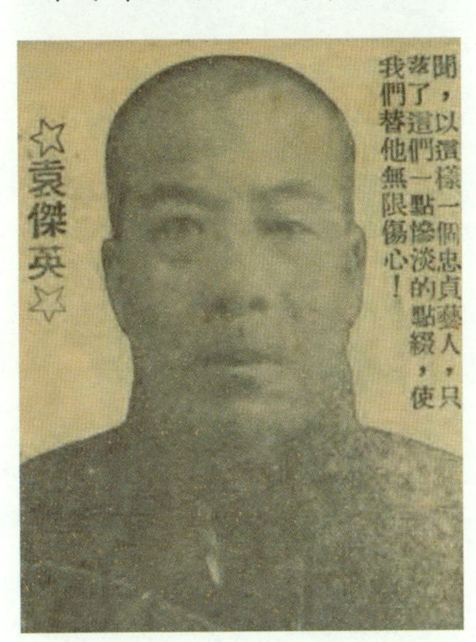

⊙京城“袁氏三杰”之二爷袁杰英先生。

大爷袁杰亭在当时的评书界还有一个出名的事就是敢和他的大师兄、当年有“净街王”之称的著名评书艺人王杰奎对台说书。

王杰奎书说得好，老辈人说只要他的露天书场一开书，就像磁石吸铁一样，一下子就把北京城里大街小巷连行人带车马的全都吸住了。再看街面上，真可以说是行人忘记赶路，商家忘记叫卖。更有时因为车马行人聚集街头，影响了交通，直把个交通警察忙得跑前跑后，热汗横流。说书人王杰奎也由此得名“净街王”。

敢和如此声名威震的“净街王”对台说书，可见当年大爷袁杰亭说书的水平也一定是相当了得。只可惜，一场大病，让不到 30 岁的袁杰亭被迫离开书场。一开始，还有很多追逐大爷名气的医生主动登门给他看病，可说是踩平台阶，挤碎门框，一个个争着给大爷把脉问诊。怎奈时间长了，说不了书的大爷坐吃山空，钱花没了，财物也当了。到了这景儿，原来争着来给大爷看病的医生一下子也见不着影儿了。可叹一代评书大家，正逢英年有为，却不幸与世长辞，享年只有33岁。京城书场从此失去了一个有才华、名噪一时的说书人。

二爷袁杰英说书慢条斯理，像老朋友唠家常一样，温文尔雅。每每讲故事都好像他亲身经历一样真实生动，说起来更是妙语连珠，台下笑声不断，听众回味无穷。有一个听众听完袁二爷的书回家吃饭，突然想起二爷刚刚讲的特别逗人发笑的一段："江河湖海到底谁大呀？比江河湖大的当然是海，比海大的是洋，大西洋、太平洋，比洋大的是什么呀？是牛！"这位听众一下把口中的饭笑喷了……这才是名副其实的袁家二爷袁杰英幽默的说书风格。

三爷袁杰武，表演风格以轻巧取胜。经常活跃在南城、北城大大小小的书馆，是京城平民百姓十分熟悉和喜爱的说书人。袁杰武先生谨遵师承，怎么学的就怎么讲，可谓一丝不苟。

虽然经常说"隔道不下雨，百里不同风"，即便是搞艺术也要入乡随俗，不可不察。但袁杰武先生的表演风格和他的性格正好成正比，他一向本着自谦尊人的原则待人处世，对谁都是一团和气，真正应了书如其人的那句俗语，即做人本本分分，做艺术规规矩矩。

还要多说上几句的是二爷袁杰英，三兄弟中，他可说是佼佼者，当年不仅闻名京城，而且说书艺术造诣高深。因此比袁家另外"二杰"在京城"占领"的书场更为广阔，名声影响也更大。

由于袁杰英说书水平高超，他除了经常在京城的西安市场、天桥的长顺轩、福海居等各大书馆说书献艺，还不时被请到京城达官贵人家中的堂会去说书。因此慕名听袁杰英说书的听众中，既有家世显赫的有钱人，也有文化名人和京剧名角，如当年唱京剧有名的金少山、谭小培等都非常喜爱听袁杰英说书。如此看来，比起袁家另外"二杰"，二爷袁杰英的听众可说是遍及三教九流，自是广泛多了。

袁杰英书说得好，外表也长得潇洒英俊，在当年评书界以"身材伟岸、相貌堂堂"而著称，用现在的话来说，袁杰英就是当时说书场的一个"大帅哥"。

在我国评书发展的历史上，不仅给予了享誉京城的"袁氏三杰"一定的席位，更对以"帅"著称的袁杰英给予了非常高的评价。比如我国著名的曲艺史家、民俗学家金受申先生曾评价袁杰英说演的《施公案》：“……其说王凤山毒死俞瑾时，一步一紧，令人神往，说宋天忠不得已而施权诈，宛如目见。”

张啸涛先生在2008年编著的《评书》中也曾对袁杰英的看家书《施公案》给予了很高的评价：“袁杰英说演的《施公案》以赵璧为‘书胆’，从赵璧的一言一行、一衣一履、一车一马中皆能生出情理之中的笑料……他所说的‘赵璧巧摆罗圈会’‘巧圆四命案’‘张家寨拿鹉雕反串翠屏山’等回目都极见巧思……袁杰英说演的《施公案》属于公案书。公案书最讲究‘变口’，如《永庆升平》中马成龙的山东口音，《小五义》徐良的山西口音，《施公案》中张玉、夏天雄的南方口音，每部公案书都有‘变口’。不过只许变上述的三种口音，以外的口音是不许变的。袁杰英说《施公案》，凡书中有特性的人，他都能学出不同声调来。像他学说赵璧的咬舌头尖童音，十分有趣……袁杰英说《施公案》的特点是武书文说，不闹不躁，‘包袱’很多，说起来慢条斯理，幽默诙谐，令人忍俊不禁……”

对袁杰英的评书表演艺术，张啸涛先生更是作了极高而全面的评价：“他善于利用细节，充分发挥，讥讽时弊，淋漓尽致，人称‘二号双厚坪[①]’。在当时与评书名家王杰魁、品正三齐名……他的评书表演，说表中蕴含人情事理，娓娓道来；坐谈打斗，一招一式，条理分明。表演时，通过手、眼、身、法表明人物鲜明的形象，听之、观之、品之，如见其人，如临其境……”

此外，袁杰英还因为在说演《施公案》时借助书中人物和情节暗讽当时的日伪统治而被誉为“说书界的梅兰芳”，对此，张啸涛先生在《评书》中也作了较为详细的介绍：“袁杰英说演评书幽默诙谐，擅长使‘包袱’，他常常利用书中的小情节、小道具引申发挥，讽刺实事。据《中国曲艺志·北京卷》记载：20世纪40年代初，日伪统治时期的北京，物价飞涨，民不聊生，人们敢怒不敢言。袁杰英说《施公案》时，却常常以粮食、煤球涨价，官吏压榨百姓等为话题，借书中人物之口，运用皮儿厚的‘包袱’大胆地将讽刺的矛头指向当时黑暗的现实。评书表演的‘包袱’中，能令人立刻发笑的称作‘皮儿薄’；乍一听不可笑，过后细思起来不但可笑而且有深意的称作‘皮儿厚’……

“日本帝国主义即将失败之前，在北京也开始了更加疯狂的挣扎：强迫市民挖防空壕，令北京各个商店、住户都必须在门前设一卷席、一罐水、一堆

---

①双厚坪：清末民初有“说书大王”之称的著名说书艺人。

土，并且要再贴一张写有‘防空防火设备已齐’字样的纸条。百姓们恨透了日本鬼子，常常在心里诅咒，盼着能有场大火把他们烧光。

“一日，袁杰英在电台说《施公案》后套，说到施公放赈齐东县，殷家堡一伙贼人深夜在县城放起大火。施公派人救火，赵璧看见路南有一家商店，门上贴着红纸条，就说：‘这个铺子已然贴出歇业出倒条了，不必忙着救它啦。’及至众人走近，才看清纸条上写的是‘防空防火设备已齐’。这一‘现挂[①]’对日寇进行了暗中讽刺……”

从清朝末年到民国，从袁霭棠到“袁氏三杰”，历经中国评书兴旺发展、评书人才辈出的时代，这就是一代评书表演艺术家袁阔成先生父辈及祖辈几代京城说书人的真实历史。

①现挂：抓取时事作为表演素材或根据演出的实际情况进行即兴发挥。

第二节 出生在评书世家

1929年农历7月20日，是“袁氏三杰”的三爷袁杰武先生最高兴的日子，这一天，他的夫人董氏历经十月怀胎，生下一个男婴。这是袁家的第二个孩子，第一个孩子是个女孩，而且已经10岁了。在20世纪20年代受“不孝有三无后为大”影响较深的旧中国，在生了第一个女儿十年后终于抱得贵子，可以想见，当时的袁杰武夫妇是何等欣慰。

袁家小男孩的出生，自是让袁杰武先生和夫人喜不自胜，直乐得合不上嘴。10岁的大女儿荣秀更是兴奋得恨不得抱起刚刚出生的小弟弟亲上几下。袁家上上下下呈现出一片欢乐之态。

按照袁氏家族男孩名字的排序，袁杰武先生为他新出生的儿子取名袁麟。这个叫袁麟的男孩，就是几十年后名扬中华大地的一代评书巨匠袁阔成。

望着襁褓中小袁麟一双炯炯有神的大眼睛，董氏夫人的眼里充满了疼爱。袁杰武先生则一声不语地看着他的儿子，目光中除了疼爱，似乎更充满了希望和期待……

此时的袁杰武先生正在天津有名的德庆园茶楼开讲“袁氏三杰”的看家书《五女七贞》。说起来，这袁杰武先生不是北京城有名的“袁氏三杰”的三爷吗？怎么会到天津说书呢？原来在那个年代，评书这个行当不仅在北京繁荣盛行，在河北、天津、东北一带照样流行，大有听众。至于那书场规模和听众捧场的阵势，更是不次于北京。

因此当年的说书艺人不仅辗转在京、津、唐、东北一带，而且大都不固定在一个书场说书。此外，演出的时间和场次也是各地有各地的“规矩”。一般在北京演出“轮转儿”，一“转儿”两个月，就是俩月换一个地方，东西南北城转着来。出了北京城到了河北、东北地区，就论“节”了。一般是从正月到五月，五月到八月，八月到过年，分为三个“节”，一“节”换一个地方。

这是那个时候说书人和书场都懂得的规矩，我们从中不仅可以看出当年说书人“工作场地”的不固定性，亦可以体会到旧社会说书人社会地位的低下和说书的不易。因此当年在说书人中有一段最流行的话就是：“南京收了南京去，北京收了北京游，南北二京都不收，黄河两岸度春秋。”这无疑更是道出了过去说书人长于流动的工作特点及他们为谋求生存而历尽的艰辛。

由此更不难看出，为何那时的“袁氏三杰”兄弟三人一生只说一部《五女七贞》，就可以闻名驰骋于京城评书界了。

出生在评书世家的小袁麟，就这样跟随着父亲的“流动”书场慢慢长大，从天津回到北京，从北京到唐山，从唐山到东北，从东北又回到北京……

几年后，小袁麟懂事了。于是袁杰武先生去演出时，就总是带着他的小儿子。从此，自打出生就随着父亲演出“走天下”的小袁麟，开始进书场听书了……

走进书场，小袁麟满心欢喜，他一动不动地坐着，一双机灵的大眼睛忽闪着，开始听父亲拿手的袁氏家族看家书《五女七贞》……

跟随着袁杰武先生演出，小小年纪的袁麟脑子里装进了许多评书，也走遍了北京、天津、唐山、东北的各个书场……

爱听书，听书多，一听就记住了评书，“行走”在各个书场的小袁麟，有一个生活在评书世界里的童年，也从小亲眼目睹了京津冀各个书场的人和事，亲身感受到父亲为说书经历的奔波。

置身在这样的一个评书世界，也让童年的小袁麟无法和其他同年龄的孩子一样走进学校正常读书。不断地跟随父亲奔波于各大书场演出的小袁麟，只在私塾和书馆断断续续地上了几年……

提起从小跟随父亲到处演出漂泊的童年，袁阔成回忆说：“我家祖籍就是北京，但是由于父亲常年流动于各个书场演出，我却是在天津出生。我们家在北京居住的地方也是东西南北城换着走，小时候印象最深的住家是在西城新街口的蒋养房。我从小跟随父亲到处演出，由于流动性大，很难正式上学读书，所以前后只上了不足三年的私塾……”

第三节
父亲曾想让他学戏

虽然没能走进学校读书，前前后后私塾也只上了不到三年，可小袁麟却聪明好学，尤其是进了书场，只要是演出时往书台旁边一坐，不管是哪段评书，听了就能记住，记住了还就能把这段说出来，一点儿不打磕绊，连说带表演，甭管是声音还是身段，都挺像那么回事。

小袁麟爱说书，悟性好，又生在评书世家，谁都看好，认为他将来必能继承“袁氏三杰”大业。可袁杰武先生心里却另有想法。他总觉得在这个“既不养老，也不养小”、用说话挣钱的行当里，实在是不容易。因此心底里，袁杰武先生并不想让小袁麟长大后像自己一样奔波在说书场，而是想让他去学京剧。

这还得从袁杰武先生与京城的京剧名角金少山的交情说起。金少山是当年北京城唱花脸的著名京剧演员，有大名鼎鼎的“金霸主”之称，行里人也叫他金三爷。

金三爷爱喝茶，也非常喜欢听书，自然也是袁杰武先生说书场里的常客。那时京城的书场都分日场和晚场，一般晚场开得比较晚，有时甚至到夜里十一二点以后才开书。虽说时间晚，可是来听书的人不少。特别是一些唱戏的名角儿，只等着那边戏园子一散，下了戏卸了妆，就直奔书场来听书了。

一般情况下，名角儿进了书场后先沏上一壶茶，然后就是边喝茶边听书，既放松身体，缓解了刚刚演完戏的疲劳，又欣赏了评书。就像北京人爱听京剧一样，休闲与吸收国粹并重，这也可说是书戏同源了。

金三爷爱听袁杰武先生的书，老进书场日子长了，和袁杰武先生也成了挺好的朋友。两位先生每次见面，不仅相互问候，还要像江湖上的说书人那样，道声辛苦。更让金三爷高兴的是，袁杰武先生还经常把儿子小袁麟叫过来，让小袁麟当着面踢上两腿给三爷瞧瞧。三爷看了直夸孩子好腰腿，得着夸奖的小袁麟自然是心里美滋滋的。

日子一长，机灵的小袁麟终于明白，父亲总是把他“引见”给金三爷，敢情是想让他去学戏。大名鼎鼎的金三爷自然也看明白了袁杰武先生的意思。可三爷却不想收小袁麟跟着自己学戏，不是没看上小袁麟，而是他早就看出，这孩子年龄虽小，却浑身透着一股灵气，还早早就能把听过的评书一字不落地表演出来。不用问，是个说书的好苗子，真要是学戏，可就是改行了。俗话说，隔行如隔山，这岂不是毁了孩子的前程？

于是有一天，金三爷对袁杰武先生说：“你的孩子最好学书，我的孩子就让他唱戏，千万别改工……”

三爷的一番话，终让袁杰武先生打消了送儿子学戏的念头，也从此成就了一代评书巨匠袁阔成的艺术成长道路。

这一段经历，一直令袁阔成记忆深刻：“三爷这句话还真灵，一锤定音，我真就成了一名评书演员了……”

贰

第二章 学艺生涯

第一节 走进评书表演艺术大门

那天听了金三爷的话以后，袁杰武先生从此再没了让儿子学戏的念头。他决定正式教小袁麟学艺。这个时候，小袁麟已经8岁了，虽说是一直跟着父亲进书场听书，不但早已把好几段书连说带演背得滚瓜烂熟，经常给一大群小伙伴说书说得忘记回家吃饭，可跟着父亲学艺，还真是刚刚开始。

不管怎么说，8岁的小袁麟要开始学艺了。而把他领进评书表演艺术大门的，正是他的父亲，20世纪30年代北京城有名的评书表演艺术家袁杰武先生。在父亲的严格指导下，小袁麟终于在评书表演的道路上迈开了脚步……

都知道学艺难、学艺苦，袁杰武先生教自己的儿子学说书，自然也是从难从严。虽说是跟着父亲学艺，和一般正式拜师学徒比起来，还不至于到挨骂受气的份儿，可小袁麟在父亲手底下也没断了挨训挨打之苦。

就这样，仍然是从北京到天津再到河北、东北，小袁麟一边跟着父亲的书场“走天下”，一边跟着父亲学说书。

几年过去了，一天天长大的小袁麟学会的一段段评书越来越多，背词越来越快，一抬手一踢脚也越来越让袁杰武先生满意……

终于有一天，袁杰武先生觉得该让他的儿子登一次台，亲历一下评书表演的实践了。他心里很清楚，虽然眼下小袁麟背评书段子没得说，一招一式也挺像那么回事。可要想达到能上台表演的水平，还真得经过一番历练才行。

原来这说评书看似没那么复杂，不过就是一个人站在台上连说带表演，可就是这一个人就得撑起台上的一台戏。而对于评书演员来说，要想在台上一个人撑起来，是必须要经过“千难万险锤炼”的。首先要过的就是“紧张”这一关，也就是说，站在台上最重要的头一条就是不能把“紧张”的模样挂在脸上。评书演员一般都管它叫“摘鬼脸儿”。

什么叫“摘鬼脸儿”呢？在此，袁阔成曾形象而风趣地说：“评书是一门综合艺术，有人把它称作生活小百科。真正要想掌握好评书的技术、技巧是很不容易的，夸张点儿说，要闯过若干个关口才行。这第一关就是‘摘鬼脸儿’。顾名思义，鬼脸肯定寒碜呀！所以说，演员上台千万不能‘挂鬼脸儿’，一‘挂鬼脸儿’准砸！演员为什么会在台上‘挂鬼脸儿’呢？就是太紧张的缘故。评书演员一人一台戏，在台上如果一紧张，脸也白了，气也短了，嘴里一拌蒜，非把自己撂台上不可！”

如此看来，袁杰武先生是要让他的儿子在评书表演的艺术道路上去闯一下“摘鬼脸儿”的“第一关”了。

第二节 没“摘鬼脸儿”

要想闯过“第一关”，唯一的路子就是登台演出。袁杰武先生决定先让儿子来一个“垫垫场”的演出。所谓“垫垫场”，就是在正式“独挑”演出的演员说一段之后，给台下听众再说上一小段儿，一般也不单收钱。

别看就是给小袁麟安排一个“垫垫场”的演出，袁杰武先生可是没少费心。单说这上台表演的地儿，就是小袁麟经常跑进跑出、最熟悉的书场，听众也是常来常往的老熟人。用袁杰武先生的话说就是：“听众都是老熟人，叔叔大爷没得说，说好说坏都能有个担待，反正也不收钱……”

把这些都想好后，袁杰武才把儿子叫到跟前，对他说：“这几年你已经学会了不少段子，词也背得挺溜，等这几天就上台说一段给‘垫垫场’，敢不敢上？”

小袁麟一听，立马就答应了。他觉得自个儿不单是能把好些个段子背诵如流，单凭跟着父亲走南闯北进书场这么多年，登台说个小段子，保准没问题！

说哪一段呢？袁杰武先生最后给他即将第一次上台演出的儿子选了一段《施公案》中的《恶虎村》，这是袁家的家传拿手评书，也是儿子听得最多、背得滚瓜烂熟的段子之一。

小袁麟一听演《恶虎村》，觉得更有谱了。心里想：这袁氏看家书，那是熟得不能再熟了！还用什么准备呀，就是照猫画虎也能说个八九不离十！

在小袁麟的心里，觉得自个儿是百分百没问题，可袁杰武先生却远没有他的儿子那样轻松踏实。他为儿子选说《恶虎村》，除了“熟得不能再熟”，还因为这一段讲“黄天霸为保施公同结义好友普天球、武天雕动武，天霸镖伤二友”的书非常精彩。可说是一段文武带打，有情有义，多少还带有些家长里短，突出点在于交友满天下、知己有几人，以人情事理为核心的故事。不用说，这一段《恶虎村》，保准是听众特别喜欢的段子。

背得熟，故事又吸引听众，无疑对第一次登台演出的小袁麟十分有利。

如此看来，真是难得袁杰武先生对儿子的一片良苦用心了。

这还不算，临到了该上场那天，袁杰武先生还亲自带着小袁麟去把头发剪整齐。理好了发，小脸也洗得干干净净，上场前又穿上了董氏夫人特意找人给小袁麟做的小大褂儿。还别说，这么一溜捯饬，远瞅近瞅，忽闪着一双大眼睛的小袁麟都挺像那么一回事。

一切准备就绪，只等着小袁麟登台上场了。可是袁杰武先生似乎还是不放心，临上场前仍是不忘给儿子铺垫那句："都是老熟人，叔叔大爷没得说，说好说坏都能有个担待，反正也不收钱……"

终于，台上传来了一嗓子："嗅！少爷票一段……"

不用问,这也是顺着袁杰武先生的心愿,给第一次上台演出的小袁麟鼓劲呢。

终于该小袁麟上场了，只见他微微仰起头，稳步走到台中央，脚跟一站稳就冲着台下深深鞠了一个躬，台下立时响起了热烈的掌声。

虽说这掌声八成都是冲着袁杰武先生的，可小袁麟却一点儿没含糊，他就着掌声"啪"的一声拍了一下醒木，整个书场立刻鸦雀无声，只等着小袁麟献上那段熟得不能再熟的《恶虎村》了。

想不到就是这"啪"的一声醒木带来的"鸦雀无声"，让信心满满的小袁麟"卡了壳"。原来，一看见台下那么多双眼睛齐刷刷地都看着自个儿，从没经历过这"阵势"的小袁麟不知怎么，一下子就先乱了阵脚。他只觉得脑袋发晕，眼前一片黑，什么黄天霸、普天球、武天雕的，全都想不起来了，只会愣愣地看着，一句词也说不上来了。一瞅台上"少爷"都这模样了，台底下还不全乐啦。

就着台底下的笑声，小袁麟的眼泪也流出来了。得，一见这"阵势"，什么也别说，袁杰武先生赶忙上台，把儿子拉下了场……

小袁麟第一次上台的"光景",就是评书艺人所说的没"摘鬼脸儿",说起来,其实就是他太紧张了。袁阔成对自己当年那一段没"摘鬼脸儿"的经历，更是有一段难忘而有趣的回忆："我上台一鞠躬，哗……一片热烈掌声！'啪'的一声醒木一拍，整个书场鸦雀无声，一二百位听众都瞅着我一个人，当时我的头'嗡'的一声，只觉得眼前一黑，一句台词也说不出来。'轰……'满屋的人都乐啦，我哭了！老爷子说了句话，到今天我还记得：'快出去得得空气！'事后我才知道，敢情我没'摘鬼脸儿'！"

第三节 拜师学艺的日子

经历了那一次的没“摘鬼脸儿”，小袁麟自然心里不是滋味。袁杰武先生表面上没有对儿子说什么，心里却在琢磨着，该送儿子去拜师学艺了。因为按照行里说书的规矩，即便是生在评书世家，也必须正式拜师才算是入行，而且还得由师父取名字。此外袁杰武先生也意识到，小袁麟虽说是 8 岁就开始学艺，但那毕竟是在自个儿的家里，是父亲教儿子，再严再打骂，也离不了父子之情，谁都知道，不管到什么时候，父亲永远是疼爱儿子的。所以不能让儿子再跟着自己学艺了，一定要让他走出家门，去跟着“别人”学艺，才能受锻炼、见世面，才能有出息。

不久，小袁麟终于离开父母，走出家门去拜师学艺了。由于袁杰武先生在评书界的声望，小袁麟没有像当年一般拜师学艺的孩子那样和师父签订一个“生死文书”，也就是所谓“投河上吊生死概不负责”的拜师合同，而是直接被父亲送到和父亲一样说书艺术高深又交情不错的评书演员金杰立家中去学艺。

出门拜师学艺的小袁麟也从此被师父取名袁阔成。虽然这时谁都不会想到，这个在当时说书界“阔”字辈里一个普通的名字，几十年后将在中华大地熠熠发光……

这一年，袁阔成 13 岁。

在父亲的安排下，袁阔成先后拜金杰立、陈士和两位说书艺人为师，他们二位不仅和袁杰武有着深厚的交情，也是当年京津一带十分有名的评书演员。特别是陈士和先生，更是以说演《聊斋》及语言通俗生动，台风亲切大方，口齿清晰，长于模仿各色人物神态和善于抓“现挂”等特点而在评书界享有盛誉。

陈士和不仅早年即在天津各电台连续播讲评书，红遍津门，被曲艺界赞为“通天教主”，而且在新中国成立后还参加了电影《六号门》的拍摄。在全国第二届文代会上，陈士和还得到了周恩来总理的关注和称赞。

跟着这样两位评书界的名家学习，必然对袁阔成日后的评书表演艺术成长产生深远的影响。袁阔成对当年走出家门拜师学艺的一段生动、真挚的回忆，更可以让我们看到一代评书表演艺术家难忘的成长经历：“按照艺术规则，我虽出身评书世家，也要拜师学艺，名字由恩师赐予。我的老师是金杰立先生，他老人家给我取名袁阔成。只有履行了这一规则，才能名正言顺地从艺。和京剧艺术大同小异，像马连良、常素安……京剧有科班，评书讲师承。听老辈讲，艺名都是老师给起的，‘阔’字排序第十辈。前辈由‘三臣’标起，三臣、五亮、七旭、九茂、十八魁……‘阔’字师长是‘杰’字，弟子是‘增（枢）’字，传弟子名鑫。

“据说学艺跟师父学快，跟自家学慢。相对而言多少也有点儿道理，因为师父要求严，你要偷懒不用心他可真不客气！打骂简直就是家常便饭。字据[①]上写着呢，投河觅井概不负责！跟自己家里学艺那就差多了。父亲教儿子也挺严，有时也打。别忘了，打在儿身，疼在父心。那叫恨铁不成钢！恨不得一天你把他的绝活儿都学到手，他才偷着乐呢，这大概就叫父子天性。我们家老爷子为了我早日成材，常常把我送到别人家去学艺。老一辈交情都挺深，也甭立什么字据，就在人家里一住，管吃管穿，还管着教能耐。不用人告诉，自己就得放机灵点儿。起早贪黑，沏茶买菜，还得会看师父的眉眼高低，一动一静，得等老师高兴的时候才背几句书请他指教。背着背着一看老师脸色不对，赶快打住！规规矩矩站那儿等着挨训吧？不，这时老师什么也不说，非等吃饭的时候他才数落你呢。‘行啊，爷们儿，别看书学得没什么长进，馒头下得可挺快。要知道这馒头可是白面蒸的，就您刚才背的那段词儿，对得起那俩馒头吗……’嗬，这顿饭就着眼泪下去啦。怎么不哭出来呀？哭？哪敢呀！一哭老师又说了，‘哟，火性不小哇，有脸有皮这么大火性别干这个呀（学说书），当司令去’。连冤带损，完了还得冲墙跪一个钟头！所以不敢哭。一边听着训教，脸上还得带点笑纹儿！有时好心的师母在旁边打个圆场，‘行了，冰冻三尺，不是一日之寒，让孩子再琢磨琢磨吧，去把菜给你师父热热去’。这句话就像大赦一样，所以想起来，有时师母的恩情和师父同样重！

“曾经有人问过我，老师对你这样，你恨不恨他？说实话那会儿小，对师父是有点怨恨情绪。后来大点了逐渐明白了，老师为了啥？还不是为你好！

①字据：指拜师合同。

俗话说，‘宁添一斗，不添一口，半大小子吃跑老子’，住在人家里，管吃、管喝、管教本事，凭什么呀？说是能给师父效点力，翅膀一硬满天飞，哪儿找你去？那年头还有句口头禅，‘教会徒弟，饿死师父’，学艺这东西，不单是个艺字，师生还真得有点缘分。拿我们书曲界来说，奉养老师终生者大有人在。一句为师，何况一教几年？古人云，‘天、地、君、亲、师，人之五伦’，常言道，师恩难报……”

拜师学艺的苦和难无疑让袁阔成终生难忘，但他更不忘的却是师父培养和教育的恩德。这更让我们看到一代评书巨匠高远的思想境界和令人敬佩的高尚情操。

第四节
端别人家饭碗长能耐

无论是环境的改变还是师父的苛刻严厉，都让离开父母的袁阔成体会到一个人出门在外拜师学艺的不易，但这也让他得到了锻炼和成长。没过多久，13 岁的袁阔成就逐渐适应了学艺的新环境，学起段子来也更加用心、细心，比起在家跟着父亲学艺的时候，自是勤奋多了。

又过了些日子，袁阔成已经把师父拿手的《聊斋》背下了不少段子，说起来也是滚瓜烂熟没得挑。但他并不满足，他还想得到师父的指教。心底里，他要得到师父的认可，他要登台演出……

出生在评书世家的天才少年，正在一天天懂事，一天天长大。

于是，瞅准了机会，趁着那天师父心情好的时候，袁阔成为师父背上了一段《聊斋·画皮》。没打一点儿磕绊，一路下来有板有眼，一气说完。师父虽是照样一句没言语，却在心里嘀咕了一句："是个说书的料……"

那天吃午饭的时候，师父既没对袁阔成"连冤带损"，更没让他冲墙罚跪。打那以后，师父对徒弟虽说是仍没少了骂没少了罚，但师父心里明白，这个徒弟，眼瞅着自个儿就要"罩"不住了……当然他也意识到，此时他的徒弟袁阔成一天比一天刻苦上进了。

天才加勤奋，少年袁阔成的评书表演水平在一天天提高。

终于有一天，师父觉得他的徒弟可以为他"独当一面"了。于是他把徒弟叫到跟前，对他说："我有事要出趟门，今天这场书，你就替我上场说吧，把你平日里最熟的段子说上一场……"

袁阔成一听，心里一阵激动，赶忙答应了师父。出门离家快一年了，自个儿不就等着这一天吗？师父给徒弟丢下这些话，换上一身整齐干净的衣裳，轻轻松松地出门了。不用问，一看那架势就知道，把书场留给徒弟，他是百分百放心。

师父出去了，袁阔成也开始忙上了。先把早已背熟的《聊斋·画皮》又反复背了几遍，接着就为上场作准备。他不由想起一年前离开父亲的情景，此时父亲早已奔赴唐山、辽宁一带演出，一会儿上场前的一切准备都要靠自己了……

袁阔成没有特意去剪头发，只是认真梳理了一下，好好洗把脸，最后找出那件稍显短的小大褂，剩下的就是稳定情绪，只待登台上场了。

此时此刻，袁阔成知道，这次替师父说一场，没有退路，只能成功。一年前自己的那场没“摘鬼脸儿”，虽然实在是不露脸，但一切有父亲担待，而且那不过是“垫垫场”的演出。但这一次不一样了，这是正经八百的“说一场”，真要是演砸了，师父保准就不认他这个徒弟了……

书该开场了，没有一年前父亲在跟前的叮嘱，也没有父亲那句“都是老熟人，叔叔大爷没得说，说好说坏都能有个担待，反正也不收钱……”的铺垫，袁阔成登台了。

仍然是一鞠躬，仍然是醒木“啪”地一拍，只不过接下来就是一口气的《聊斋·画皮》。随着台底下的一片掌声，袁阔成知道自己终于闯过说书人的第一关“摘鬼脸儿”了。望着书场里听众满意的笑脸，他又想起了一年前台下那些听众的哄堂大笑，想起父亲把他拽到台下……不由心中十分感慨，真是端着别人的饭碗长能耐。想到这，他更加体会到父亲为培养儿子成材的良苦用心。

从那以后，闯过了第一关的袁阔成就开始经常在书场为听众“说上一场”了。虽然只有十几岁，也没有出师，还不算是正式登台演出，但小小年纪的袁阔成在评书表演艺术的道路上却迈开了坚实的脚步。无论是他日渐纯熟的评书表演，还是他对评书的喜爱和日渐凸显的评书表演天赋，无疑都让人看到，一个喜爱评书表演的天才少年正在茁壮成长。

提起这一段成长经历，袁阔成称当年自己这一段走出家门拜师学艺的日子为“端别人家饭碗长能耐”，他回忆说：“在老师手底下确实长能耐，不单学会了说书，还学会了好多人情道理。学艺先学理嘛！尤其是一个评书演员，评书之贵在于评，评人、评情、评事、评理。人情事理都不通，老站在台上瞎嚷嚷是打动不了听众的。有一天老师说有点事儿，让我替他说一场，我满口答应，不敢怠慢，赶快背词儿，暗暗告诫自己千万别像那年让老爷子从台上轰出去。那回轰出去照样回家吃饭，这次要再轰出去恐怕就要饿肚皮了。那天我说的是《聊斋·画皮》，连说五讲一气贯通，博得一片赞扬声！嘿，我心说别人家的饭还真管用，自己都觉出来了，能耐见长，这才真是端着别人的饭碗长能耐……”

叁

第三章 闯天下

第一节 只身奔沈阳

儿子的长进，远在辽宁演出的父亲袁杰武先生自然已知晓。想起儿子第一次登台泪流满面、一句台词也说不出来的情景，袁杰武先生更为当初自己果断送儿子出门拜师学艺而感到欣慰。

虽然如此，袁杰武先生却还不打算让儿子离开师父回到自己的身边，从学艺的角度看，他觉得，虽然儿子有了不小的进步，但离正式登台独挑大梁还得有些日子，还得经过一阵历练才行。已经长大懂事的袁阔成更是觉得自己要学习提高的地方还有很多。于是袁杰武先生仍然继续在河北、东北一带巡回演出，袁阔成也一边继续跟着师父学艺，一边时不时地替师父“说一场”。

一转眼就到了 1947 年的冬天，跟着师父走南闯北学艺的袁阔成也长成了 18 岁的帅小伙，虽说是还没有正式登台，可眼瞅着说书的本事越来越棒，师父知道，徒弟的翅膀已经长结实，可以自己飞出去了，该“出艺”了……

“出艺”，就是评书表演界所说的正式登台演出。对于此时的袁阔成来说，无疑就是离开师父，结束学艺生涯，只身一人去闯天下。他知道父亲前些日子刚刚去沈阳演出，自从母亲去世后，父亲一直一个人到处演出。现在自个儿和师父正好在铁岭，离沈阳又不远，他决定先去沈阳找父亲。

于是收拾好被褥衣物，腰里装上些盘缠，给师父磕了头，袁阔成背上行李卷就直奔了铁岭火车站。

想着很快又可以和父亲在一起，袁阔成的心里一阵阵激动。想起几年来朝夕相处的师父，他的心中又一阵阵感慨，是啊，几年来虽没少了挨损挨骂，可要是没有师父，自个儿也不会学到这么多。还是那句话，一日为师，终身为父，何况师父一教就是好几年。所以刚才拜别师父时，袁阔成真心实意地给师父磕了头……

到了沈阳，袁阔成却没能找到父亲。一个父亲的朋友告诉袁阔成说，袁杰武先生不久前是来到了沈阳，可是因为没找到合适的说书场，所以只待了两天，就去锦州了……

原来父亲早就不在沈阳了，一心要见父亲的袁阔成不由又失望又着急，脑袋瓜子一阵阵发蒙。大老远来到了沈阳，父亲却去了锦州。心里更没着落的是，自个儿怎么办呢？去锦州找父亲吧，手里剩下那点盘缠别说买火车票，连住个小旅馆都不够。想来想去，没有别的办法，只能先凑出去锦州的盘缠来。

找谁呢？求人不如靠自己，第一次独自出门在外的袁阔成终于意识到自个儿必须挣钱了，他决定先找个书场去说书。背着行李到处跑实在是不方便。于是，他先去当铺把行李当了。钱虽不多，却足够住个小旅馆，也解决了背着行李的麻烦。

初来乍到，在沈阳人生地不熟，想找个书场，还得找父亲的朋友来帮忙。于是袁阔成先去拜了一位李先生，接着又去拜了一位周先生，目的就是请他们帮忙研究研究去哪个书场说书比较合适。

有袁杰武先生的情分，两位先生自然都很热情。特别是那位周先生，更是慷慨痛快。他望着眼前这个浓眉大眼、一身帅气的年轻人，先就满心欢喜：“研究什么呀！我正好有个晚场不想去说了，就在大东关东雅轩。兄弟你去就得了……”

袁阔成一听，心中十分激动，他望着热情的周先生，一时竟不知说什么才好。

“告诉我你说什么书，我好让他们把海报贴出去。”

周先生这一通话，更让袁阔成感动了。他没想到周先生不但热情地大力帮忙，还这么慷慨痛快，用北京话说真是“嘎巴溜丢脆”！想想自个儿在周先生面前不过是个小字辈儿，所以他很谦虚地对周先生说：“我会的书也不多，只有一部《永庆升平》……”

想不到周先生连犹豫一下都没有就大大咧咧地说：“得，就是它了！海报亮几天好呀？”

袁阔成听了更加感动，心里想：还亮什么几天？兜里揣的那点儿当行李的钱就够明天一天的住店和饭钱了。于是他连忙对周先生说：“最好明天晚上就开书！”

周先生立刻痛快地说：“晚上 7 点开演，你 6 点多钟到就行。”

袁阔成连声对周先生说：“谢谢您了，大哥！”

“咳，自家兄弟谢什么？买卖火了比什么都强！”

周先生仍然是那么“嘎巴溜丢脆”，那么仗义慷慨。袁阔成在感动的同时也不由在心里说：是呀，谁不想火呀？别忘了，自个儿的行李还在当铺呢！

说书的场子有了，演出的时间也定下来了。袁阔成知道，这些都离不了周先生的热请帮忙，离不了父亲朋友的情分。接下来能不能挣钱，就只有看自己的真本事了。

第二节
一举成名之“挑帘红”

一切准备就绪，只等着去书场登台说书了。袁阔成的心里仍然有些紧张，虽然已经18岁，又有周先生的大力相助，但此时自个儿毕竟是只身一人，无论遇到什么问题，都必须要闯过去才行。于是第二天下午，虽然周先生说6点多钟到就行，袁阔成还是刚过5点就早早到了大东关东雅轩书场。不为别的，就为观察了解一下书场周围的情况。

大老远一看，这东雅轩书场还真是挺气派，坐落在街边上的好位置，是真正的门市房不说，上下两层小楼镶满窗框的大玻璃更是擦得干干净净、亮亮堂堂。再看门前的大红海报，上面赫然写着“袁阔成”和“《永庆升平》”几个大字，海报的两边还写上了“风雪无阻，请驾早临”8个大字。袁阔成的心中似乎踏实了一些。不管怎么说，这书场外面的“架势”绝对够意思，看来这周先生说话办事也绝对是实打实、够朋友。

一边看着，袁阔成就走近前拉开门进了书场，进去一看，屋里和外面一样规矩讲究，干净亮堂，桌子板凳整整齐齐，一律是扣碗茶，也有茶壶，自然都是为听书的人预备的。这里和一般北京、天津的大书场一样，听书的人要是觉着小碗茶喝着不过瘾，也可以论壶沏茶喝。

正看着的空儿，走过来一位茶社伙计，上来就跟袁阔成打招呼：“您来啦！给您沏一个？”

这位茶社伙计有30多岁，戴个毡帽。虽说是个伙计，但衣着整洁，浑身上下透着一股干净利落劲儿不说，待人也很热情。袁阔成连忙上前道了一声“辛苦”。这是过去书场的讲究，来到书场凡是先道一声“辛苦”的，必然就是行走江湖的说书人。

所以听了袁阔成先道一声“辛苦”后，这位茶社伙计连忙问道：“您是……”

“我姓袁。”

“哦，先生！失敬失敬！”

听了袁阔成的话，伙计连忙招呼着，不用说，这位自报家门姓袁的年轻先生就是门前海报上的那位说《永庆升平》的袁阔成先生了，没想到竟是这样一位年轻的帅小伙。

袁阔成连忙给伙计递过一根烟，接着又掏出火柴划火给点着。伙计一边连声道谢，一边心里暗自想，又机灵又和气，这个年轻人错不了……

递过了烟，袁阔成又问伙计贵姓，伙计说免贵姓金，俩人就这么聊了起来。只是袁阔成看到，伙计老金一边说话，一边不住地打量着自己。这才想起，是自个儿的穿戴有点特殊。

原来，这时的袁阔成穿的是一件左边开大襟的棉袍，乍一看，跟说书人常说的《剑侠图》中主人公童林穿的差不多。一般的棉袍都是右边开襟，他这打扮自然就显得特殊了。《剑侠图》的童林穿左大襟衣裳是为了突出主要英雄人物的与众不同，但袁阔成穿左大襟却是有些“迫不得已”。

因为他不小心把棉袍面给弄上了一块油，穿着不好看，做新的又没钱，只好把棉袍面翻了个儿，结果就成了左大襟了。人家都是右边开大襟，难怪伙计老金上下打量了。

两个人说了几句话，老金就让袁阔成稍等一会儿，他去上楼请经理。原来这东雅轩书场楼下是说书场，楼上还开了个打麻将的场子。这么看，比起一般只供喝彩听书的书场，这东雅轩书场还真是够气派了。

不一会儿，楼梯上响起了脚步声，老金果然把经理请下来了。袁阔成一看，经理个头不高，也就 50 多岁，他连忙上前。只见经理满面红光，上身穿着一件小皮袄，头上戴着一顶狐皮帽，两边的帽翅全都掖在帽子里，透着富态。再一看，身后边还跟着一条大黑背，更显出一种与众不同的派头。

经理虽然挺有派头，对袁阔成倒是蛮客气。不过他们说了没有几句话，书场就开始上座了。看着一个个听书的客人走进来，伙计老金关心地提醒着袁阔成说：“先生您上台喝吧。”

老金说着，就把茶杯摆到了台上，一边还随手打出个手巾板儿，递到袁阔成手里说：“先生您先擦把脸，精神精神……”

看着热情又勤快的老金，袁阔成心里热乎乎的。书场里常来常往的说书先生老金肯定见得多了，可他却一点没有瞧不起这个刚刚 18 岁的年轻人。这让袁阔成十分感动，热情的伙计老金也深深留在了他的记忆中。几十年后，晚年的袁阔成对当时的情景仍然记得清清楚楚：“老金挺热情，不小瞧人，给我的印

象很深，虽然几十年过去了，他提壶续水的身影我还能回忆起来……”

擦完脸坐在台上，看着台下逐渐增多的听众，袁阔成的心里仍然有点儿打鼓。他很清楚，这次登台演出跟“垫垫场”和替师父说一场都不一样，那时有父亲有师父。今天自己是孤身一人“闯天下”，真要是演砸了，对不起热心帮忙的周先生不说，以后还怎么在这个行里闯？再说行李还在当铺里呢！还有，去锦州的火车票怎么办呀？

这么想着，台下已经来了有几十位听众了。伙计老金过来了，他一边给茶杯里续水，一边悄悄地对袁阔成说：“先生，开吧，到点了。”

袁阔成一听，立刻提起了精神，他站起身抓起醒木，“啪”的一声往桌上一摔，那声音真是又响又脆。伙计老金也紧跟着喊了一嗓子：“开书了！压言喽！”这一嗓子，老金自然是喊得倍儿精神，只听得台底下鸦雀无声。

那一刻，袁阔成只觉得底气十足、精神倍增：“独对青天一觞，醒时歌舞醉时狂。黄金不是千年乐，红日难消两鬓霜……”几句流利的开场，立刻牢牢抓住了台底下的听众。这一下他觉得脚底站得更稳了。

于是他运足气息，一段《五龙捧圣》一口气说下来，那叫一个痛快利落，立时，台底下给出了叫好声……

18岁的袁阔成“出艺”成功了！在说书界，则管这叫出师“挑帘红”，意思就是一举成名。这次登台“挑帘红”，不仅让袁阔成在沈阳东雅轩一炮而红，也让他从此在说书界打出了一片天下。

对于“挑帘红”的这一段经历，袁阔成回忆说：“今天回忆起来很有意思，小时候背《大学》《中庸》等古书非常吃力，但是听评书故事一听就能记住，而且背诵如流。十几岁就能给听众奉送一讲《聊斋》，什么《画皮》《小翠》《田七郎》……在书场讲，也给邻居家的小朋友讲。有时一直讲到我和小听众都忘了回家吃饭。听众出于喜欢叫我一声‘小天才’。随着岁月流逝，到今天才明白什么小天才，应该说是遗传基因……就这样讲来讲去到18岁正式登台了。说起登台也叫‘出艺’，我登台还有一段小插曲。别人夸我18岁出师‘挑帘红’，就是一举成名的意思。其实这个‘红’也是逼出来的。1947年冬天我一个人去沈阳找父亲，没想到父亲去了锦州，为了去锦州和父亲团聚，我只能先当了行李，再找个园子说书……我那天精神也特足，说了一段《五龙捧圣》，台下喝彩了。更让我高兴的是一个听众都没走。那个时候演出别的不怕，就怕‘抽签儿’，就是听众没听完就一个一个走了。越说观众越少，那可麻烦了，第二天就得卷行李走人。这一炮算打住了！第二天就八成座了，第三天满园了，又过了两天连楼上牌局都给搅了，不打麻将了，全都下来听书了。内行朋友都跟着高兴，纷纷议论：知道不？阔成红了……”

第三节
锦州之行第一站

沈阳东雅轩的一炮而红，也让“出艺”独立的袁阔成挣到了第一笔经济收入。自个儿挣的钱拿到了手里，袁阔成先到当铺把当在那里的行李赎出来，接着再添几件衣服，买块怀表。不管怎么说，从今往后登台演出，好歹也得置办点“行头”才是。

接下来的日子就如袁阔成回忆的那样，有了“站脚”的沈阳东雅轩书场，除了“满园”，就是“连楼上打麻将的都下来听书了”。总之就是刚刚“出艺”的袁阔成着实火了。

一转眼就到了春节前，算了算，从入冬到现在，袁阔成也来东雅轩好几个月了。这个时候，解放战争的炮火正在向沈阳挺进。一心只知说书挣钱的袁阔成虽然还没有见过人民解放军的队伍，但是他知道，随着沈阳战局的变化，解放军的部队已经兵临城下了。

战事一天天吃紧，人们的心里都不那么踏实，特别是有钱人，更是心里发慌。此时说书场里红火的袁阔成也是心里一阵阵发慌，他在为自己说书的“前景”着急，想来想去，他决定去趟锦州把父亲找来……

原来，袁阔成火了是不假，可是几个月来他已经把自己会说的几部书都说了，再往下说，就没有新的了。毕竟年轻，会的书还是不多。就像他回忆的那样：“我也跟着发慌。我又没钱，慌什么呀？没书了，就会那点货色，全抖落完了。只好找个借口去锦州‘搬兵’，把老父请来爷俩一块儿说。经理挺高兴，让我放心去，场地给我留着……”

和经理说好后，袁阔成就登上了开往锦州的火车。没想到火车刚刚开到新民县就停了下来，一打听，前边铁路断了，不用问，是因为战争吃紧呗。看来火车真是走不了了，望着一个个往外走的旅客，袁阔成一阵阵发呆。是啊，大家有亲投亲，有友奔友，自个儿投奔谁去呀？

袁阔成一边琢磨着一边随着人走出了车站，跟人一打听，新民县街里还真有两个说书的茶馆，心中不由升起一丝希望。看来这新民县虽然不大，却还是蛮有文化底蕴的。

不管怎么说，还是先去街里的茶馆看一看再说。走进街里，大老远就看见，这新民县的两个茶馆还都挺讲究。跟人一打听，一个叫合义茶社的掌柜姓张，待人特讲义气，又好结交名角儿，所以说书人都爱去“合义”演出。要不这茶社怎么会取名叫“合义”呢？

于是袁阔成直接就朝着“合义”奔去了。走到跟前才看见，门前清清楚楚地写着早、中、晚场都有人占着了。但已经到了门前了，怎么着也得进去坐会儿，还得是江湖上那句话，同是说书人，见面就要道声“辛苦”，然后有什么话再说。

想到这儿，袁阔成就推开合义茶社门，进了屋先把行李卷往边上一靠，接着坐下来叫了一壶茶沏上。这时台上是一位姓孙的先生正在说书，袁阔成抬眼一看，这位孙先生也就 20 多岁，脸挺白净，整齐的大背头也显得特精神。说起书来更是有声有色。用行里人的话说就是口挺脆。总之，这位孙先生给人的感觉就是 4 个字：干净利落。

看着孙先生说完下了场，袁阔成赶忙走过去道了一声“辛苦”。这一声“辛苦”，自然让孙先生明白了袁阔成的身份，他一边客气地问袁阔成从哪儿来到哪儿去，一边问袁阔成有什么困难需要帮忙。

听袁阔成说完，孙先生立刻说：“这儿正好有一场，你就在这儿先演几天吧，我看这火车一时半会也通不了，这么愣着哪行呀！”

袁阔成连忙说：“这里不是三场全都有人了吗？”

孙先生一听乐了：“早场那位先生已经走了，我一个人顶俩工，时间短还行，时间长了我也受不了，你来得正巧，干脆明儿就上……”

正说着，书场的经理来了，经孙先生一引见，袁阔成演出的事就算定了下来。到了晚上，经理还出面请袁阔成和孙先生一块儿吃了饭，按照行里的规矩，这就是“下马饭”了。此外，孙先生又把自己和太太住的两间房子腾出一间给袁阔成住，这一下，住处也算是有了着落，只等着登台演出了。

第二天，合义书馆的早场书目换上了《永庆升平》，说书人就是不足 19 岁的袁阔成。让经理和孙先生都特别高兴的是，才说了一场，这个刚来的年轻人就火了……

晚场先上的是唱东北大鼓的刘春生、刘春化兄弟俩，两个人精彩的对口演唱挺受欢迎，孙先生的说书也仍然是满堂满座。

说起来几个年轻人把合义书馆的生意还真是撑得挺红火，怎奈战事一天比一天吃紧。此时的新民县四面八方都已被人民解放军的部队占领，县城里晚上一过 8 点就戒严，物价更是一日三涨，慌乱的时局也让老百姓没了听书看戏的心思。

眼看着就快过年了，火车也不通，哪儿也去不了。几个年轻人合计了半天，觉得还是得离开新民县奔锦州。过了年就走，那时开了春，天也暖和了。没有火车不怕，迈开脚步走着去，艺人从来对开步走就一点儿不打怵。还是那句打学艺那天就懂得的话："南京收了南京去，北京收了北京游，南北二京都不收，黄河两岸度春秋。"

第四节 爬过大凌河

刚过了大年初十，袁阔成就和孙先生、孙太太、刘家兄弟俩还有刘家大嫂一起上路了。好不容易走到大凌河边，大家已经累得气喘吁吁了。却不知前面还有更难更险的路程。原来此时的大凌河虽然仍是冰封雪冻，但是因为天气变暖，有的地方已经化成了潺潺流水的小河沟。看来要想从冰上走过大凌河是不可能了。

唯一的法子就是爬过被炸断了的大铁桥，为了去锦州，袁阔成和几位兄嫂别无选择，只能冒险前行。而这一段几乎是生死穿越的经历，更给袁阔成留下了一段难忘的回忆：“当时河边上聚集着好多人，都是难兄。今天回想起来觉得有点好笑，解放军要解放东北全境，你们等着解放不好吗？瞎跑什么呀？又不是‘九一八’那会儿不跑不行呀！有过亲身经历的人都知道，解放军困城三战挺厉害，围而不打，城里没粮食呀，饿得国民党兵走道都直打晃，看见狗都俩尾巴了，眼都饿花了！

“单说眼前这河怎么过吧！过河呀？爬！顺着大铁桥爬过去！桥是铁路桥，早被炸断了。有的地方的铁轨直戳戳冲天立着，怎么爬呀？不知谁说了一句：人家怎么爬，咱怎么爬呗。得，先收拾收拾吧。这可得收拾利落喽！就像书里有句台词说的：浑身上下不崩不挂！不知道爬上哪座桥墩子会让道钉挂住，扯了衣服是小事，‘咕咚’一声掉河里可就交代了！

“刘兄的弦子鼓，说出天来也不能扔，别忘了那是吃饭的家伙什儿。特别是二哥，睡觉都得是抱着弦子睡，真有点儿爱琴如命的劲头。事后才解开这个谜，感情弦子上头有文章。原来二哥在弦子轴上缠了好几个金镏子！我说他瞎子放驴死不撒手呢！

“两位嫂子打头，二位刘兄在我前边，孙兄在我后边。真是巾帼不让须眉，二位嫂夫人别看是女流之辈，爬大桥可是脸不变色心不跳。我爬到半道就哭了。可真是应了那句话：不爬不知道，一爬吓一跳。有的地方被炸得只剩下一根精湿冰凉的铁轨，一头连着桥墩子，一头悬着。说实在的，要从这上面爬上去，没个三冬两夏的功夫，还真够呛！首先身子得找好平衡，爬到半道往下一看，眼一晕，身子一歪歪，一二十米真要掉下去，肯定‘壮烈牺牲’。谁救你？当时谁也顾不了谁，只有干看着。你要是害怕不敢爬耽误了工夫还不行哪，后边还有好多人在那爬呢！

“我当时叫了一声‘孙哥’，眼泪就下来了。孙兄大声鼓励我说：‘手要抓住，千万抓紧，眼睛别往下看，沉住气，爬！往前爬！’这两嗓子还真起作用了，我把牙一咬，心一横，硬是从那根铁轨上爬过去了！

“数十年弹指一挥间，后来坐火车不知道过了多少次美丽的大凌河。每过一次，不管白天还是黑夜，我好像老是听到孙兄的喊声：‘沉住气，爬！往前爬！’那情景真是一辈子也忘不了。”

第五节
见到了人民解放军

爬过了生死关一般的大凌河，几个人终于松了一口气，大家顾不得歇息，直接就奔着锦州的方向开始了徒步行走。掐指算了算，新民县到锦州也就三百多里地，可是要靠双脚走，即便是从太阳升起到日落走一天，也就是五六十里，这样到锦州也得近一个礼拜的时间。

这么走下来，对于几个“从没拼过体力”的人来说，实在是不容易。年龄最小的袁阔成更是从没有经历过这样的磨难，走着走着就有点儿底气不足了。一开始跟着大伙儿差不多走十里八里就歇歇气儿，后来是六里多路就歇一会儿，再后来二三里路就得歇着了。这一下，刘家大哥有点儿不高兴了，终于忍不住冲着袁阔成说：“老弟你这么个走法可不行，咱得哪辈子到锦州呀？”

袁阔成听了心里也搓火，可是他知道刘家大哥也是着急一心奔锦州。想了想，自个儿也只能咬紧牙，跟着大伙儿，别人不歇自个儿也不能歇。就这样紧跟着大家一直走到太阳落山，正好走到了一个小村子，总算是找了个住地歇歇脚。

走了一天实在是太累了，几个人胡乱吃了几口就赶快上了炕头。东北农村的土炕都烧得挺热，袁阔成只觉得往热炕上一躺全身都放松了，真是别提有多解乏了。

刚躺下，就听得院子里有了动静。原来院子里来了人，再一听，竟是解放军，说是要看看刚来的几个说书先生。袁阔成他们只知道一个劲儿往前赶路，却不知他们已经走到了解放区，更不知他们的到来，还惊动了解放军的部队。

几个人赶紧起来穿好衣裳，一边心里还都有些紧张，光听人说过解放军，可是谁也没见过呀！这么个空儿，几个穿着军装的解放军进了屋。只见他们都穿着颜色较浅的黄军装，戴着皮帽子，打着裹腿，脚底下穿的是普通的棉鞋。真是装扮都一样，官跟兵一点儿也分不出来，而且几个人个个儿都是满脸笑容，特别和气。袁阔成只觉得自个儿一下子就不那么紧张了，不由在心中琢磨，这回是真见到解放军了！

说起话来，才知道领头的是个官，听着他关心地问着“冷不冷？累不累？吃饱了没有？”的话，大家都感动了，是啊，说书人走南闯北，从来也没见过这么和气的军队呀！没别的，孙大哥赶快掏出烟，一边递烟一边说：“长官，您请来一支……”

没想到，那位领头的解放军一下子就乐了：“别叫长官，叫同志。你们到了解放区了，咱们就是一家人啦！”

军队和说书人是一家人，这话还是第一回听说，几个人觉得挺新鲜也挺温暖。

“你们都是搞文艺的，将来都是用得着的人才！了不起呀！”

听着领头的解放军说的话，袁阔成他们都有点儿发蒙，不知说什么好了。自古以来，哪听说过当兵的和说书的是一家人的话呀，更别说什么“同志”“搞文艺”和“用得着的人才”了。

这是19岁的袁阔成第一次来到东北解放区，见到了待人和气、官和兵一点儿也分不出来的人民子弟兵解放军。虽然袁阔成他们因为曾经亲眼看见过“当官的发火”的景儿，所以当时没敢和几位解放军聊上几句，但这次与解放军第一次相见的温馨场面，却给他留下了很好的印象。

第六节 险些闹了误会

子弟兵的看望，更让袁阔成几人踏踏实实地睡了一宿，第二天一早，他们就出发奔锦州了。哪里想到，好不容易走到北镇，却在刚一进城时，就让解放军的部队给看起来了。一个年轻的解放军同志问他们：“你们几个这一趟是带着什么任务来的？”这一下就让他们蒙了。接着又问了些什么“布防”“装备”“电台”“密码”及“武器配备”等让他们几个人一头雾水的问题。得，不用问了，他们这是被解放军误会，当成国民党军队的探子了。

看着那位问话的解放军同志，虽说穿戴打扮和头天晚上看望他们的那几位都差不多，可是看他一脸的怒气和那一双瞪得溜圆的眼睛，就让袁阔成几人感到他的神态和昨天晚上的那几个解放军不一样了。哎，敢情这解放军也不是老那么和气。不过想想也是，哪一位解放军战士能对国民党的探子客气呢？

虽说是阵势挺吓人，但袁阔成他们心里面没有愧，也就没什么藏着掖着，实话实说：“您问的那些事，我们一概不知道，我们只知道卖艺吃饭，不信您看看我们手里的弦子、大鼓……”

但是他们这样的回答，显然更让解放军同志恼火，只听得他大喊了一声：“你们要放老实一点！”

这一嗓子挺厉害，还真把年龄最小的袁阔成吓了一跳。他回头看了看孙先生和刘家两位兄弟，却是泰然自若、半点儿没慌，不由在心中说：道行确实比我深！

这么一通审问，前前后后两个钟头过去了，自然是什么也没问出来，最后这位解放军同志只好叫人先把他们几个送到一个大院里。临出门时还对他们说，要好好反省，老实交代问题。看来，他还真是把哥儿几个当成国民党的探子了。

来到院子里，大家终于见到了阳光，抬起头，天空万里无云，响晴白日，太阳照得镶满玻璃的屋子里都是亮堂堂的，直让人有了温暖如春的感觉。此时正是刚过正月十五，在寒冷的东北大地上，还真是难得这么好的天儿。

只可惜，他们没有好的心情陪伴这好天气。是啊，好不容易走到了北镇，却被人家当特务对待了，搁到谁身上能有好心情呀？

好在他们的处境很快就变好了。刚刚吃了一顿不错的高粱米饭加炖豆腐的晚饭后，一个解放军战士进来告诉他们说："首长看你们来了。"

那一刻，他们简直不敢相信自己的耳朵，还没等缓过神儿来，部队的首长紧跟着就进来了。只见这位首长身量不高，四十几岁，披着一件军大衣，浑身上下都透着精神气儿。再一看，白天审问他们的那位就在后边跟着……

一进门，首长先和大家一一握手，接着就满脸笑容地坐到了土炕边上和大家聊起了天，屋子里立时温暖了许多。首长很随和，一边说着话，一边掏出一张纸条，接着顺手从兜里抓出些烟末，再接着两手轻轻一转，挺麻利，一支烟就卷成了。

这是从小在评书世界里长大的袁阔成第一次看人"自制香烟"，他只觉得，从进屋到聊天再到自个儿卷烟，这位首长全身上下都透着一股朴实和亲切。

刘家大哥则连忙递过去一支烟："首长，您抽这个吧。"

首长笑着说："你那洋烟不如我这个土炮有劲！"

刘家大哥又把烟递给审问他们的那位解放军同志。那位解放军连连摆手说："对不起，我不会，谢谢！"

虽然他也没接烟，但他的脸上总算是露出了笑容。再看他对首长毕恭毕敬的样子，大家终于明白了，首长比他的官大多了。

这位首长虽然职位高，说出的话却一直暖到大家的心里："坐呀！同志们都坐下！大家都是受苦人，你们从敌占区逃出来很不容易，等全国一解放，你们就是人民的演员了。到那时候，你们的用武之地可就大了！"

几位说书人听了，心中更加感动了，他们没有想到，常年行走江湖的说书艺人，竟会在人民解放军的部队里受到如此尊敬。

第七节
第一次为解放区演出

屋子里的气氛越来越融洽，首长一脸和蔼地看着大家，接着说道："这样吧，你们大老远从新民走过来，干脆就在我们这儿歇两天，也给我们这儿的老乡演两段儿，算是代表我们慰问慰问大家。"

哥儿几个没打愣儿立刻就答应了，一是感谢首长这份热情和对艺人的尊重，二也是让那位审问他们的解放军同志看一看，他们就是说书的，和特务根本不沾边。再说了，有几个特务会说书呀！

看着大家都答应了，首长又对审问过他们的那位解放军同志说："王参谋，请你给安排一下，把他们生活搞好一点……"

大家这才知道，原来那位解放军姓王。

首长建议他们先休息几天再演，可是哥儿几个一致要求当晚就演，就冲着待人这么好的首长，也得立马演出报答人家呀。于是，晚上在场院里拉上了电灯，摆上一张桌子，他们的演出就开始了。

刘家大哥开场先抱着弦子唱了一个小段儿，接着孙家大哥说了一段《武松打虎》，袁阔成说的是《天霸拜山连环套》选段。比起平时的演出，哥儿几个相当卖力气，嗓门也洪亮了许多。所以观众不时发出阵阵掌声和笑声，场子里的气氛还真是挺活跃。

袁阔成也很兴奋，他一边演着，一边偷偷看着台下的王参谋，只见他也乐得前仰后合。袁阔成不由在心中说：怎么样？国民党特务能有这两下子吗？这回知道我们真的不是特务了吧……

那一晚，他们的第一场演出大获成功。接下来又连着演了两天，每天的演出都大受欢迎。本来部队首长还想让他们再多住几天，可是他们一心想奔锦州，再加上当时解放区的农村正赶上打倒地主分田地，群众和军队都忙，听书的观众自然也受影响。他们决定还是奔着锦州开步走。于是他们试探着先跟王参谋说要去锦州，王参谋早就对他们改变了态度，他和气地说，跟首长汇报一下。

第二天吃完早饭，王参谋就来找他们了：“首长希望大家在这多住几天，可是你们盼望早一点和亲人团聚的心情我们理解，首长就不挽留了。我来问问你们准备什么时候动身。”

哥儿几个赶紧说：“我们想现在就走。”

王参谋说：“可以呀，我这就去给你们备车。”

一听这话，袁阔成他们又感动了，想不到首长对人这样关心体贴。他们连忙说：“别添麻烦了……”

可是王参谋说：“不，这是首长的意思，首长说只能送大家一天的路程，太远了有困难，请你们谅解。”

但是大家已经非常感激了，这一天的路程可以让他们少走百十来里路。何况这时锦州还没有解放，解放军的部队肯定不能先过去……

说着，一辆三套马驾辕的胶皮轱辘大车来了，车上还放了两麻袋高粱米。

王参谋说：“首长正在开会，不能亲自送大家，我就代表了。怕你们路上饿着，首长说给你们带上两麻袋高粱米。”

大家听了，不由更加感动。临上车时，王参谋又拿出一大卷花花绿绿的纸对他们说：“这是传单和标语，请你们把它带进锦州，能贴贴出去，能撒撒出去……”

几个人互相看了一眼，一齐说了声：“好！”就把一大卷子传单标语藏进了行李卷里。虽说在国民党占领的锦州贴标语撒传单不是件容易事，可就冲首长的这份热情和关心，这事也不能拒绝。

几个人坐上大马车终于上路了，望着不断招手的王参谋，还有赶来送行的不少老乡和解放军战士，大家都有些依依不舍，心里边更是热乎乎的。

第八节
父子团聚

有三套马驾辕胶皮轱辘大车送行一天的路程，几个人自是省了不少时间，第三天的下午就到了锦州。

锦州城市虽说不错，离着葫芦岛挺近，水旱两路的交通可说是四通八达，战争一时半会也打不到这里，只是书场比沈阳差多了，整个锦州城就在南门外有一个老茶馆。所以大家到了锦州就直奔了南关茶社。心中一直挂念父亲的袁阔成还不忘在路上买了些父亲爱吃的糕点、熟肉等食品。

看到已经长成帅小伙儿的儿子，袁杰武先生不由百感交集。儿子在沈阳“挑帘红”的事他早已知晓，只是没想到在这战乱的时候，为了父子团聚，儿子竟能徒步行走好几天来锦州。他上上下下地打量着儿子，说不出一句话，只是在心里为父子重逢高兴，为儿子的成才欣慰。

一番激动之后，袁阔成就把一路走来的几位患难好友向父亲一一作了介绍。袁杰武先生一边对大家说了许多感谢的话，一边问着大家，是不是都想留在锦州。刘家兄嫂都是锦州附近的人，所以他们决定还是先回老家。一是家中还有老母亲，二是守家在地，兵荒马乱的，先回家看看局势再说。孙家兄嫂却

⊙袁阔成与孙阔英、刘兰芳等人合影。其中后排左三为孙阔英，左五刘兰芳，右二李鑫荃。

⊙袁阔成与孙阔英、刘兰芳等人合影。其中前排中为孙阔英，右李鑫荃，后排左刘兰芳，右刘延广（刘延广提供）。

不想走，这些日子的相处虽然不长，但他们已经舍不得离开小兄弟袁阔成了。

于是袁阔成和孙家兄嫂一起送走刘家兄嫂三人后，几个人又坐下来商量今后的打算。孙先生说要和媳妇在锦州扎下来，而且不仅要认袁阔成这个兄弟，还想做袁杰武先生的义子。看着兄弟俩感情这么深厚，袁杰武先生就答应了。一看袁杰武先生点了头，这位孙兄倒也不含糊，当即就冲着袁杰武先生跪下，叩拜义父。从此，这位孙先生也和他的小兄弟袁阔成一样，按照评书界“阔”字辈排序，改名叫孙阔英。

接下来就是今后的生计问题了，来锦州之前说书挣下的那点钱只能是越花越少。袁杰武先生在南关茶社说书，由于战事紧，收入也就一般，再加上物价飞涨，养活这几口人还真是挺难。所以兄弟俩必须得找个地方说书才行。

可是锦州城书馆实在是太少了，兄弟俩天天出去找地儿，最后才打听到锦州南市场戏院旁边要新开一家茶社，能有一百多个座席，想来应该是不错的地方。他们就立刻去了茶社。没想到一联系就成了，两个人白天晚上说两场正合适。如此顺利，应该说离不开当时在评书界已经“火了”的袁阔成的名气。

茶社终于开业了，那天只见彩灯高挂，鞭炮齐鸣。孙阔英还架起一个台子杀了一只鸡，搞得挺正式。那边的戏园子也挺热闹，是京剧名角张云全本的《怪侠欧阳德》。虽说是戏园子茶社打对台，可是京剧满员，书场也特火。不用说，兄弟俩的生计问题先不用发愁了。

挣到了钱，袁阔成却老也忘不了躲避战乱又累又饿吃不上饭的日子，所以他什么都没干，先去买了好几袋面回家。就像他回忆的那样：“开业没三天，我就买了五袋白面存了起来，当时根本没想什么米面存放时间久了长虫子咋办，主要是饿怕了……”

第九节
出了“吊角”

袁阔成和孙阔英在南市场新开业的茶社一炮打响，袁杰武先生仍在南关茶社说白天的场子，锦州的日子总算是先稳定了下来。可是想不到没过多少日子，父亲又出了事。

那是一天上午，袁阔成在南市场说白场，正演着呢，忽然看见父亲从外边走了进来，不由心中一愣，因为每天这会儿正是父亲在南关茶社演出的时候，怎么就突然来到这里了呢？可是自己这会儿还不能走神儿，要不然一琢磨非把词儿忘了不可。幸好茶社的伙计都认识袁杰武先生，一边安排老先生坐下，一边就给沏了一壶茶。

书刚一散场，袁阔成就急着走到父亲跟前，看见老人家脸色很不好，他连忙问：您怎么没演呀？哪儿不舒服吗？父亲说，他让人给撵出来了。

原来，那天上午袁杰武先生刚演上没一会儿，就从外面闯进来几个气势汹汹的宪兵，几个人进来就命令说不许在这儿演了，要是再演，马上就把他抓起来！说着就势用手一划拉，台子上的扇子、醒木，连同茶壶、茶碗一下子就全划拉到地上去了。

立时书场的听众也都愣住了，谁都不知道发生了什么事。宪兵闹腾完了扬长而去，袁杰武先生却无法再演下去了。他只得去南市场书场找儿子。

听了父亲的叙说，袁阔成一时也想不明白到底是什么原因让规规矩矩说书的父亲突然被赶出书场。父亲一向都是个大老实人，一辈子认认真真说书，清清白白做人，从来没有招惹过谁呀！

想来想去想不明白，事情已经发生了，袁阔成只得劝父亲说：“先忍几天再说吧，正好您就歇两天，反正咱们也饿不着，家里不是还存着好几袋面吗？”父亲虽然心里很窝囊，但没有说什么。那个年头，谁不知道“穷光棍不斗恶势力”呀！

不管怎么想不出原因，袁阔成知道，父亲被人赶出书场，就是遭人暗算了。

在当时评书的行当里，这种事也时有发生，行里人管这叫“吊角”，就是得罪人了，有人暗中使坏的意思。袁阔成决定先四处打听一下，这“吊角”到底出在哪里。

可是过了没几天，这边还没打听出来个来龙去脉呢，那边南关茶社一个叫李存源的已经登了台演上了。其实这位李存源和袁阔成交情还不错，可算是父一辈子一辈的朋友。原来也在沈阳说书，只是不知道什么时候来的锦州，而且既没打个招呼，也不问问这块地是怎么回事，上来就愣演，说实在的，真有点儿太不讲交情了！

那个时代，说书艺人心都挺齐的，要是谁出了“吊角”，另一个人说什么也不能在这个书场演，因为说书人看重的是义气。可是这个李存源怎么就不管不顾地演上了？袁阔成越想越生气，就约上李存源，找了个没人的地方谈上了。

不过虽说袁阔成顶着一脑门子火，两个人却没打起来。因为李存源当时就对袁阔成说：“我真不知道还有这么档子事，要知道这场我能上吗？那也太不地道了！兄弟你要不信我，我马上把场子辞掉！”

看着李存源发誓赌咒的样子，袁阔成能说什么呢？念着他也是老老小小一大家子，大老远从沈阳逃来了，不演一家子吃什么呀！于是袁阔成说：“既然话说到这儿了，您该演还演吧。”

李存源听了忙说：“我凑足了路费马上就走，事情既然到这步了，我在这儿演长了也好说不好听……”

李存源的话当时还挺让袁阔成感动，觉得总算是没白交这个朋友。不过说归说做归做，过了些日子，李存源不但没有走，而且他在南市场茶社说书越来越火，几乎是天天满员。也不知道他的路费多会儿算够，看样子根本没有走的意思了。

李存源的生意是好了，可是袁杰武先生却病倒了。袁阔成知道，父亲是憋了一口窝囊气。要说原因也不外乎两个，一个是父亲得罪人了，还有一个就是李存源为了得到那个场子托人给父亲出了“吊角”。

到底是什么原因呢？想来想去，父子二人仍然是没想出个所以然来。

第十节
来到秦皇岛

虽然袁阔成一直劝父亲，可是父亲的病却始终是时好时坏。他知道，都是南市场茶社的那档子“吊角”事闹的。干脆还是换个地方吧，去山海关，免得父亲在这里总是触景伤情。孙阔英也觉得是个办法，为了义父的身体，他也决定离开锦州先去锦西。

过了几日，阔英收拾好就去了锦西。告别时自然是一番情深义重的感慨。有什么办法呢？动乱的年代，漂泊的人生，这就是旧社会说书艺人的真实生活。

阔英兄走了，袁阔成和父亲收拾收拾也奔了山海关。不管怎么说，凭着一身说书的本事，走到哪儿也不愁找说书的场子。于是到了山海关，安顿好父亲，袁阔成就找到了书场开始说书。虽说正赶上战事时局乱，但生意还算可以。

但过了些日子就不行了，眼看着书场里的听众一天天减少。要说原因，还是战事越来越紧，时局闹的。原来，袁阔成和父亲从锦州出来不多日子，人民解放军的部队就把锦州城包围了。锦州那边一交火，山海关这边的国民党军队自然也慌了神。大白天就在路边设满了路障，弄了好些缠满了铁丝的木头棒子做成了“刺儿滚”横在道路中间，一边还站俩国民党兵，不管什么人出入城门都得盘查一番。

到了晚上就更瘆人了，两个大探照灯支在城墙上，不停地晃着灯光，不管是哪儿听到点儿动静，站岗的国民党兵就得“哪一个？口令！”一通喊叫。就这么白天黑夜地闹腾，弄得老百姓不得安生。书馆就守在城门口旁边，这样的环境，自然是谁也没心思去听书了。

眼瞅着听书的人越来越少，袁阔成和父亲商量，他们得另谋去处了，干脆上秦皇岛吧。于是父子俩收拾收拾就到了秦皇岛。好在秦皇岛离山海关并不远，只有三十多里路。虽说赶上打仗也挺紧张，可是因为是远近闻名的大码头，书场的生意还都挺火爆。只是每个书场都排得可丁可卯，没法再加场了。

再一打听，海洋路还有一家书场，可是已经好长时间不开张了。以前这儿是个杂耍园子，生意不好就关了。后来就改成了临时战地医院，还住过不少国民党伤兵，一直到最近才腾出来。整个场子看着就透着清冷不说，还是一块“流水地”，意思就是来往的人多，真正坐下来听书喝茶的没几个，一句话，这个场子不看好。

一个朋友问袁阔成：“这么生冷的场子你敢上吗？”

袁阔成说：“怎么着也得试试呀，总比等着强吧！”

于是说干就干，先贴出海报，把卫生打扫干净，也不用架台子，挑了个好日子就开张了。想不到这一开张还就收不住了，没几天下来书场听书的就坐满了。还是那句现在人爱说的话，那叫一个火！虽然赶上战乱的时候钱币贬值，但父子二人的生计总算是有了着落。

当时的情景，袁阔成曾这样回忆：“真是天无绝人之路，这么一个场地没说上几天，满员啦！这大概就是人走时气马走膘吧！那个时候因为物价飞涨，钱也不值钱了，花的法币都抵不上手纸的价儿了。记得那时因为生意红火，每一场下来都是收上几千万，钱都是用麻袋装。虽说是一麻袋钱也买不了几斤棒子面，但是不干别的，我们父子填填肚子还算勉强……”

虽然袁阔成把自己在秦皇岛书场的红火看作“人走时气马走膘”，但不得不说，这个时候的袁阔成之所以受到听众追捧且场场火爆，是源于他日臻成熟的评书表演艺术以及他逐渐形成的独具特色的评书表演风格。虽然此时他还不过是一个不足 20 岁的年轻小伙子。

而袁阔成的这一段回忆，无疑也让我们看到了一个说书艺人在旧社会动乱的战争年代流离漂泊的真实生活。

肆

第四章 迎解放说新书

第一节
从秦皇岛到二次返关

秦皇岛书场的红火，又一次显示出年轻的袁阔成的评书表演水平日渐成熟。而随着演出的火爆，父子二人的生活也暂时安稳下来。只是袁杰武先生的身体一直没见好转，看样子，再上台演出是不容易了。

眼见着父亲的病越来越严重，袁阔成的心里很不好受，他只觉得父亲奔波劳苦了大半辈子，却遭"吊角"一劫，以至于身体被击垮，实在是太不如意了。好在自己现在已经有能力挣钱了，虽然谈不上多富贵，但起码可以让父亲不愁吃穿了。

人民解放军的炮声一天天逼近秦皇岛。忽然有一天，袁阔成觉得街上特别安静，再没了往日的一片乱哄哄。路上的行人一个个都是脚步匆匆，再一听，也不知从哪个地方传来几声枪响。父子俩正为街上的变化纳闷呢，忽然听得外面一片热闹声，急忙跑到门外观望。

这时已是快到中午了，只见人们早已涌到了大街小巷，有敲锣打鼓的，有放鞭炮的，到处都是欢呼声、锣鼓声和鞭炮声。原来解放军已经进了城，秦皇岛解放了！

在一片欢庆声中，袁阔成又一次看到了人民解放军的队伍，无论是熟悉的军装，还是"同志"的称呼，都让他心情激动。是啊，世道真的变了，处处都是老百姓翻身得解放、人人平等的新面貌、新气象。

随着解放战争的形势大好，人民解放军的部队更是所向披靡、势如破竹，真是一天解放一个地方。没过多久，山海关的朋友邀请袁阔成去那里演出。看到眼前新中国一派崭新的样子，袁阔成毫不犹豫地答应了。

于是，收拾收拾，袁阔成带着父亲来到了刚刚离开不久的山海关。此时的山海关早已没了横满道路的"刺儿滚"，更没了出入城门的盘查，有的只是此起彼伏的锣鼓声、人们的欢乐声。望着眼前的一片喜庆气象，父子二人不由无限感慨。

有了这样的环境，袁阔成在山海关的演艺事业自然也是顺风顺水。就如他回忆的那样：“秦皇岛解放了，我和父亲又回到了山海关。在南关外高台阶茶社上晚场。白场是两位刘先生，上早场的是刘福贵，评书演员，论辈分比我小一辈儿，中场是刘田利先生，西河大鼓演员。田利先生在天津宗‘王派’正宗西河老字号，而且嗓音洪亮、唱念俱佳、字正腔圆。这么说吧，当时我们三位演员都是二十岁左右，可说是风华正茂、血气方刚。表演更是各有千秋、风格各异。因此我们的演出从白天到晚上三场几乎都是座无虚席。想起来真是每天都是欢天喜地，伴随着鞭炮锣鼓声登台献艺。哪儿来的锣鼓声？是老百姓在庆祝呀！解放军天天传捷报，老百姓天天庆祝翻身解放……”

新社会的到来，让年轻的袁阔成和全国人民一样欢欣鼓舞，而对他触动最深的，则是说书艺人社会地位的提高。尤其是解放军的干部召集演员们开会时对他们说的话，更是让袁阔成难忘：“你们现在不单单是什么说书先生了，因为你们现在从事的是宣传工作，是人民的文艺工作者了。因此今后你们要说新唱新，要编一些新节目帮助政府作宣传，你们的工作是神圣的……”

话语虽不多，却让袁阔成十分激动，他深深感到，这是新政权对说书艺人的尊重和寄予的希望。由此又不由想起不久前在奔赴锦州途中，北镇那位解放军干部对他们说的话：“大家都是受苦人，你们从敌占区逃出来很不容易，等全国一解放，你们就是人民的演员了。到那时候，你们的用武之地可就大了！”

当时只觉得那位解放军干部特别亲切，说出的话让几位漂泊的说书艺人十分感动，想不到没过多少日子，他的话竟都应验了！想到这儿，袁阔成更加感慨，是啊，现在是新中国了，旧社会的说书艺人从此终于可以抬头挺胸走路了。

第二节 受到说新书的启发

山海关的解放，不仅让19岁的袁阔成迎来了一个崭新的时代，也让他从一个旧社会的说书艺人成为一名受人尊敬的文艺工作者。而随着社会环境的改变，这个新中国年轻的评书演员也迎来了新社会说新书的形势。可以说，这是袁阔成在评书表演道路上经历的第一个挑战，而最终能够成功说新书，则是袁阔成评书表演艺术的一大突破。

对于袁阔成说讲现代评书的成功突破，几十年后，即中国共产党诞生八十周年的2001年，中央人民广播电台在大型谈话节目《午间一小时——名人相约星期五》中曾这样报道说："著名的评书表演艺术家袁阔成先生，几十年来，不仅演说了许多优秀的传统评书，而且在继承传统的基础上，开现代评书之先河。先后播讲了《红岩魂》《新儿女英雄传》《野火春风斗古城》等大量现代题材的书目，为广大听众所喜爱，堪称书坛巨匠……"

"开现代评书之先河"，可说是对当年袁阔成勇于说新书、大胆探索的最恰当评价。但那一段说新书的经历却是曲折和难忘的。因此提起自己率先说新书的事，袁阔成首先谈起了最初受到说新书启发的情景："很多专家学者都说我是说新书的第一人，我不敢居功。但是我可以谈一谈当初我说新评书的情况。1948年的冬天，我在山海关说书，山海关也称渝关，北依角山，南临渤海，史载1381年明洪武十四年建关，地处山海之间，所以叫山海关。城楼高悬一块大匾，上书5个大字——天下第一关，是进士肖显所书。

"1948年山海关解放，记得当时山海关大街小巷天天都是锣鼓震天、鞭炮齐鸣，一是迎接解放军大军入关，二是庆贺各大城市相继解放。我先创作表演了一段新节目《迎解放》，还得到了一面写着'推广新内容'的锦旗。当时，许多书坛、曲艺、戏剧名宿都在山海关登台献艺，如评书大家陈清波，西河大鼓名家马俊英、刘田利，以及素有'乔清秀化身'之美誉的河南坠子名媛胡桂红等。

“有一天，军管会请我们去开会。接待我们的是军管会一位负责文化工作的干部。这位干部面带笑容，说话特客气，一见面就称我们为同志，让我们心里都热乎乎的。他对我们说：‘新中国马上就要成立了，在座的诸位从今天起再不是什么民间艺人啦！都是国家的主人啦！’这时，不知我们中间的哪一位大声问了一句：‘不是艺人我们是什么呀？’那位干部瞅了大家一眼，笑着说：‘诸位都是新中国的文艺工作者了！诸位都是国家的主人！’我们这些说书先生一听到这儿，不由一个个喜笑颜开、热血沸腾。再看各位脸上的表情，自是各有不同。有的满脸通红，有的半信半疑，也有的微合二目，似胸有成竹……那位干部接着说，‘各位的书我都听过，真可说是风格各异，各有所长，总之都挺叫座！’听到这儿，我们几个不禁互相看了一眼，虽没有言语，但彼此心照不宣。好家伙，敢情人家早就微服把咱们全都听了一遍……

“会的最后，那位干部又十分诚恳、语重心长地对我们说：‘新中国成立了，我们都进入新社会啦，大家应该讲点儿新书啦！’同时他还给我们讲了新文艺工作者的责任和推陈出新的道理。就是怎么推陈出新，为什么要推陈出新，还告诉我们说，推陈出新不是不要陈，而是让陈给新让路。好多话我们过去从来都没有听说过，所以听着是既好奇又兴奋。总之他讲得深入浅出、生动实在，我们更是聚精会神，一个个听得津津有味、心情振奋。两个钟头的会不知不觉开完了，真是有点意犹未尽！散了会后还给我们发了几本小书，有赵树理写的《李有才板话》《小二黑结婚》等书，其中有的还是油印本呢。”

第三节
打头炮说新书

会开完了，年轻的袁阔成手里攥着刚刚拿到的小书，想着刚才军管会干部诚恳又温暖的讲话，还有要大家说点新书的热情鼓励，心里不由又是一阵阵激动。是啊，用现在的话说，一个已经在书坛闯出一片红火天地的 19 岁帅哥，赶上了改天换地的好时代，哪能不迎着潮流往前闯呢？

跃跃欲试的袁阔成从军管会回来后，立马就找了几位一块儿参会的评书演员坐在一起商量说新书的事。可是他没想到，几位说书先生竟是各有自己的"弯弯绕"。一个说："这新书谁来说呀？"另一个说："新书怎么说呀？"最后还是一位先生提议说："咱们还是先回去好好看看书再说吧，现在咱们连书的内容都不了解，怎么说呀！"几位先生一听，都觉得他说得有道理，最后大家总算是统一了意见，先回家好好看书，然后再说。

就这样，几个人回家看了几天书后，又集中到了一起。想不到大家你一言我一语地说了半天，还是觉得这新书没法说。

有的说："原来咱们一直都是说传统大书，这书中的故事情节、人物性格什么的早就背得滚瓜烂熟，特别是许多程式都定型了，要想改说新书，不那么容易……"

也有的说："这人物开脸儿画像、衣着打扮、习惯动作、举手投足，有的书都传了好几代了，用一句书坛术语，都成了'底活'了。说起来更是如数家珍，娓娓道来，百听不厌，实在是不好改……"

还有一个说："别忘了有一位老先生的名言，'拉马就挣钱'，什么叫拉马就挣钱？这位老先生的拿手书《大隋唐》中不是有一段《秦琼卖马》吗，意思就是说，秦琼一卖马，准满座。你说牛不牛？一点也不牛，拉哪儿哪儿满！冷不丁地改说新书《小二黑结婚》，确实有点老虎吃天，无从下口……"

又一个说："咱就拿书中的人物举例吧，秦琼和小二黑差哪去了？说书讲的是朗朗上口。就拿秦琼举例，这人物一出场就是：此人姓秦名琼字叔宝，

⊙ 19 岁的袁阔成（左）与刘田利（中）、李存源（右）。

人称赛专诸，似孟尝！要是说小二黑，一说这位的名字，演员底气都不足……”

说到这份儿上，几个说书先生都不言语了。这一下，立刻让一心要说新书的袁阔成搓了一脑门子的火，他只觉得大家费了半天劲讨论，全算是白说了，拿了那么多小书材料也都没用了。想到这儿，袁阔成越发觉得生气，不由火从心中来，冲着几位先生就发了话：“我说！”

此话一出，其他几位先生互相看了看，一时不知说什么好。也许他们觉得袁阔成有些自不量力：就算你现在挺有名气，可是你把这说新书看得也太容易了吧。但袁阔成不管这些，散了会就告诉茶社的经理说：“换书啦！明天开始，改说《小二黑结婚》！”

茶社经理看着底气倍儿足的袁阔成，不知说什么好，但也只能照办。这时候，演艺事业红火的袁阔成正在说《雍正剑侠图》，可说是场场爆满。茶社全仗着袁阔成招来人气儿，要是不依着他，到时候这位袁爷不高兴，一甩手，茶社的买卖不就惨啦。

说换就换，第二天，袁阔成的新书《小二黑结婚》就在茶社开说了。凭着一股年轻人的热情和勇气，再加上一手纯熟的评书表演的真本事，袁阔成不仅信心十足，而且把新书说得十分卖力，真是认认真真，直说得满头大汗。可是没想到，一换新书竟不是那么回事，原来说传统书每天都是高朋满座，怎么刚把这《雍正剑侠图》换下来，这听众就一天比一天少了呢？用袁阔成回忆的话说就是：“说到第五天，台下观众就剩下三位啦！其中一位还是书场经理……”

第一次说新书虽然没有像以往那样红火，但不得不说，在当时的社会环境下，一个在说书界已经打出一片天地的青年，在同行们对于说新书不敢向前时，义无反顾地大胆冲上前勇于第一个说新书，不仅显示出年轻的袁阔成对评书表演艺术永无止境的追求，更在当时的说书界开了第一炮。对于当时的情景，袁阔成回忆说：“大家讨论了半天，最后都不言语了，说老实话，我那会儿真是有点搓火，合着讨论了一气白讨论了，好多材料也白拿了。带着年轻人的一股冲劲，我当时就冲着大伙儿说：‘我说！’现在回想起来，当年我为什么敢打头炮？我认为不外乎是年轻气盛、见多识广耳界宽、艺高人胆大，所以我马上就通知茶社经理换书啦……”

对于当年只有 19 岁的袁阔成来说，勇于说新书《小二黑结婚》，无疑源于他的决心和对评书表演艺术的积极探索。这是年轻的袁阔成说讲现代评书迈开的第一步，也可以说是他在评书演艺生涯的第一次尝试。

而对于历史悠久的中国评书来说，一部现代新书《小二黑结婚》虽然“诞生”在山海关一个普通的茶社，却是一个年轻的评书演员为说讲中国现代新评书打了头炮。也因此，袁阔成得到了“开现代评书之先河”的赞誉。

第四节 说新书后的思考

现代新书《小二黑结婚》虽然没有像以往说传统书那样火起来，年轻的袁阔成却并没有灰心，没过几日，他又对书场经理说："明天换书！"口气仍然是信心十足。这一次他要说的是一部根据马烽、西戎著的《吕梁英雄传》改编的新书。

没想到，新书《吕梁英雄传》也和《小二黑结婚》差不多，没过几天，仍是听众越来越少。不用问，用袁阔成的话说，砸啦！当时就有好多老听众对袁阔成说："您赶快把书换回来吧，说哪门子新书呀！放着赚钱的《雍正剑侠图》不说，您这是图什么呀！再说，您这新书也说得太不好听，我们听不懂……"

袁阔成听了，顿时觉得很奇怪，不说别的，单就自己的台词来说，是名副其实的京字京白，怎么就愣说听不懂呢？按照评书表演艺术的规律，历来讲究的是"开宗明义"。前辈说就是铺叙的意思。"宗为本"就是什么时代的人、什么矛盾、什么事儿交代清楚了没有；"明"就是显露出来的意思，即主要故事情节显现出来没有，也就是主题思想、人物关系评说得是否合情合理。袁阔成仔细想了半天，觉得自己并没有违背这些规律，可是听众为什么不喜欢呢？

想到这儿，袁阔成觉得自己首先应该做的，是虚心向听众请教。于是，他亲自去找听众询问。看到一个有名气的"角儿"这样诚心诚意，听众自然也向袁阔成说出了心里真实的感受。他们纷纷对袁阔成说："没有别的，就是您这新书说的词太旧了，小二黑的台词说得跟《三国演义》里的鲁肃似的，把抗日民兵队长说得跟《施公案》里的黄天霸一样了，我们听着别扭……"

袁阔成听了，不由心里一惊。自己这不等于是干了一个"旧瓶装新酒"的事儿吗？原来自己一心只想说现代书，可是书中塑造的人物、台词、着装、打扮一直到举手投足完全是传统书的套路，听众怎么能爱听呢？

回到家后，袁阔成仍然不停地思索，经过一连几个白天黑夜不休息地琢磨，他终于认识到，说新书之所以没有得到听众认可，最根本的原因是自己没有一个程式的遵守也没有生活体验。自己首先应该明白，小说和评书是截然不同的。小说是阅读文学，作者写出来是给别人看的。比如《小二黑结婚》，小说作者赵树理先生不仅写了两个农村青年的爱情故事，还通过这段故事讴歌了新社会，抨击了横行乡里的坏蛋。对小二黑的描写也不单是一个普通的农村青年，应该说他是一个很漂亮的新农村的新型青年农民，同时还是一位了不起的神枪手。而要想在现代评书里塑造好这样一个翻身解放的新青年农民，首先要把小说变成评书脚本，就是要进行一番二路创作。可是自己连小二黑这个人物以及他所经历的爱情故事都还没有看懂，也就是说，“一路”还没看明白，“二路”又从何谈起呢？

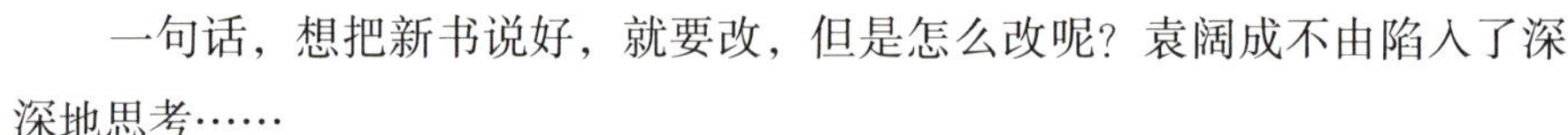

一句话，想把新书说好，就要改，但是怎么改呢？袁阔成不由陷入了深深地思考……

第五节
借债葬父

说好现代新书确实不容易，但袁阔成并没有放弃，虽然困难重重，他要说好新书的决心却从未动摇。因为一方面，他为赶上新社会说书艺人社会地位的提高而受到鼓舞；一方面，他在心底里更有一种一定要说新书、歌颂新时代的使命感。

时代变了，评书表演事业可以一展雄才了，生活也稳定了，可是袁杰武先生的身体却一天不如一天。自从在锦州南关茶社出了“吊角”遭人暗算，生了一肚子窝囊气的袁杰武先生病倒了以后，身体就一直没好起来。

从锦州到山海关，到秦皇岛，一直到第二次又返回山海关，袁阔成带着父亲几次奔波，虽然吃了不少药，父亲的病却始终没有治好，而且越来越严重，袁杰武先生最终在他们来到山海关第二年的春天离开了人世。

父亲的去世使袁阔成十分悲痛，他为父亲还没有来得及把自己的说书艺术献给新中国就告别人世感到惋惜，也为父亲在世时自己没有尽到孝道而感到后悔和自责。

袁阔成给父亲办了一个隆重的葬礼，并不惜借了许多债。他觉得父亲一辈子不容易，只有这样送别劳苦大半生的父亲，做儿子的心里才能好受些。

父亲走了，带着京城“袁氏三杰”的赞誉，带着心中的许多遗憾，20 世纪三四十年代京城著名的说书人袁杰武先生走了。无论是父亲对自己在评书表演艺术上的培养和希望，还是和父亲共同生活的日子，都让袁阔成无法忘怀。因此，晚年的袁阔成提起父亲袁杰武先生，仍然充满了无限的怀念，他深情地回忆说：“1948 年我和父亲返回山海关时，父亲的病已经是越来越重了，吃了很多汤药也未见好转，1949 年的春天，他老人家在山海关与世长辞了。为发丧老父我借了不少债，借再多的债我也愿意。老爷子困苦了大半生，去世赶上解放，虽未亲身体会当家做主，走着也得风光点儿，得带着扬眉吐气劲儿。新中国成立了，艺人抬起头挺起胸了，可惜的是，他老人家走得早了点儿……

“想起来，自己仍为当年没有对父亲尽到一个儿子的孝道而感到愧疚，尤其是想起父亲生病后，自己整天忙于演出、应酬，没有陪伴在父亲身边，心中更是后悔……那时父亲已经不能上台演出了，我只想着老人家苦奔了大半生也该享两天清福啦。父亲一向爱吃烤牛肉，我就给父亲买来鲜嫩的牛肉。在家里生个小炭火炉子，上边放个小铁篦子，把牛肉切成大薄片儿，单手备一块牛油擦篦子用，牛肉片蘸上佐料，往篦子上一放，滋啦一声，嘿，烟雾缭绕香气四溢！再把二两白酒烫得热乎乎的，外边飘着小雪花，老爷子一个人屋里自斟自饮烤着牛肉多美呀！

“说到这儿，可能有人就会问，您怎么不陪着老人家烤肉呀？那时候朋友一大帮，根本不着家呀！回家时也是每天晚上都是后半夜。也别说，就有一天，我回家拿东西，老爷子正烤着呢，我说了两句话，他也没言语。我仔细一瞧，哟，老人家流泪啦。我连问了几声‘怎么了您？’，老爷子只是轻轻摇了摇头，没说什么。

“看着父亲这样，我当时还真有点儿想不通，吃饱喝足养病，伤的哪门子心呀！过了好多年后，我才明白，老人家寂寞呀！虽然儿子就在跟前，可是一天也见不着人影，老人孤独呀！

“现在回想起来，心中仍然后悔，恨自己当年为什么不能多陪陪老人呢！真要是抗日杀敌为国效忠也行，毕竟大丈夫难得忠孝两全。可是自己就守在父亲身边，却不知多陪陪他，整天东一头西一头瞎惹惹，等明白过来的时候，已经晚了……”

第六节
说新书的体会

袁阔成终于认识到，说新书，“改”的核心就是敢于打破传承。但是说说容易，真正要打破传承，做起来就太难了。传承是什么？就是继承、继续。评书艺术虽然形式简单，但功力深邃。评书世代相传已经形成了一整套独有的程式，先就评书的“评”字来说吧。评书之贵在于评，即评人、评事、评情、评理。而这些评述大多是从前辈先生那里学来的，虽说是现学现卖，但招人爱听。也有些是自己理解体会后的评述，总之对关键人物、事件都要评上几句。

例如对小二黑这样一个农村新青年，在传统书目里很难找到一个相同的模式，这就需要演员另起炉灶，也就是要改，要创新。对于如何改如何创新，袁阔成不仅有着深刻体会，而且作了细致的总结：“既然知道了症结所在，那就改吧。改？谈何容易？这可应了那句话了，不改不知道，一改吓一跳！我把新书和传统书放在一起作了一番比较，天哪，毫不夸张地说，当时我就蒙了！它可不是简单改一改的问题！要想说好新书，让听众喜欢的新书，听起来甚至比听传统书还解气，还过瘾，听了这回想那回，可不是简单改一改的事啦！它要求演员下苦功另起炉灶，一丝不苟地逐章逐句来一番设计编排！这可不是改两句旧词的事啦！这是一项工程。传统书讲起来朗朗上口，娓娓动听，故事那么生动，人物那么鲜明，有些章节听众百听不厌，什么原因？那是历代先生心血浇灌的呀！

“另起炉灶？谈何容易？因为它已经超出艺术技巧范畴了。明白无误地讲，是思想感悟问题了，是体验生活问题了，需要斗胆抛开传承另起炉灶，这个炉灶是什么呢？创新！‘创新’俩字说着容易，真正做起来那可是太难太难了。

“说书艺术多年来已形成了一套自己独有的模式，或曰规律。醒木一拍，这扇轻轻摇，娓娓道来……演员自我感觉总是那么良好，可是讲起新书来头脑几乎是一片空白，把多年所习练的基本技巧一下子全丢爪哇国去啦！

“怎么才能把新书讲好，讲得人爱听呢？我的总结是，要想讲好现代书，第一必须深入生活，到工农兵当中去观察、体验、学习。第二向名家学习，老老实实地去听书，听别人怎么讲新评书。这个想法想来容易，实际做起来也是挺难的。首先必须放下架子，当时自己在书坛已经小有名气了，突然跑到人家书场去听书，如果没有点儿交情人家是会有想法的。要说好办也好办，给人家递个话儿，为了取长补短相互交流也没啥大不了的，好在都是业内人士，一笔还能写出两个说书先生吗？

“为学书，我跑遍了辽吉黑京津唐。听了好多名家大腕所说的新书，诸多名家确实身手不凡，但是说新书都不是那么得心应手。归根结底还是一个生活问题。诸位先贤各自都有三把神沙，只要抖手立刻满堂满座，怎么讲起来新书连一把沙子都扣不出去了呢？我一个人静坐时常常在想，新书所反映的都是当代故事，古典传统书刚刚写出来的时候不也是新书吗？据说宋朝的时候有一位老先生讲水浒故事，讲到《李逵夺鱼》时，只听‘咔嚓’一声，听众中笑倒了一个人，此人正是李逵！

“这位讲者先贤老祖宗，讲的不也是现代书吗？古人能听古书，给人讲新书有什么难能之处呢？听众不喜欢听新书责任不在听众，是演员讲得欠火！通过访友听书，寻百家之长，我有了很大收获体会。明白了还是应该深入生活，从生活中去探寻创作源泉。”

那个时期，袁阔成还曾在由他口述、赵博整理的《评书演员话今昔》中对当年自己说新书的经历有过一段较为具体的回忆：“翻身后就应该好好埋头工作，当年我便在党的培养下，开始试说新书《吕梁英雄传》，在山海关演出时，还得了一面‘发扬新内容’的黄字金边的红旗。党鼓励我、启发我，给了我说新书的信心，并千方百计帮助我把新书说好。记得一开始时，我虽然从心底里想说新书，但是由于我当时的文化底子浅，有些新书还不能完全看懂，党又培养我，让我进夜校一连读了三年书，使我的文化水平提高了不少。文化水平提高了，新书也能够看懂了，但是一想到要正式说新书，心里仍然像揣个小兔子似的扑通扑通乱跳。为什么呢？因为我总是认为参加汇演和正式为观众演出不是一回事，我最担心的是上座率下降，收入减少，更重要的是有损名誉。

“这时正是社会主义祖国建设事业突飞猛进的大好时期，在党的教育下，我终于认识到，我们国家建设得这么好，这么强大、壮丽的社会主义建设事业是无数革命先烈用生命、用鲜血，才奠下了这样好的基石。同时，我也亲眼看到了许许多多的当代英雄正在这座基石上日日夜夜不停地添砖铺瓦……

“那个时期，党组织还经常让我参加祝捷会，可是在这样振奋人心的日子里，因为没有评书的新段子，仍不得不上演《醉打蒋门神》。我当时就想，革命先烈和当代的社会主义建设的英雄们，能够不惜一切，为革命、为国家创造可歌可泣的丰功伟绩，我作为一个新中国的评书演员，一个革命的文艺工作者，为什么不能将这些丰功伟绩说给听众呢?

“正在我处于新旧思想矛盾交锋的时候，党又及时帮助我解除思想顾虑，鼓励我树立正确的想法，并告诉我说，我之所以有这样的思想矛盾，是关系到个人主义和社会主义两种思想、两条道路斗争的问题。在党的鼓励下，我终于开始说新书了。可是没过几天，新的困难又来了，过去上十成座，现在一说新书，只上三四成座，顶多也不过五成座。于是有的听众反映说:‘干脆换了吧！’说实在的，这话还真是让我有些动摇了。组织上又及时派人同我一起研究，还就真找到了毛病。不是新书不抓人，而是我生活底子薄，表演有问题……

“找到了毛病，组织上让我去虎庄公社和农民一起参加劳动，去山区隽一公社为农民演出，还派一名干部陪同我去哈尔滨等地采访抗联的故事。这些深入生活的实践，帮助我改编、创作了很多新段子，后来这些新段子的演出，听众反响都很好……”

第七节
拜师学武

说现代新书终于取得不少进步和提高，但袁阔成并不满足。他觉得自己在业务水平上还应不断提高。尤其是在表演身段、形体上，自己总感觉还有许多不足的地方。想来想去，他决定拜一位武术行家为老师，认真学习武术。

袁阔成认为，年近二十学武，虽不能像那些自幼习武之人一样练得一身了得的功夫，但对于评书演员来说，如果能够掌握基本的武功，在评书表演中必然有助于演员形体动作静动和谐统一、手眼结合等方面的体现。尤其对现代评书中的英雄人物或是传统评书中的武侠剑客等人物形象的塑造，更有着不可低估的作用。

袁阔成拜的武术老师姓高，是一位来自沧州的武术家，虽然已经60多岁了，但仍然精神矍铄，且武功不辍、弟子如云。

学武术是要吃苦的，首先一个“黎明即起”，对于经常晚场说书又朋友一大堆的袁阔成来说就是三个字：不容易。但既是决心已下，也就没有什么做不到的了。虽然正是爱睡觉的年轻人，虽然已是评书界红极一时的名演员，但袁阔成把这些全都放下，他每天坚持早早起床，像每一个学武的弟子一样，虚心跟着高老师学习武术。

袁阔成学习武术的时间虽然不长，但无论是教武术的高老师，还是一起学武的大师兄，以及学习武术对自己评书表演的深远影响，都让他十分难忘。因此晚年的袁阔成回忆说：“高老师是位武术家，朋友告诉我说，他的老家就在沧州一带。沧州自古就是武术之乡，俗话说，‘沧州的狮子、涿州的塔’，那可是武林高手的云集之地。上至老叟，下至顽童，都会个三五招、四六斗的，要不怎么叫把式窝子呢！

“如果没人引荐，说什么你也不会想到高老师会武术。老人当时60多岁，身量不高，瘦瘦的，文文静静。夏天甭管多热，便服上衣纽扣总扣着，两只眼睛炯炯有神。朋友把我介绍给高老师，说想跟高老师学点武艺，老人也没推辞，知道我是说武侠小说的，应该手底下利落点儿，愿意练的话，明天就来吧。第二天 6 点来钟我就去了，到那时高老师和弟子们功夫都练完了。于是高老师当时就给我们互相介绍了几位师兄弟。时间太久远了，现在我也想不起来几位姓甚名谁了。只记得印象最深的还是大师兄，他 40 多岁，是个工人。一看就是个厚道人，对老师特敬重，在高老师跟前总是垂手而立，看得出高老师对他要求也特严格。有一次大师兄动作做得不到位，老师纠正他的姿势，'啪'的一掌，大师兄一头差点儿撞墙上，当时他满脸通红，我们都有点儿挂不住了。可是大师兄只是赶紧把动作连做三次，一直到老师满意为止。

"后来时间长了我才知道，大师兄武功十分了得，一个人赤手空拳把好几个壮汉都打趴下了。可是他在老师跟前像个避猫鼠似的，在我们跟前也从未张扬过。有时我们请他说说拳脚，他总是说他做得不一定对呀，还是问老师吧。过后我才知道，这是武术的品，品也可以称作礼，学艺先学礼嘛。看来真是文武之道，一张一弛……

"我跟高老师学武一两年，说老实话，并没有学到什么真功，功者'工'，力也。习武不单要付之以工，而且要下力。常言道，冰冻三尺非一日之寒，三天半就能成为大侠，只能说是梦。作为我来讲，虽未学到武术真谛，但形体、动作可规范了许多。抬手动脚不那么'斗'气了，刀枪拳掌也能说出点儿路数了。真把刀枪拿到手里开个门儿，收势看着还说得过去，也可说是受过名人指点吧。这可应了那句话了，行家看门道，力巴看热闹……

"不管怎么说，通过这段学武等于上了一堂身训大课，对评书艺术发展帮助可谓大矣，所以这么多年来我始终忘不了高老师。"

袁阔成的这段回忆，无疑让我们看到了一个年轻且已成名的评书演员的谦虚与好学。这是年轻的袁阔成在艺术表演道路上的不断追求与探索。正是这样不断探索学习的精神，成就了一代评书表演艺术大家。

第八节
一眼定终身

虽然父亲已经去世，为葬老父自己还借了很多债，但是袁阔成很快就投入到繁忙的演艺事业中。学武术，钻研现代新评书，手里还有常年上演不衰的《雍正剑侠图》《吕四娘刺驾》《十二金钱镖》等几部传统大书。此时的他，可说是工作积极上进，事业红红火火。心里边，袁阔成更是高兴，因为世道变了，亲眼看到评书艺人受到尊敬，社会地位提高了。他只觉得浑身有使不完的力气，唯一觉得遗憾的，是父亲走得早了点儿，要是亲身体会到社会地位提高受人尊敬的感觉，老爷子得多高兴啊！

一转眼，袁阔成 20 岁了，仍然是整天忙于评书表演。虽然还要还父亲去世时欠下的债，但是演出红火收入没问题。赶上新社会，生活稳定，因为有名气，不但朋友多，还和内外行的朋友一共五个人拜了把兄弟。这还不算，又认了一个老干娘，不过这个老干娘倒也不是外人，就是他把兄弟中的三哥、西河大鼓演员刘田利的母亲。

演出忙，能挣钱，朋友多，还有拜把兄弟和老干娘，20 岁的袁阔成觉得“一个人吃饱了全家都不饿”的日子挺自在，没有什么不好的。可是他的大姐荣秀着急了，袁阔成从小就和大姐感情特别好，母亲去世后，大姐就更关心、惦记他了。父亲去世后，大姐除了关心惦记，就是盼着弟弟早点儿成家了。因为那个时代，20 岁已经是该成家的年龄了。

在大姐荣秀和老干娘的张罗下，袁阔成终于去“相亲”了。姑娘叫刘书琴，比袁阔成小 4 岁，是天津有名的西河大鼓演员刘庆瑞的女儿，人长得清秀，又端庄文静，所以见了第一面以后就定下了这门亲事，后来在袁阔成的回忆中也称此次相亲为“一眼定终身”。

1950 年，袁阔成与刘书琴喜结良缘。从此，夫妇二人共同携手走过六十多年的风风雨雨。夫人刘书琴始终默默操持家务、照顾子女，全力支持袁阔成的演艺事业，也因此成就了一代评书大家事业有成、家庭幸福的一段佳话。

⊙袁阔成与夫人刘书琴的结婚照

⊙袁阔成与夫人的晚年照

提起当年“一眼定终身”的夫人刘书琴，晚年的袁阔成更有一段有趣而又充满真情的回忆：“那一年我已经20岁了，回想起来，当时的孑然一身好像说不出是个什么滋味儿，只知道基本是属于昏天黑地的年龄段。一天到晚，只有三件事，就是说书、还债、交朋友。那个时候我还拜了盟把兄弟，有行里说书界的，也有行外当医生的，一共是兄弟五人。田利先生是老三，我是老五。

“听说我拜了盟把兄弟，知己靠近的，见了面总是爱喊我一声袁五爷，自个儿听了，还挺受用，一丁点儿没感觉出来哪儿不得劲儿。没想到一解放，本人也称爷报号了……那时候每天的收入也不算少，除了还债，剩下的全部花光！

“所谓花光也就是吃吃喝喝，歪的邪的一点儿不沾。虽然那时我已经有了一些名气，但我要求自己时时刻刻记着自己所干的行当，甭管年纪大小，人家都要喊一声‘先生’，是对你的敬重。所以一个评书演员应该尽量做到三个一致，即台上台下一致，人前背后一致，说的做的一致。万不可台上人，台下鬼，两个面孔混世乃从艺之大忌也！

“正在一天到晚还迷迷瞪瞪的时候，大姐来了。大姐大我10岁，聪明开朗。别看一天书没念过，人情事理特透彻。我小时候母亲多病，没有奶水，多是姐姐照看我，背着、抱着、哄着，甭说还得嚼点儿小点心喂我！想起来，真是应了中国那句俗话了，大哥是站着的父亲，姐姐是站着的母亲。古人云有父从父，无父从兄嘛，姐姐亦然……

“自从解放迎来了新社会，大姐也和我和全国千百万劳动人民一样，翻了身，过上了幸福的好日子。记得刚解放不久，过上了不再为吃穿发愁日子的大姐穿上整齐的衣裳，带了点心和路费，一路从关内找到关外，不为别的，就是找我，找她离别多年没有联系的弟弟。母亲和父亲病逝后，我尽忙着跑场子演出，和大姐就断了联系。几年没见着面儿，估摸着我这些年一定还是四处漂泊，为说书赶场子，生活一定也是不容易。没想到，当姐姐终于找到山海关永胜茶社，看到的跟她想的，竟是大不一样。

“当时，我正穿着一件崭新的演出服说晚场，那可是正经八百的一件毛料子大褂。这一下，刚刚迈进茶社的姐姐愣住了。再一看，宽敞的茶社灯光明亮，观众坐得满满的，一个个都在凝神静听，姐姐的眼泪当时就下来了。那一次我和姐姐坐在一起，一边吃饺子，一边又想起了父亲，叹息他老人家没能赶上新社会说书艺人地位提高的好时候。姐姐原本以为我生活不如意，想接我走，让我学一门手艺。可她没想到，现如今社会变了，说书艺人受人尊敬了，地位也提高了。

“我陪着姐姐祭扫了父亲的坟墓。姐姐大哭了一场，我知道姐姐对老爷子特好，老爷子把她当长子看待。只可惜姐姐是个女流。上坟归来姐姐还哭，我就有点儿不明白了。一问才知道，敢情姐姐是在哭我呢！这不是没影儿的事儿吗？好端端的，为我难什么过呀？结果姐姐一说我才明白。原来她来这几天把这些事全都看在眼里，记在心里了。看我整天带着一大帮大哥、二哥、麻子哥，钱一天挣一天光。一天到晚酒馆出饭馆进，吃饺子都吃‘七鲜馅儿’的，简直就是穷人有钱活受罪，整个一个瞎摸海大晕头！

“姐姐说没个家口缀着怎么能行？得给我张罗个人儿成个家。老干娘对这档子事儿也特上心，当时就给我立了个规矩，所有演出收入归老干娘掌管，只发给我点儿生活费。干吗呀？攒钱娶媳妇！真是有点儿像千里有缘来相会，当时在山海关有位刘先生，是西河大鼓演员，听说过去也是天津的一位名将。也是从东北逃回来的，居家五口人，两个儿子，一个女儿。据说刘家这位千金，简直就是一位秀女，大门不出，二门不迈，家规很严，是一位名副其实的小家碧玉。

⊙袁阔成与夫人及两个女儿

“老干娘带着姐姐去刘家登门求亲后，回来就安排我亲自去相看。于是我在一天上午叫上一向见识多广的存源兄，偷偷地去相亲。刚到人家门口，正赶上刘小姐出来，不巧不成书这句话用这儿最合适。只见刘小姐穿戴普普通通，但人还是蛮清爽的。一眼定终身，得，就是她了！这一定到今天已经是六十多个春秋啦……”

婚后的刘夫人虽然后来没能够在舞台上一展艺术表演风采，但几十年一直支持袁阔成的事业，勤俭持家、抚养儿女，可谓家庭和睦、伉俪情深。因此谈起母亲的曲艺世家及外祖父，谈起为了父亲、子女无私付出的母亲，袁阔成的三女儿袁田深情地回忆说：“我的外祖父刘庆瑞先生出身于西河大鼓表演世家。受家庭影响，外祖父从 11 岁就开始学唱西河大鼓表演，并从此献身鼓曲艺术，一直在西河大鼓表演舞台演唱了六十年。出生在天津的外祖父经常在天津、北京演出，最擅长的段子是《大闹天宫》，可说是场场满堂满座。外祖父最拿手的表演是孙悟空巧借芭蕉扇，还有他塑造的铁扇公主形象也是惟妙惟肖，给人留下了深刻印象。

“外祖父嗓音洪亮、表演洒脱，具有鲜明的艺术特色和独特的表演风格。他以精湛的表演和对艺术的不懈追求，赢得了广大观众的喜爱和赞赏，也赢得了鼓曲界的敬重和推崇。外祖父在新中国成立后加入了天津曲艺团，曾对西河大鼓的唱腔和表演进行改革，他为曲艺事业呕心沥血、无怨无悔，并为鼓曲艺术培养了很多新人。

“我的母亲刘书琴自幼受家庭熏陶，很小就学会了弹三弦，为我外祖父伴奏。母亲自己也登台表演，最拿手的唱段是《玲珑塔》。母亲年轻时身材苗条，嗓音甜美，长相也很清秀，很有台缘。母亲结婚后，为了支持我父亲的事业，转业当了工人，一边去工厂上班，一边还要回家照顾子女。那时候，我父亲经常到外地演出，经常是一走几个月，都是我母亲一个人带着我们几个孩子，想起来母亲几乎是一个人把我们带大，真是不容易。尤其忘不了在三年困难时期，母亲总是紧着把粮食让给我们吃，自己吃野菜，腿都肿了。

“为了我父亲的事业，母亲放弃了自己的艺术表演，现在想起来，当年若是母亲一直坚持舞台演出，那她也一定是一位了不起的曲艺表演艺术家……”

伍

第五章 从书场到电台

第一节
一张头像惹麻烦

不久，唐山的朋友给袁阔成捎来了信儿，没别的，就是邀请他去唐山演出。这自然是冲着袁阔成的名气和他一向朋友多、为人仗义的人品。当然也离不开袁阔成演出到哪儿就红火到哪儿猛窜的“人气儿”。

袁阔成倒是没有这么多想法，不过他觉得应该接受邀请去唐山。首先他对唐山印象不错。此前虽然还没有去唐山正式演出过，但从小跟着父亲在书场闯天下，早就对唐山有些了解。特别是新中国成立后，唐山更是中国著名的工业城市。所以应该去。另外，自从在山海关欢迎解放军进城，经历艺人社会地位提高，说现代新书，父亲去世，直到娶亲成家，一晃自己来到山海关也有两年了。要是按过去，不管是北京俩月一换地儿的“轮转儿”，还是河北辽宁地区的“一节一换地儿”，早就该换个地方演出了。更何况此去唐山是受人之邀呢。

于是，收拾妥当后，袁阔成与夫人刘书琴就奔了唐山。与此同时，曾经和袁阔成共同“占领”山海关书场的西河大鼓演员刘田利和评书演员李存源也先后去了北京。昔日共同战书场，今日各自奔东西。又应了当年说书人常说的“南京收了南京去，北京收了北京游，南北二京都不收，黄河两岸度春秋”那句话。

看着唐山处处是一片社会主义祖国建设的新气象，特别是唐山有名的小山娱乐场，袁阔成更是觉得别有一番气派，不由心中十分愉快。因此他后来对唐山也有一段美好的回忆：“1950 年，田利兄、存源兄都相继奔了北京，我也被邀到了唐山。唐山可是个大码头，煤、钢、瓷三大产业国内外都闻名遐迩。开滦嘛，据说美国有个总统，没当总统的时候就在开滦干过！京津唐更称得起是白金项链上的三颗明珠。到了唐山才看到，解放初期的唐山真是人民当家做主，生产蒸蒸日上。可说是百业兴旺、歌舞升平。再看小山，书场、剧场、电影院，真是鳞次栉比！不单是唐山娱乐场所最集中的地方，更是一座名副其实的大擂台……”

茶社的书场，朋友早就给袁阔成安排好了。袁阔成决定先为听众献上武侠书《十二金钱镖》。这是一部根据天津武侠小说作家宫白羽（原名宫竹心）于 1938 年创作的同名武侠小说改编而成的评书。当时该评书演出后，特别受欢迎。

《十二金钱镖》主要讲述的是以保镖、失镖、寻镖、归镖为线索，最终二十万盐镖失而复得的故事。作者在书中铺设了很多不同的悬念，并且环环相扣，如保镖中的“胡孟刚频闻盗警登门借镖旗”、失镖中的“长笑拔镖旗飞镖留柬”、寻镖中的“镖客暗探古堡”以及归镖中的“射阳湖觅镖银迹”，都达到了悬念在张弛中悬而不断的效果，引人入胜。

这样内容精彩的《十二金钱镖》，再加上袁阔成独具的“漂、俏、脆、帅”的说书风格，为他在唐山演出获得成功打下了有力的根基。

果然，第一场演出，从书中第一回介绍金钱镖的来历开始，就深深吸引了听众。只听得醒木“啪”的一声，21 岁的袁阔成身着长衫，双目炯炯有神，一副清脆的嗓子立即把听众带进了著名镖师俞剑平的大宅中：

> 江苏海州的云台山旁小村清流港中有大宅一栋，似别墅非别墅，实际上是名镖师“十二金钱镖”俞剑平的私宅。俞剑平生平以拳、剑、镖三绝技蜚声江南。他的太极拳、太极十三剑功夫精深，深得内家神髓。他的十二只金钱镖，专击对方三十六处大穴，尤属武林一绝。江湖上会打金钱镖的一般是两丈以内见准，俞剑平腕力惊人，可以三丈以外，百发百中，以此赢得绰号“十二金钱镖”，又叫“俞三胜”……

在评书表演方面，袁阔成紧紧抓住该书描写寻镖和劫镖的冲突，以双方没有主将交锋、险而不玄的铺叙，将重点放在渲染武艺绝伦的表演上。因而在书中既无神仙鬼怪火并的离奇，也无异人剑客斗法的荒诞，让听众感觉真实可信。

此外，由于袁阔成曾认真拜过武林高手习武，所以他在讲述书中“俞镖头展开太极剑十三字诀”及“飞豹子袁振武用青龙剑十字诀”时，“青龙探爪”“白虎搅尾”“野马跳涧”等武术招数在形体、动作方面的表演都很规范到位，更让听众欲罢不能。

《十二金钱镖》演出后，一下子就让茶社异常红火。平日的演出一直保持着场场满园、座无虚席的场面。等到了星期天，就更不得了，因为人多，不少人就只能站着，但仍然是挡不住往书场里直奔着《十二金钱镖》而来的听客。人越来越多，自然免不了谁挤着谁、谁碰着谁的小摩擦，眼瞅着茶社热闹了，经理也不知该怎么办才好了。最后还是警察出了面维持秩序，台底下才安静下来。

人挤人，还有警察站在一边，怎么听也跟一般书场里听书的景儿搭不上界。但这就是21岁的袁阔成当年在唐山表演《十二金钱镖》时的真人真事。

书场生意火爆，自然是让人高兴的事。台上的袁阔成神采奕奕，台下的茶社经理更是乐得喜上眉梢。一边前前后后地围着袁阔成转，一边看着书台后边墙上贴的那张画有袁阔成头像的大海报，心中不免一阵阵得意。

那是经理特意找人精心制作的一张大海报。因为久闻袁阔成的名气，大幅海报上不单几个大字写得流利酣畅，还用水粉画了袁阔成的头像，让人一看就那么提气。不用说，不管是海报还是大头像，都给站在台上说书的袁阔成增添了不少气派。

说起来，这些都是高兴的事，可是想不到就是这张水粉画的大头像给袁阔成惹来了麻烦。一天下午，袁阔成刚刚说完中场，经理告诉他说，文化局艺术科来了位同志，说是要给曲艺表演界的演员们开个会。开什么会呀？这《十二金钱镖》正说得火着呢。袁阔成没多想，就直接去开会了。

坐下来一听，袁阔成觉得有点儿不对劲儿。只听得主持会议的那位文化局艺术科的同志说，大家讨论一下袁阔成同志把自己的大头像和领袖毛主席的头像挂在一块儿的事件。怎么回事？怎么会把海报上自己的那张大头像和毛主席的大头像挂在了一起？还成了什么“事件”？袁阔成越听越纳闷。

可是会上的气氛却弄得挺紧张，文化局的那位同志不单批评了袁阔成把自己的大头像和领袖像挂在一起，还组织参加会议的人展开讨论，让大家认识这张海报问题的“严重性”。于是几个参加会议的同行你一言我一语地批评起了袁阔成。

什么“你才二十几岁，哪能就把自个儿的头像和领袖像挂一块儿呢？”“不过就是个评书演员，怎么能跟领袖比呢！”……总之就是对袁阔成一通批评，认为他有点儿狂妄，那场面也挺吓人的。

批评会开了两天，除了大伙儿的一通“胡批”，袁阔成也作了一个“深刻认识到这种行为有点儿反动”的检查。“大头像”惹出的麻烦总算是平息了。

事情过后，袁阔成坐下来静心想了想，觉得不对了。领袖像是在书场正面的墙上挂着，自己的那张海报是在书台后边儿贴着，明明是两个挨不上边儿的地方，怎么能说是挂到了一块儿呢？这都哪儿跟哪儿呀！

几年后，袁阔成才明白，根本没有什么“大头像”的事。就是因为《十二金钱镖》说得太火了，遭到了某些人的嫉妒，才举报出一个大头像和领袖像挂一块儿的事。不过就是借题整整人，消一消他袁阔成的锐气罢了。

虽说是挨了一回整，写了一通检查，但袁阔成觉得自己也有收获，就是从那时候起，懂得了什么叫批评与自我批评。

第二节
《小二黑结婚》走进电台

人头像的风波确实让人不愉快，但不得不说，也从另一个角度反映出此时袁阔成的评书表演艺术日臻完善，表演风格自成一派。这固然离不开袁阔成的评书表演天赋和他对评书艺术的不断追求与探索。

此时的袁阔成，可说是表演事业红火，深受广大听众欢迎。而他在评书表演上的突出表现和名气，更是得到唐山市有关领导的看重。那个时候，分散在各个茶社的曲艺演员还都处于“个体”状态，于是唐山市的有关领导不仅让袁阔成牵头成立了由一百多位在茶社表演评书、大鼓等的曲艺界人士组成的说唱曲艺队，而且任命他为这个说唱曲艺队的队长。虽然此时的袁阔成还不过是一个刚刚 21 岁的毛头小伙子。

机遇更是钟情于有实力和有准备的人。担任唐山说唱曲艺队队长不久，袁阔成又迎来了一个展示评书表演艺术风采的良机。那是在人头像风波过去没多久，唐山广播电台找到了袁阔成，只有一件事，就是邀请他去电台播讲现代评书《小二黑结婚》。一听这信儿，曲艺队的朋友们都为袁阔成高兴，不管怎么说，这电台比起茶社来，那可是站在小茅草房看高楼大厦，大了去了。袁阔成自然也是非常高兴，但在高兴的同时，他也深知自己将迎来新的挑战……

他知道，评书表演从书场到广播电台已不是新鲜事，因为早在旧中国的中央电台成立时，二伯父袁杰英就走进电台录制播放了《施公案》，此外还有两个有名的评书演员也走进了电台播演评书，即王杰魁播演《包公案》《小五义》，以及品正三播演《龙潭鲍骆》等。他还知道，电台的演播，让这几位原本在京城说书界就十分有名的评书演员的表演更加传遍北京的大街小巷。

因此可以说，电台播演评书绝对要比书场表演的影响面大得多。但电台毕竟不同于书场。因为在书场有听众，不管是坐着听书，还是边喝茶边听书，听众除了听，还可以看到评书演员的表演，不管是说，还是表演动作的亮相，甚至一个手势，只要是精彩之处，观众都会给予或是鼓掌或是喝彩的回应，因

⊙袁阔成录制《吕梁英雄传》时的风采。

为听众就在台下。而听众的这些回应，评书演员也能够看到和听到。

但在电台广播评书就不同了，演员见不到听众，听众也看不到演员的表演。如果演员还像在书场上一样做动作表演，即便是非常短的几秒钟时间的亮相，也会给听众造成“断档”的感觉。这就需要演员在“说”上拿出真功夫，在“听”上牢牢抓住听众，进而体现出广播评书的魅力。

相比于这几位评书演员的广播评书，此时的袁阔成还面临着说书题材与年龄的“劣势”，当年他们几位播讲的评书都是内容吸引听众、版本完整的传统评书，而袁阔成即将走进电台播讲的却是经历过失败仍在不断探索、改革的现代新评书。而论年龄，刚刚 21 岁的袁阔成比起几位久战书场的评书前辈，确实是“嫩”多了。

这些无疑都为袁阔成播讲《小二黑结婚》增添了不少困难，但天性喜爱钻研、追求进步的袁阔成对此并不十分在意。他觉得，评书演出从书场到广播电台，这首先就是一个进步，是时代在前进，也是评书表演发展和进步的过程。自己虽然年龄小，比前辈评书演员资历浅，但自己赶上了新中国人民当家做主，评书演员受人尊敬、地位提高的好时代，而且能够在新中国刚刚成立不久就走进广播电台说评书，作为一个年轻的评书演员，应该感到荣幸。

此时的《小二黑结婚》几经修改“磨炼”，无论是在表演还是在融入现代气息方面，都已有了很大改变，也得到了听众的认可。但电台播讲毕竟不同于书场，自己还应高标准，多多备功课，以让听众喜爱并有所收获。

这样的一份心境，自然让第一次走进唐山广播电台播讲的袁阔成获得成功。因而在《小二黑结婚》播完后，袁阔成又先后在电台播讲了《吕梁英雄传》《新儿女英雄传》《白毛女》《灵泉洞》等多部现代评书。

袁阔成曾称当年的自己是“年轻气盛、见多识广耳界宽、艺高人胆大”，确实不为过。回顾新中国成立后评书发展的历史，当时年仅 21 岁的袁阔成不仅是较早走进电台播讲现代评书的演员之一，而且年纪轻，播讲评书数量多。用现代的流行话说，袁阔成绝对够得上当年中国评书界一颗相当耀眼的明星了。

从书场到广播电台，体现了袁阔成日渐提高、完善的评书表演水平。这是他在评书表演艺术道路上一个新的里程碑，也是中国评书表演艺术发展在那个时期经历的不容忽视的一段历史。而提起当年自己从书场走进电台的历程，袁阔成谈的最多的，还是自己的收获和体会：“我从 1950 年就开始在电台播讲现代评书《小二黑结婚》，以后又播讲过《吕梁英雄传》《新儿女英雄传》

等不下十几部。在演播过程中遇到过很多困难，我这个人好跟自己较劲，备书时下功夫，生活中注意观察，总是想方设法要把一些现代词汇巧妙贴切地用于我的书中，让听众听着既开心又有所得，而且尽量争取达到与书中的故事产生共鸣的效果……我非常感谢电台，电台的编辑可是太了不起了。他们不单是我的良师，也是我的益友，为什么呢？他们把关把得非常严，如果有个字念错了，他立马就说不行，打住，重新来……

“评书这种传统口头文学形式之所以流传至今，主要是其寓教于乐的特点受到人们的喜爱。这中间，说书艺人经过了一个从书场到剧场，从剧场走进广播，再后来又上了电视的过程。在我看来，这是一个逐步升华的过程。这几个过程从书目选择、演播技巧以及对演员的要求等众多方面来说也都不一样。

“广播评书有它的特点，那就是听着随意，不受时间地点的束缚。不管你是洗衣服做饭干杂事，都不耽误收听。如果书好，演员讲得精彩，还能给人带来无尽的遐想空间。而书场表演则往往是你在表演中的一个精彩亮相，就会引发观众的一片喝彩和掌声。可是在广播中，因为听众看不到你的表演，要是仍然做亮相，即便再精彩，时间也不过是短促的几秒钟，听众也会以为你把词给忘了。所以这就对演员的功力和适应性提出了较高的要求。我说书就抓住一个‘魂’字，我始终认为，说书不把书魂说出来，那怎么能打动听众呢？”

第三节
武汉之行的收获

1955 年 3 月的一天，唐山市曲艺界迎来了几位远道而来的“不速之客”。他们来自湖北，是武汉有名的民众乐园派来的代表。原来武汉要举办相声大会，他们特地到唐山接相声演员来了。

此时的袁阔成正是唐山评书界举足轻重的领军人物。赶上了社会主义新中国繁荣发展、生活安定、评书演员社会地位提高的好时代，来到唐山后的袁阔成演艺事业一直非常红火，因此来到唐山后，他几乎再没有去外地巡回演出。

或许是有一阵子没外出“漂泊”表演了，当然主要还是喜欢探索新生事物的天性，当听到武汉民众乐园有人来唐山接相声演员的事情之后，年轻的袁阔成立刻心动了。他找到表演相声的王宝童说：“问问他们要不要评书，要的话咱们一块儿，我也去！”

王宝童是袁阔成的好朋友，也是当年唐山一带有名的笑星。他学蛐蛐、鸭子叫几乎没人能比，可说是口技一绝。业务好，又积极上进、热心待人，在解放初期就被评上了劳动模范。这么一个优秀又有名气的年轻演员，从心底里敬重袁阔成。虽然年龄比袁阔成还大两岁，却总是一口一个“大哥”，还总是说要跟着大哥学说书。所以一听说袁阔成也想去武汉，王宝童立马就带着武汉民众乐园的人来见袁阔成了。

袁阔成自然也不含糊，当场就给人家来了两讲《水浒传》。结果当然是没得说，民众乐园的人听了挺高兴，立时就拍了板：“虽说民众乐园过去没听过北方评书，但袁先生要去肯定没问题！您要是愿意，我们可以签个合同……”

没想到这么顺利，用袁阔成回忆的话说就是“三下五除二就谈妥了”：时间两个月，每天晚上一场，星期二休息一天。民众乐园负责路费、住宿，包银每月三百元。4 月 1 日首场，演出书目《水浒传》。

合同签好后没几日，袁阔成简单收拾好行囊，就提前好几天带着妻子刘书琴和几个孩子出发了。之所以如此，不为别的，就是想在北京先住几天，

⊙袁阔成与王宝童一起获得劳动模范奖章（右一为王宝童）。

带着妻子、孩子去颐和园、北海玩一玩，逛一逛北京城。不管怎么说，自从1947年冬天一人闯沈阳后，袁阔成也是好几年没有回北京了。身为祖居京城的北京人，袁阔成始终对北京城怀有一股割舍不断的特殊感情。

几天后，袁阔成到了武汉。让他高兴的是，他们的演出场地民众乐园是一座规模宏大、十分气派的娱乐城，可说是百戏游艺无所不容，说演弹唱应有尽有。一张门票，即可娱乐观光，好不惬意。

为了这次相声大会，民众乐园特地在露天搭了舞台。袁阔成的评书表演是在三楼的书场。虽说演出地点是三楼，可是《水浒传》第一天演出就叫响了民众乐园，真是头天打炮，一炮打响！没想到南方的听众这么喜欢盛行在北方

⊙ 2001 年袁阔成与好友黄枫相聚。

的评书。尤其是对袁阔成操着一口京字京白的普通话、“漂、俏、脆、帅”风格的评书表演，武汉的听众更是赞不绝口。

几天后，三楼书场《水浒传》的听众依然是场场爆满，而且听众一天天有增无减。那势头，实在是就差几年前唐山“警察来维持秩序”那景儿了。一打听，原来民众乐园来了个专说《水浒传》的袁阔成和书场火爆的消息已传遍了武汉。这一下，各个书馆的听众就全都奔民众乐园来了。

听众都跑了，茶馆没生意了，茶馆老板倒也痛快，什么也别说，干脆临时关门停业，干吗呢，反正也是没有买卖，不如也去民众乐园长长见识。于是，袁阔成来到武汉不久，武汉三镇大大小小的书馆竟有大部分都临时关上门停了业，不单是听众去听袁阔成的评书，连书馆老板自个儿也去了民众乐园，一心要“会一会”这位北边来的“神圣”。

虽然如此，袁阔成却十分坦然。类似的场面他已经历许多，却从没有放松自己对评书表演的追求和钻研。而正是这份谦虚与不懈追求，才使得年轻的袁阔成在早早成名之后，依然不断进步，不断取得成就。

袁阔成在民众乐园的演出是晚场，白天则是休息，这让他在演出的同时也有充足的时间游览武汉的名胜古迹。因此武汉在袁阔成的脑海中仍是留下了美好的印象："武汉三镇名不虚传，素有大武汉之称，着实够大。人们常说一天一宿走不出汉口还真不夸张！浩瀚长江奔腾咆哮，去黄鹤楼得乘轮渡……大武汉物华天宝，人杰地灵，真山真水美不胜收……"

武汉之行确实让袁阔成难忘，但他觉得最值得一提的还是在武汉结识了一位新朋友，就是山东快书演员黄枫。

20 多岁的黄枫来自山东，与袁阔成两个人可说是一见如故。一听黄枫自我介绍说刚刚出师不久就被邀到武汉，只身一人远离家乡，家里还有结婚不到一年的妻子，袁阔成觉得黄枫年纪轻轻一个人到南方闯荡，确实不容易，因此先就多了几分钦敬。

黄枫则十分敬佩袁阔成豪爽的为人和精湛的表演，再加上黄枫待人质朴热情、忠厚有加，而且表演技艺也不错，因此两个人很合得来，只要有时间，就坐在一起切磋表演技艺。

有意思的是，没过多久，黄枫对和袁阔成切磋技艺就"不满足"了，而且只要没事，整天不干别的，就是跟在袁阔成的身后，目的则只有一个，就是要学评书。这还不算，黄枫还说干脆以后不说山东快书了，就跟着袁阔成改工学评书了。那架势，真是对袁阔成的评书表演佩服得几乎到了"痴迷"的程度。

袁阔成虽然也很年轻，但他很清楚"改工"不是说改就改的简单事。因此他很冷静地劝说黄枫不要乱改。

"我劝他切莫乱改，'改工'不是一件容易事。快书、评书虽然都是一个人表演，就其艺术实质来说，差异还是很大的。比如说要说好一部书不但要参看好多资料，同时还要把人情事理弄通。也不能把此时此地评成彼时彼地，而且不但要把一个人物的忠善恶交代清楚，同时还要给他一些评说，如果评说得贴切自然，符合历史唯物的观点，就是恰到好处。所谓恰到好处，就是尽量做到不带、少带个人感情，客观地评价某个历史人物，使观众如见其人，这才是评书艺术炉火纯青之处。要想达到这个境界，道无坦途，只有下功、下力，此之谓功力也。所以我劝黄枫，还是踏踏实实搞好本功为上！"

这是袁阔成对他当年劝黄枫不要"改工"的回忆，既是由衷的心里话，更是待人之一片坦诚。因此也让黄枫更视袁阔成如兄长一般敬重。

武汉民众乐园演出的成功，无疑是袁阔成精湛的评书表演艺术的又一次体现，但袁阔成对这并不在意，心目中，他对武汉之行最看重的是与山东快书

演员黄枫结下的友谊。当然他也没有想到，他那让武汉众多大小书馆“停业”的火爆评书表演，早已“抓住”了武汉文化部门领导的目光。

于是，来到武汉演出没有多少日子，当地的文化部门就找到袁阔成，希望他在两个月的合同期满后，能够留在武汉。不用问，这是他们“相中”了袁阔成这个人才了。但袁阔成却拒绝了武汉文化部门的邀请，原因只有一个，武汉的天气太热了。

遭到了拒绝，武汉方面并不想放弃，只因为袁阔成在民众乐园书场的评书表演实在是太热烈，太招人了。于是，他们又几次找袁阔成谈话，希望他留在武汉。但袁阔成始终没有答应，原因也仍然是只有一个：受不了武汉的炎热气候。

对于当年没有留在武汉的事，晚年的袁阔成也有一段语言风趣的回忆：“其实我早已打定主意了，合同一满，马上走人。武汉名城确实不错，不过太热，实在受不了。不去不知道，去过才明了。原来该地是我国四大火炉之一。只凭屋内一把小电扇根本起不了什么作用，每天演出完下场时都是汗流浃背。走到哪儿都是四下里热浪滚滚，站在江边愣觉不出凉快来，你说怪不怪呢？可怜那时尚不知空调为何物。据当地友人讲：现在还没进入伏季，热天还在后头哪！啊！回见吧……离开武汉的时候，宝童他们还走不了，因为相声大会又延续了两周。我走那天，黄枫去武昌演出没能送我，把他急得够呛。我们只有默默地祝福吧！火车徐徐开动的时候，我向武汉招招手，这次南征不虚此行……”

袁阔成与黄枫自武汉分别后，黄枫去了黑龙江，他们一直保持着几十年的友谊。

第四节
一别北京三十年

武汉归来，袁阔成带领一家人落脚的第一站仍然定在了北京。主要的原因是袁阔成已经和行里的朋友商量好，将在北京演上一段时间。因此袁阔成一家人还没有到北京，热心的朋友们就早已帮助他联系好了演出场地。这自然离不开袁阔成的为人和朋友们的热心，当然更主要的还是袁阔成评书表演的实力。所以袁阔成一家到了北京后刚刚在大栅栏的一家旅馆住下，演出地点和场次就已经安排好：朝阳门外日坛书社演百场。

看起来，一切都没问题，只等着袁阔成安顿好一切就去演出了。可是没想到一听说袁阔成要表演的书目是《吕四娘》，行里的朋友可就都有点儿替他担心了，因为北京城里说《吕四娘》的评书演员实在是太多了。

《吕四娘》是一部传统评书，也叫《吕四娘刺雍正》《吕四娘刺驾》，主要内容讲的是，大清朝雍正皇帝在全国范围大兴文字狱时，一个晚村的居士吕留良因为写了《反清录》而遭到朝廷的陷害。他的女儿吕四娘被一单臂尼僧士圆搭救带往高山学成武艺后，下山进京替父报仇。途中与正在寻找杀父仇人的十三妹何玉凤相逢，遂聚集了十姐妹在街头卖艺。喜爱武术的雍正招十姐妹进京演武，几个月后，雍正相中了吕四娘，封其为王妃。吕四娘暗藏利刃入宫，并乘雍正想入非非之际，斩下雍正人头……

袁阔成知道朋友们的担心不无道理，毕竟是在京城说京城的故事，尤其是北京城大大小小书馆很多人都在演《吕四娘》，弄不好真的就演砸了。不过袁阔成倒是没想那么多，首先，《吕四娘》是自个儿的拿手书，自演出以来，场场爆满，可说是屡演屡火。记得在唐山演出时，还在台上放了一把真宝剑，当时的场面就是整个书场人挤人，经理直招呼往外让座。后来听书人实在是太多了，场面真是有点控制不住了，最后还是和说《十二金钱镖》时一样，又是经理把警察叫来了，才让风风火火的观众安稳下来，踏踏实实地听到了《吕四娘》……

另外袁阔成也考虑到，虽然都是说《吕四娘》，但每个人必是风格不一样，也就是所谓“戏法儿人人会变，各有巧妙不同”。所以，尽管说《吕四娘》的人多，尽管很多人替袁阔成捏了一把汗，但他却从心底里不那么在意这些，一句话，自个儿是信心挺足的。

果然，日坛书社的第一场演出，袁阔成就得了一个“满堂红”。不用说，第二场和第三场的演出是接连爆满。等到了第三场演完后，已经开始有听众提前向书社订座了，平日里这提前订座的可并不多见，看来这火爆的形势已经挡不住了。到了星期天，就更了不得了，整个书社满员了不说，连站票都卖上了。这还不算，平日里只在桌上摆的茶壶，这会儿连窗台都摆上了。没别的，就是因为听书的人多了，喝茶的人自然也是少不了，结果桌上的茶壶摆不下，就只有搁到窗台上了。所以说起袁阔成在日坛书社表演《吕四娘》，就是五个字：火！大火！特火！

可能是《吕四娘》太火了，所以没过几天还是出事了。这也许就是人们常爱说的“世事难料”吧。那一天袁阔成的《吕四娘》正说得火着呢，想不到市里文化局的同志找上门来了，要袁阔成把说书的内容介绍一下。介绍完了，又对他说每天都要来一趟文化局汇报，不明就里的袁阔成只得照办。于是天天还没说《吕四娘》之前，袁阔成就先跑到文化局进行汇报。就这样连汇报再忙着赶场子说书，来来去去直把袁阔成足足折腾了一阵子。虽然是这样，天性幽默、乐观的袁阔成后来提起这件事，只是把它戏称为“天天禀报”。

但是这一“天天禀报”，却不仅干扰了袁阔成在日坛书社的正常演出，也让“不堪其扰”的袁阔成打消了原来扎根北京演出的念头。他决定尽快辞演日坛书社，然后带领全家直接奔往唐山。当然他自己也没有想到，这一次的离开，竟是一别北京三十年……

对于当年“天天禀报”具体的前前后后，晚年的袁阔成曾这样回忆：“我在日坛书社的《吕四娘》火了还没一个礼拜呢，文化局就找我了。咦，文化局找我有啥事呀？难道手续有问题？不能呀，刚从武汉回来，手续都齐备，哪样儿也不能差了呀。介绍信、两证、出身历史就更没得说了：纯粹地道八百的说书先生。虽然从小在外漂泊，但不管怎么漂泊祖籍也是北京呀！再说父辈袁氏三杰，二三十年代在京城书坛称得起是一代名宿，能有啥不济之处呢？还是去见面再说吧。到了文化局，接待我的是一位女同志。她告诉我说，找我来的目的是让我把书的内容向她作介绍，不是介绍全书，而是章回。比如今天要说什么目录，内容是谁跟谁打起来了，因为什么打。要听听有什么不当之处，能改则改，改不了的，最好就避开不说。特别是最后，还对我强调说，必须每天都得来一趟，而且是由头至尾地向她介绍一番。

“嘿！这位女同志一说完，当时我就真有点丈二和尚了！壮着胆子，我问了一句：是所有的先生都来介绍，还是就我自己呢？结果那位女同志说，就你自己，因为他们的书我们都掌握。噢，敢情我这部书您还没掌握，得，那我就给您简介一下呗！好嘛，就从这天起，上场前我每天一趟文化局，到了周末还得把星期天的节目内容一块儿说说，简称‘天天禀报’吧。

“干了一个多月，我愣没明白是怎么档子事！今天回想起那段时光，真是觉得自己有些幼稚可笑！20 世纪 50 年代初期，京城说书先生数以百计，唯独我一人天天跑文化局去介绍书的梗概，这其中能说没点儿文章吗？所以想起来，当年肯定是背地有‘高人’说了我些什么。当然，至于说我是在哪些方面冲撞了哪位‘高人’，那就不得而知了。归根结底这都是买卖火惹的麻烦，行话这叫‘吊转’。说实话，本想当时就在北京扎下去，朋友帮忙连房子都租好了，就冲这‘天天禀报’，别扎了，走人吧！这一走，就是三十年哪！”

“天天禀报”让袁阔成提前结束了日坛书社红红火火的《吕四娘》演出，也让他经历了“一别北京三十年”的难忘岁月，但从另一个角度看，应该说，“天天禀报”虽然令人烦恼，却更让我们看到，此时袁阔成评书表演艺术的水平，在京城评书界无疑已是“高出一筹”了。

陆

第六章 营口岁月

第一节 从唐山到营口

日坛书社的演出虽说是大火特火，却也让袁阔成经历了一个多月“天天禀报”的风波。说起来，确实给他这场北京的演出平添了许多麻烦和不愉快。但比起《吕四娘》的红火，比起袁阔成又获得了一大批北京听众的喜爱，比起他的名字在评书界更加响亮，这“天天禀报”真的算不了什么。而天生性格爽朗、心胸开阔的袁阔成更是没有纠结于心，他很快就开始为“移师”营口作准备了。

差不多过了一个月后，袁阔成终于和书场经理说好，辞演了原本在日坛书社演出一百场的《吕四娘》，带着一家人离开了北京。这一次告别北京城虽然难免有一些伤感之意，但袁阔成非但没有挂在心上，反而更有一股轻松和兴奋的感觉。因为离开北京之前他已经和营口红星茶社的杨经理谈好，回到唐山安排好后即向营口“开拔”。

原来，袁阔成带着一家人刚从武汉回到北京时，正赶上营口市红星茶社的杨经理来北京“招贤纳士”。评书界的朋友立刻向他介绍了袁阔成，结果这位杨经理还没见到袁阔成的面就答应了。因为在这以前，杨经理虽没曾亲眼目睹袁阔成说书场上的风采，却早已听闻袁阔成的《雍正剑侠图》《吕四娘》《十二金钱镖》等几部传统大书在山海关、唐山等地演出时的火爆场面。所以一听说此刻袁阔成正在日坛书社演《吕四娘》，他不仅满口答应，而且亲自跑到日坛书社去听袁阔成说书。这还不算，每天听完书必定要拽着袁阔成去喝一口，一边端上几个菜，一边告诉袁阔成说：“我不单爱听书，也爱炒菜，你去了‘红星’，天天这炒菜和酒我包了……”

这么着一连七八天，这位天天听书的杨经理也连着给袁阔成炒了七八天的菜。这让袁阔成很过意不去，他要给饭钱，杨经理却镚子儿不要，没别的，就是请他去营口，还要先给他定金……

此时虽然是杨经理热情相邀，但当时因为忙着日坛书社《吕四娘》的百场演出，袁阔成一开始还真没有考虑和安排去营口的行程。“转机”自然还是源自“天天禀报”。因而也可以说，“天天禀报”的风波虽然不愉快，却也“促成”了袁阔成“移师”到营口，而且他在营口“一个猛子”扎下来，整整度过了三十年，这也是当初袁阔成自己没有想到的。

营口是辽宁省靠近海边紧邻辽河的一座城市，地理环境得天独厚，不仅是交通发达的鱼米之乡，更是片有着深厚文化底蕴的人文宝地。这也增强了袁阔成奔赴营口的信心。

谈起当年来到营口，袁阔成也曾有一段回忆：“1955 年，我从武汉演出归来。刚刚到北京，营口市书场的经理已经来到北京找评书演员。我的朋友把我介绍给他们以后，他们对我非常满意。我后来决定去营口时，心里也特高兴。因为营口是辽宁省有名的鱼米之乡，也是一块儿人杰地灵、文化艺术底蕴都非常深厚的宝地。尤其在演艺圈儿，更有‘在艺术表演事业上，要想在东北搞出些名堂，首先必须在营口排上号’之说。当年在营口，不仅来演出的艺术家多，观众中更是不乏行家里手。像有名的京剧四大名旦尚小云、荀慧生，都曾来营口献过艺。所以说，在营口，在艺术表演上没点儿真格的本事拿出来，还真是站不住脚的……”

后来袁阔成的学生，曾为话剧演员、编导、中国戏剧家协会会员、营口市评书学会顾问的马步秋先生，更是在《半个甲子述金科 袁阔成的营口三十年》中，对当年袁阔成从唐山来营口时的一些具体事情及营口的人文地理等，都作了较为详尽的描述。从中我们可以对当年袁阔成来营口的前前后后有进一步了解。

马步秋先生在书中为这一章节取的题目叫《凤凰不落无宝地》。不言而喻，“凤凰”自然是指袁阔成，而营口则是这块“宝地”。他首先在该书中提出了当年 28 岁的袁阔成为何没有留在北京而要来到营口落脚的疑问：“袁先生是 1956 年的春天，由朋友举荐，从河北来到营口的，那年他刚刚 28 岁。有人会问，为什么不在北京发展，而要一个人单枪匹马、携家带口地从关内来到关外，并落脚在营口呢？这事说来话长，这里既有客观方面的原因，也有他自身的考量。在日后的聊天中，袁先生道出了他当年的初衷。那么，袁先生当初究竟是怎么想的，又是什么原因促使他下定决心的呢？营口方面靠的又是什么，把这位未来的大师吸引来的呢？它的魅力何在？”

紧接着马步秋先生从营口的发展历史、人文环境入手，道出这两个方面

⊙马步秋先生近照（本人提供）

是吸引袁阔成来到营口的主要原因，因此我们不妨也从这里“走进”营口，领略一下营口的历史、人文，以感受一下评书巨匠袁阔成曾经生活、工作了三十年的“人文宝地”营口的真实面貌：“自营口港开埠以来，营口就以它特有的区位优势，吸引着四面八方的来客，正是这些南来北往的人打造了营口，也成就了营口，营口在短短的几年时间里就成为当时北方的商业重镇。从那时起，北方出产的大豆、木材、药材、山货等物资一船船经过辽河运抵这里，并由此转往南方；南方生产的丝绸、茶叶、瓷器等商品也源源不断地从这里运往北方，这里完全成了南北货物的集散地。与此同时，由于商业活动的频繁，商贸往来的增多，这里就成了洽谈生意、休闲娱乐的好地方。到了民国年间，营口的发展到了鼎盛时期，各种类型的会馆、茶楼、酒肆纷纷拔地而起，遍布市区的大小书场也一个个接踵而至，东西两大戏园子“小红楼”剧场和“昇平”戏院也相继落成，他们还不时请来名家、名角登场献艺，场面异常活跃。特别是当时最为时尚的电影事业，在大平康里新建了除沈阳之外的东北第一家电影院——平安电影院，在开业之初，曾邀来了当时的电影明星亲临现场，与观众见面。这些都可谓盛况空前……”

那么袁阔成到底为何来到营口呢？

“生存的大环境变了，人们生活上的习惯也渐渐发生了变化，营口人不知从什么时候开始喜欢上听书、听戏了……

“时光到了20世纪50年代，那是新中国成立初期，一切都百废待兴。当时由于中长铁路的修建，使得商业重心南移，原本畅通的辽河这条黄金水道被铁路所替代。营口昔日繁忙的景象不见了，商业往来的热络场面看不到了，营口辉煌的余温还在，人们对文化需求的热情还在，活跃的文化氛围仍不减当年，仅就 1949 到 1956 年的统计，前来营口演出的艺术家、名人、名角就不下几十位。其中，京剧界有尚小云、毛世来、吴素秋、厉慧良、张云溪先生等；曲艺界有顾桐成、李庆溪、赵玉峰、丁正洪先生等。

“当时众多的艺术家纷纷来营口演出，说明营口当年的影响还在，弥漫在营口上空的文化味道仍然散发着诱人的气息，这便是营口的魅力所在！营口就是靠这些丰富的文化资源、良好的人文环境和百余年积淀下来的文化氛围，吸引了这些艺术家的。正所谓有了这些‘梧桐树’，才引来了一只只金凤凰，而袁先生，就是这些凤凰中的一员。这便是袁先生来营口的原因之一。

“原因之二，也与营口的环境有关。那时，在艺人中间流传着一种传闻，说‘营口这地方的书不好说，戏也不好唱’。言外之意是说，营口这地方懂书、懂戏的人比较多，演员要是没点儿真本事，想在这蒙混过关，不大容易。当时持这种观点的人很多，大都认同这个说法，时间一长，这个传闻就在不经意间形成了一种共识。共识的大意是：一个演员要想扬名立万，在社会上有点响动，如果不到关外的沈阳、营口来摔打一番，并取得认可，很难在江湖上站得住脚，也很难被社会接受。

“这个传闻和共识，曾激励过许多人，特别是那些很有抱负的中青年演员，他们个个跃跃欲试，都要来营口一试身手，以此来验证一下自己。袁先生就是受此影响，来营口闯一闯、试一试的。‘不是说营口的书不好说吗，我就不信这个邪，我就是要来看看，它究竟难在哪里，不好说在什么地方。’他就是靠着这股子不服输的劲头儿来的，他要通过自己的努力打拼出属于自己的天地。

“人们常说，良禽择木而栖，连禽鸟尚知选择，何况袁先生这样踌躇满志且志存高远、展翅欲飞的‘凤凰’呢！他就是在这种情况下来到关外，落脚在营口的。”

第二节 营口的“北京天桥”

说起来“促使”袁阔成来营口的，还有一个人“功不可没”，那就是竹板快书演员英来鹏先生。因为在这之前，英来鹏先生曾两次去营口演出。虽然只有两回，却回回都受到了当地老百姓的热烈欢迎，另外，营口的风土民情和特有的商埠文化也都给英来鹏先生留下了很好的印象，所以他热心力劝袁阔成去营口发展。

英来鹏先生是袁阔成行里的好朋友，也是那个时代我国北方表演竹板快书颇有影响的名家。因此，袁阔成能够来到营口，还真是少不了这位英来鹏先生在中间“搭筑桥梁”。

而在生活中，袁阔成更是十分敬重英来鹏先生，人前人后，无论什么时候提起，张口必称英来鹏先生为英兄，这里既有英来鹏先生大袁阔成几岁的原因，更离不开袁阔成对英来鹏先生的表演艺术才华和坦荡诚实人品的敬重。

英来鹏先生人品好，表演起竹板快书来更是字正腔圆，场场都能抓住观众。尤其是他最擅长的长篇传统节目，每当他说上一段后，就在单弦的伴奏下，边打小竹板边再唱上一段。这说唱并重的表演，自然是深得老百姓喜爱，因而每次表演，英来鹏先生都能得到观众的掌声和叫好声。也因此在那个年代，英来鹏先生是和当时北京天桥有名的、擅说《薛家将》《杨家将》等长篇竹板快书的关顺鹏、关顺贵兄弟齐名的竹板快书表演名家。后来英来鹏先生还以其高深的艺术造诣与北京评书名家连丽如、贾建国夫妇合作撰写出版了评书文本《康熙私访》及以大八义之师左云鹏为书胆编著的评书文本《左良传》。

竹板快书有说有唱，形式活泼，故事又很吸引人，因此很受喜爱曲艺的老百姓欢迎，尤其是在北京天桥，更是人气爆满。一直到20世纪50年代，竹板快书表演还在北京天桥盛行。只可惜，随着后来北京天桥的消失以及表演竹板快书演员的分流，竹板快书再没了天桥的火爆场面，表演更是后继无人，如今已经失传了。

英来鹏先生力荐袁阔成说书的地方就是杨经理的红星茶社，地址就位于营口市最繁华、最热闹的小平康里。说小平康里繁华热闹，首先是它紧挨着有大商号、大剧场、大酒楼的大平康里。比起大平康里，小平康里虽然没有有名的平安电影院，也没有“小红楼”和营口最大的“汇海楼”酒店剧场，可是小平康里却有着它独具的“小”的特点。

首先，居住在小平康里的都是些生活在社会最底层的小老百姓，就像马步秋先生所说的那样：“他们是小门小户过小日子的小人物，他们做生意做的也是小买卖、小本经营，赚的是小钱，外来做生意的也都是些小商、小贩，开个小店铺、小门脸儿，卖些小商品、小玩意儿……总之，这里都是些小‘打’小‘闹’安分守己的小市民。”

但正是这些小门小户过小日子的小人物、小市民，聚集了小平康里独具的人气，为小平康里的书馆、茶社提供了“取之不尽用之不竭”的观众。因此，马步秋先生写道：“别看这里都是小人物，这里可是最具活力的地方，从日出到日落，这里人头攒动、往来不息，一天到晚人声鼎沸，叫卖之声不绝于耳。这里有打把式的、卖艺的，有说书的、唱戏的，也有摆摊的、撂地的，还有打架的、斗气儿的，撒谎的、‘撂屁儿的’……一切人间百态，这里也都有尽有。”

您瞧这场、这景儿，再加上这阵势，怎么瞅，怎么瞧也觉得眼熟、耳熟，似曾相识。没错，甭管是远闻，还是近观，这营口的小平康里整个就是一个翻版的北京天桥。

而对于第一次来到小平康里的袁阔成来说，更是一下子就感觉到这里的环境竟是这样熟悉，是啊，这不就是营口的天桥嘛。对此，马步秋先生也在书中描述说：“袁先生下榻的地方，离‘红星’不远，正可谓闹市之中，好在这里有个不大的小院，把嘈杂之声隔在了外边。袁先生对这样的环境并不感到陌生，他非常喜欢这种氛围，从小就是在这种环境中长大的，没有丝毫不适应，他认为这里和沈阳的北市场、北京的天桥，没什么两样，用袁先生的话说，小平康里就是营口的天桥——这个说法被后来的好多人所接受。”

第三节
红星茶社与“杨罗锅儿”

袁阔成终于和一家人安顿下来，而对于似乎并不陌生的小平康里，无论是热闹的环境，还是它紧邻辽河靠近大海的湿润气候，他也都十分满意。因此，当营口有人问他：“袁先生，初来乍到的，生活上过得惯吗？水土服不服啊？”

袁阔成总是乐呵呵地回答说：“习惯，非常习惯。水土嘛，也没什么不服的，很服，而且很舒服。”

总之，初到营口的袁阔成，对这里的一切都感觉不错。就如马步秋先生所说：“的确，袁先生来营口之后，对这里的一切都很满意。他说他喜欢这里的天气，空气湿润舒爽，不像关里那样干燥；他还说这里的节气很标准，春天是春天，秋天是秋天，它们之间没有挤、挪、贪、占的问题，是真正意义上的春夏秋冬，四季分明。以春天为例，初春从打春之日起的春寒料峭，中春时节的雪化冰消，到晚春的时候，正是大地回暖，万物复苏……它有一个循序渐进的过程，是把你一天天带入夏天的，不像东北有些地方，雪化冰未消时，夏天就急着麻慌地来了……”

接下来，就是如何在红星茶社开讲了。虽然对于28岁的袁阔成来说，在来营口之前早已经历了秦皇岛、山海关、唐山、武汉的演出以及北京日坛书社《吕四娘》的大火特火的场面，红星茶社的演出可以说是“小菜一碟”，不在话下。但毕竟这是来营口的开书之讲，就如一般人所说，这红星茶社的“第一炮”，无论如何，必须打响才成。这对袁阔成很重要，对身处小平康里的红星茶社和杨经理则更是至关重要。

这是因为小平康里除了红星茶社，还有“百花”“群英”“松竹”等总计七家茶社，这样的说书“阵势”，足见这小平康里甭管是说书的还是听书的，还真是有些“气候”。

茶社多，自然也是各有各的特色，凭着各自的特色经营生存，又凭着各自的特色相互竞争。比如百花茶社，虽然经营面积最小，但是常来这里喝茶听书的客流还比较稳定，因为大都是老主顾，所以请来的说书先生也大都是年纪偏大一些的，几乎没有什么年轻的，说的书目也都是什么三列国、东西汉之类的历史题材的传统评书。

群英茶社则几乎从来不请评书艺人来茶社说书，而是大多请些鼓书艺人来唱大鼓，比如西河大鼓、东北大鼓，还有梅花大鼓什么的，演唱的鼓书目也多是《杨家将》《呼家将》《明英烈》《薛刚反唐》之类的历史题材传统节目。

如此看来，不管是说评书还是唱大鼓书，“百花”和“群英”都有各自固定的经营模式。相比之下，袁阔成即将开书的红星茶社就与这两家茶社截然不同了。因为它既不单一说评书，也不专门演大鼓，而是不断地变换着花样，不管是评书、大鼓，还是快板书，甚至皮影戏，只要是老百姓喜欢，它全都上。想当初英来鹏先生的竹板快书，就是在这红星茶社演出的。这么一说，这红星茶社的经营还真是挺活泛。而这样活泛的经营管理模式，自然离不开红星茶社的经营者杨经理。

千万不要小瞧了这杨经理，在小平康里，他是有名的“杨罗锅儿”，平日里脑瓜子聪明、灵活，虽不大懂评书、大鼓艺术，却知道怎样讨得听众喜欢，怎样让客人在“红星”坐下，舍得从兜里掏出银子。因此这杨经理虽然因后背有些驼得一“大号”“杨罗锅儿”，却因为好动脑筋勤思考，把个红星茶社经营得红红火火不说，“杨罗锅儿”的名号更是响当当，其风头之大甚至压过了茶社，成了“红星”的代名词。以至于有谁来到小平康里，打听红星茶社可能会有人不知道，但要是提起“杨罗锅儿”，那保准儿连 3 岁小孩子都能告诉你。所以，马步秋先生说：“知道红星的人不多，提到‘杨罗锅儿’，有些人开玩笑说：‘杨老板还了得，那可是大名鼎鼎，北京有个刘罗锅儿（刘墉），营口有个杨罗锅儿！’就这样，‘杨罗锅儿’成了小平康里一带颇有名气的人。”总之就是一句话，这红星茶社的经理“杨罗锅儿”是小平康里一个无人不知、无人不晓的人物。

这么一个又是评书大鼓又是皮影戏不断翻着花样演出的茶社，再加上那个精明能干的经理“杨罗锅儿”，说实话，对于初来营口的袁阔成来说，这红星茶社的开书，的确不那么容易。

第四节 与“红星”续约

提起当年袁阔成在营口红星茶社开书的不易，马步秋先生也有过自己的一段分析：“如今，轮到袁先生了，该他登场亮相了，这一关能过得去吗？这个相会亮得怎么样呢？老实讲，这个关不大好过，这个相也不大好亮。其一，一般常听书的人，都喜欢听年纪大一点的人说书，觉得他们书说得有味道、有嚼头儿，听了之后，有品头儿，能长些见识，就像有病看中医，都愿意找老大夫看病一样，不大喜欢年轻人。其二，‘红星’的评书氛围，不如小茶馆‘百花’，那里是专门听评书的地方，观众也相对稳定，而这里的观众成分很杂，关键是兴趣点不一致。其三，袁先生当时还很年轻……”

其实，不管是红星茶社那些不那么好对付和不那么稳定的各路听众，还是那个鬼灵精怪的经理“杨罗锅儿”，袁阔成都或多或少了解一些，只不过他并没有放在心上，因为他心里十分清楚，只要拿出说书的真本事，把书说好，走到哪儿，都不愁招不来听众。至于说“红星”这第一关好不好过，这个相好不好亮，不外乎就是一句话：是骡子是马，拉出来溜溜，说一千道一万，还得是台上见。所以这个时候的袁阔成，不管别人怎么想怎么看，自个儿只是塌下心来为他在红星茶社开书作准备。

他准备的书目是《火烧红莲寺》，这是根据小说家向恺然（即“不肖生”）所著《江湖奇侠传》的故事编演而成的一部传统评书。主要内容讲的是，清朝咸丰年间，在广西的红莲寺有一个名叫智圆的恶僧，平日里强抢民女、霸占土地、欺压无辜，坏事做绝。不仅自恃武艺高强，还豢养了一批打手，一时更是无人敢惹。后来湖广巡抚卜文正体察民情，私访红莲寺。不想被智圆识破，遂将卜文正囚禁于寺中。紧接着昆仑派剑侠笑道人、杨天池、陆小青等又战败智圆，救出卜巡抚，一把火烧了红莲寺。只可惜让恶僧智圆逃脱，并引来了崆峒派剑侠常德庆、甘瘤子等人夜入抚衙，劫走卜巡抚。从此展开昆仑、崆峒两派的争斗。最后结局则是昆仑派隐士金罗汉、吕宜良放出两只神鹰，啄死恶僧智

⊙袁阔成 1957 年与夫人刘书琴

圆，救回了巡抚卜文正。

这部书人物性格鲜明，情节曲折生动，表演起来容易抓住听众，所以深受老百姓喜爱。这也是袁阔成选它为红星茶社开书的主要原因。虽然《火烧红莲寺》仍是听众并不陌生的传统评书，但袁阔成还是相信自个儿的实力，他始终坚信，凭着真本事，一定能够把“红星”的第一炮打响。还是那句话，“戏法儿人人会变，各有巧妙不同”。不用说，对“红星”的开书，袁阔成仍是信心满满。

果然，第一天开书，袁阔成一亮相，就把“红星”那些一向兴趣不一、难对付的听众给“定住”了。因为他们从来没见过这么年轻、帅气、充满活力的说书先生，更没见过哪位说书先生能够这样把手中的折扇灵活而又神奇地变出一个又一个的花样……

虽然没有像在山海关、唐山演出那样人多到警察来维持秩序的场面，但是袁阔成的《火烧红莲寺》开书后，来“红星”听书的人眼瞅着一天比一天多。没过几天，屋里听书的座位就全坐满了，后来连窗户都打开了，因为窗户外面的人都站在那听上了袁阔成的《火烧红莲寺》……

这一下，经理“杨罗锅儿”乐得心里开了花。原本他跟袁阔成演出的签约是从 5 月到 8 月，现在刚没演几天就这么火，他打定主意，提前跟袁阔成续约。不用问，这是贼精的“杨罗锅儿”看准了，别瞧这新来的说书先生年纪不大，可他给“红星”带来了大好“钱程”……

那么，袁阔成在“红星”的开书究竟是什么样的场景，让听书的人越来越多，以至于窗户外都站满了人，还让经理“杨罗锅儿”唯恐别家茶社抢了生意，竟提前和袁阔成续约呢？还是让我们看看马步秋先生的描述吧。

“都觉得袁先生说的书和他人不一样。别人开书，先来四句定场诗，然后坐在那里，不紧不慢、有板有眼地说，可是袁先生的书不同，他一扫过去的沉闷，活力四射，激情无限。首先，给观众的印象是这位先生长得很帅气、有台缘，令人称羡。他有一双会说话的大眼睛，活灵活现、精气神十足，他的身上（动作）很好看，也很大气，特别让观众感兴趣的是他手中的那把折扇，它几乎成了万能的道具，一会儿一变，双手一捋，往前一刺，它就是枪；来个缠头裹脑，它便成了一把刀；如果让扇子在手中转上几转，它就变成了暗器……

⊙ 20 世纪 50 年代袁阔成的风采

“一两天下来，观众对袁先生说书的反应，不知是什么原因，有些异乎寻常。以往来了一位新先生说罢，或好或坏，或行或不行，当场就会有个结果，而这次不一样……尽管如此，听书的人数可是在一天天增多，没几天的工夫，屋内听书的座位已经不够用了，也不知是谁，把茶社的窗户都打开了，连窗外都围拢了好些人前来听书。

“红星茶社是沿街而建的一趟瓦房，街道不宽，也不长，更没有车辆通行，平时这里很静，如今窗户大开，来这里听几段蹭书也不错。此时，端午刚过，正是开窗开门的季节，袁先生说的又是午场，遇到有什么可笑的地方，室内室外一起共鸣……此情此景，蔚为壮观。此时的茶社老板杨掌柜，看在眼里，喜在心上，他已开始打起了新的算盘，要和袁先生续约了。

“说书人与茶馆续约，与演艺圈其他门类不同。如戏剧签约，某某名角儿，来这演几天，排出戏码即可，如果演红了，可续演几天，如不行，也可提前。而评书则不同，没有哪一部书可以在几天之内说完，叫部书也得一两个月，甚至更长的时间。所以评书签约是按季来安排的……袁先生说的是 5 月到 8 月的一季。杨掌柜见袁先生的书市渐火，唯恐别人抢走了生意，以防节外生枝，便提前开始了行动。

“袁先生这一关过得挺好，这个相亮得也不错，牛刀小试，获得了成功！他不仅得到了营口人的认可，也被营口所接纳，并且受到了称赞，实现了他来时所抱的初衷，为他日后的艺术之路开了个好头……”

第五节 组建营口说唱团

凭着一部《火烧红莲寺》，走进红星茶社的袁阔成在营口的“北京天桥”小平康里扬了名。而随着“红星”演出的火爆，袁阔成的名字也为越来越多的营口人知晓。不久，营口市有名的小红楼民主剧场也向袁阔成发出了演出邀请。从此，无论是红星茶社，还是民主剧场，袁阔成的书一部接着一部，袁阔成的名字一天比一天响。也从此，袁阔成在书最不好说的营口稳稳地站住了脚。

⊙袁阔成在剧场表演评书。

这一切，自然仍是离不开他一身精湛的评书表演技艺和他独具的“漂、俏、脆、帅”的表演风格。不管是《火烧红莲寺》，还是他拿手的传统大书《吕四娘》《十二金钱镖》《水浒传》，以及他刻苦钻研、不断改革、不断进步的现代新评书，无一不因他纯熟、生动细腻的表演和精彩新颖的内容而相继受到各类听众的喜爱和追捧。一句话，来到营口后的袁阔成，演艺事业仍然是大火特火，“一路飘红”。

评书表演得如此红火，袁阔成却从未骄傲。因为他心里最清楚，如果不是赶上了人民当家做主、说书艺人受人尊敬、社会地位日益提高的好时代，他的评书表演再好，也不会得到如此发展。他还知道，他的血液里流淌着评书表演的天赋和对评书艺术的热爱，但同时也迸发着时刻不忘对社会主义新中国感恩的激情！

因此，来到营口后的袁阔成虽然在表演事业上顺风顺水，一路发展，但他始终不忘积极创作，尤其是在说演现代新评书方面，他更是从未停止创作的脚步。虽然已在唐山电台播讲了《小二黑结婚》《吕梁英雄传》和《新儿女英雄传》，但袁阔成并不满足，他的心中，始终对党和国家怀着深深的感恩之心。他总觉得自个儿还这么年轻，浑身都是使不完的劲儿，只有创作更多更好的新作品，才无愧于一个新中国评书演员的身份，才对得起把自己从一个旧社会四处漂泊、地位低下的评书艺人变成受人尊敬的人民演员的社会主义新中国。

⊙袁阔成20世纪50年代演出剧照

1958年，满怀创作激情，要为社会主义祖国多作贡献的袁阔成又迎来了他人生和表演事业的新高峰，这一年，经营口市有关部门任命，袁阔成不仅担任了营口市说唱团副团长，而且挑起了组建营口市说唱团的重担。这是他来到营口的第三个年头。

在这以前，营口市已经成立了评剧团、京剧团和刚刚组建不久的文工团。而随着社会的发展和当时城市文化建设的需要，说唱团的成立显然是势在必行。于是，在省里的统一部署下，营口市决定成立说唱团。说唱团的主要成员自然是社会上还没有加入市里正式编制的曲艺界人士。因此市里有关领导首先考虑的人选无疑就是红遍营口半边天的袁阔成。

接到任命时，袁阔成刚刚结束小红楼民主剧场的演出。闻听此讯，不由心潮澎湃、激动万分。他为党和政府对他的信任感动，为从此成为正式的新中国评书界的一员而激动。想到这儿，他又想起了父亲，虽为京城有名的“袁氏三杰”之一，却漂泊一生，历尽艰辛，没能赶上这样的好时代……

马步秋先生则写道：“袁先生知道了这个消息，自然兴奋异常。不过高兴之余竟然流下了几滴泪水，这泪水为何而流连他自己也说不清楚，可能是原因多多吧。袁氏家族祖祖辈辈以说书为生，终年过着飘忽不定的日子，如今有了单位，真有了一种家的感觉，再也不用四处漂泊了。袁先生的夫人看见袁先生的样子，很为自己的丈夫和全家高兴，因为，她太了解丈夫此时此刻的心情了。”

和袁阔成一样为成立说唱团无比兴奋的，无疑是一直在营口各茶社、剧场演出的那些曲艺人士。是啊，这些常年没有一个固定单位的曲艺艺人，如今

⊙营口评书三大家，前排右一李鹤谦，左一张宝殿，后排袁阔成。

就要成为正式的国家演员，他们怎么能不高兴呢？就如马步秋先生所写的那样：“这个消息传到了一些曲艺艺人的耳朵里，一个个好不欣喜若狂。这两年老是看到别人加入这个团那个团的，如今终于轮到自己了，怎么能不高兴呢？这些人都是从旧社会过来的，深知艺人流动生活的艰辛，一年到头拖家带口地在各地奔走，不知要搬多少回家，更不知这个家要搬到哪一站！现在虽然解放了，艺人的社会地位提高了，不再受别人的欺负了，但生活上仍不稳定，遇到个天灾病痛的，生活上就没了保障。这下子可好了，咱们也有单位了，有点啥事有人管了，再也不过那种‘南京收了南京去，北京收了北京游，南北二京都不收，黄河两岸度春秋’的到处漂泊的日子了。”

说干就干，一向性格爽朗、办事痛快的袁阔成接到任命后，很快就投入到组建营口说唱团的工作中。按照营口管辖三个区四个县、人口一百万的规模，营口说唱团应该是由书曲队、地方戏队和相声队，人员编制 80 人组成的团体。

按照这个原则，袁阔成开始物色各队的人选。其中书曲队人员并不难找，因为以评书为主，虽然配有鼓书，但这些演员他都比较知底。以演二人转为主的地方戏队的组成问题也不大，最不好办的就是相声队。用马步秋先生的话说就是“这个相声队让袁先生头疼，演员老是搭配不上来……这让他很费心思”。

原来，这相声的演出一般情况下通常都得有四副“架”，也就是说得有四对相声。表演时，每对相声演员说20分钟左右，再加上“返场”，差不多要两个小时的时间。但是现在相声队最起码还得找一对相声演员，实在找不到，哪怕是一位演员也行，因为那样才能保证每场演出前后两个高潮。

可是哪怕就是找这么一位也实在是不那么容易，因为当时正赶上全辽宁省各地都在组建各种文艺团体，有些名气的相声演员自然是早就“名花有主”了。为此，袁阔成没少着急也没少脑袋疼。可是着急归着急，这“看上眼”的相声演员，一时半会还真找不着。

正着急没办法呢，北京的朋友给袁阔成捎来了一个消息，告诉他中央有些部署院团要撤编，眼下正在进行人员分配。看来是个好时机。袁阔成听罢立刻找人多方活动。一番周折，终于调来了原来在建筑文工团说相声的演员曹月华先生。

而这个曹月华先生也果然没有辜负袁阔成的一番苦心和希望，他在营口的第一次登台亮相，就以和辽宁省著名相声演员金炳昶先生合说的传统名段《汾河湾》博得了观众的阵阵笑声和热烈掌声。

在袁阔成的努力和奔波下，一个集书曲队、地方戏队和相声队于一身，总计80余人的营口市说唱团终于建成。这里有袁阔成辛勤的汗水，也有党和人民对袁阔成寄予的信任和希望。望着一个个精神焕发的说唱团演员，袁阔成

⊙袁阔成带领营口说唱团演出活报剧后合影。

更是激动得难以言表。是啊，这些曾经漂泊四方、被人看不起、被视为“下九流”的评书、大鼓、二人转艺人，如今不但翻了身，还成了正式在编的国家演员，真是过去想都不敢想的事……

从担任营口说唱团副团长，到组建营口市说唱团，成为一名正式在编的新中国评书演员，袁阔成自己的评书表演事业也终于开始稳定发展。回想一路走过的历程，袁阔成不由感慨万分，他庆幸自己赶上了社会主义新时代，也为自己能够成为一名受人尊敬的新中国艺术工作者而感到自豪。

感恩之余，袁阔成更深知，除了为党为人民多说好书、新书，如今自己的肩上又多了一副带领全说唱团努力为社会主义文艺工作服务的重担。

第六节
《舌战小炉匠》获奖

从此，袁阔成更加积极地投入到他热爱的评书表演事业中，尤其是在创作和表演现代新评书方面，他更是始终不懈地进行探索和研究，并接连取得硕果。

也是从这个时期开始，袁阔成对新中国著名的《铁道游击队》《保卫延安》《暴风骤雨》及《林海雪原》等长篇小说进行改编创作。而他的辛勤付出也得到了回报，在他的反复钻研和不断努力下，这几部长篇小说被成功改编创作为现代评书，并先后在营口电台播讲。

不久，中央政府向文艺界发出“说新、唱新、演新”的号召，要求全国广大文艺工作者创作出歌颂新人、新事、新风尚的文艺作品。于是，袁阔成又以他一向不服输的勇气和闯劲，开始了现代评书的新创作。

1948 年冬，他最先创编表演的新评书脚本是当年解放军送给他的油印小册子《小二黑结婚》。如今已过去十年，社会主义祖国处处是一派繁荣景象，时代不同，新书创作的题材也愈加丰富。在翻阅了大量当时畅销流行的革命题材文艺作品后，袁阔成经过几番仔细阅读，选中了曲波同志撰写的长篇小说《林海雪原》中的章节之一《舌战小炉匠》，他决定将这一章节改编成一段新评书。

选择《舌战小炉匠》这一章节，袁阔成首先看中的是作者对这一段起伏跌宕、自始至终都充满了悬念的故事情节的精彩描写。另外故事中的主要人物杨子荣与座山雕，还有小炉匠，都是有正有反，可说是性格鲜明、矛盾突出。而这样本质、性格截然不同的主要人物，对于评书表演来说非常适合，能够得到充分的表现和发挥。

此外，袁阔成还看到，这一段故事发生的地点几乎都没有离开座山雕的老巢威虎山，而这样的场景和环境，无疑也会让听众将其与传统评书中所描述的山寨大堂、聚义厅之类的模样联想在一起。因此，袁阔成考虑到，在说这一段新书时可以把传统评书中的很多套路及表现手法拿过来借鉴使用，既易于渲染，又是从老书过渡到新书的最简便的方法。

本着这一套思路的创作，再加上袁阔成精湛的演技，《舌战小炉匠》第一次在营口演出即初战告捷。听众们为《舌战小炉匠》起伏多变的故事情节吸引，更为袁阔成精彩卓绝的表演叫好。于是，袁阔成表演的新现代评书《舌战小炉匠》从营口市演到了辽宁省，又从辽宁省演到了北京。

这一年，适逢中国举办第一届全国曲艺汇演，凭借着一路“过关斩将”，袁阔成终于代表辽宁省带着他精心创作的评书小段《舌战小炉匠》走上了全国曲艺汇演的大舞台，而他“形神兼备”“以形传神”的精湛表演，不仅受到评委和广大听众的深深喜爱，更一举夺得这次全国曲艺汇演的优秀奖。

还是让我们来看一下马步秋先生对于当年袁阔成赴全国曲艺汇演表演《舌战小炉匠》的一段生动描述吧：“这段评书通过一段时间的实践之后，不仅得到了广大听众的认可，也获得了省、市各级领导的好评，并代表辽宁省出席了全国第一届曲艺汇演。说来好笑，来北京参加全国汇演的几十位演员中，竟然有二十余位报名的书目都是《舌战小炉匠》！这下子可热闹了，本来是全国的评书汇演，却一下子冒出来这么些个‘小炉匠’，无意之间，竟成了‘小炉匠’与‘小炉匠’的大比拼了。这对参赛的演员来说，压力加大了。来参演的演员，大都是四十岁左右的人，他们有着丰富的说书经验，个个都有一套看家的本事，特别是在对书中的气氛渲染上颇具功力。但他们的不足之处是说得多，做得少，有的几乎没什么动作，跟说老书没什么两样。

“与之相比，袁先生的优势则十分明显。首先是年轻，一出场就帅气十足，有股子清新的感觉，几句话下来，就进入了人物——杨子荣、小炉匠，一反一正，这两个人物的不断转换，让袁先生演绎得活灵活现。在里边还加入了许多‘佐料’，比如八大金刚劝座山雕留住老九的台词：‘三爷，老九不能走啊，老九是什么人物啊！他是什么东西？老九好比是天边的一轮明月，这小子——萤火虫啊，我们老九好比是高大的泰山，他呀——沙子！’这样用对比说出来的台词，配上极度夸张的动作，令人捧腹。

“特别是说到段子的最后，杨子荣押着小炉匠从威虎厅出来，杨子荣郑重地对小炉匠说：‘姓栾的，我让你死个明白，你说得没错，我是中国人民解放军，今天，我代表祖国、代表人民，判处你的死刑！’说到这，袁先生的左手用力向前一推，然后，他顺势来了个蹿毛（前滚翻）翻了过去，紧接着‘啪、啪’打了两枪（口技），再说：‘把小炉匠给毙了！’此话一出，全场掌声四起……袁先生的演出，一炮打响，他获得了成功。”

第七节 《舌战小炉匠》的创作与表演

我们再回过头来看《舌战小炉匠》这部作品，它虽不过是袁阔成改编创作的长篇评书《林海雪原》中的一个评书小段，但却得到观众的一致认可，并获得全国曲艺汇演优秀奖，应该说这离不开袁阔成精心而严谨的创作和令人叫绝的出彩表演。

很多人都知道，《舌战小炉匠》的内容是长篇小说《林海雪原》中最精彩的篇章之一，而其中最紧张、最抓人眼球的则是假扮土匪打入威虎山的解放军侦察排长杨子荣与他曾亲自审问过的敌特滦平相遇并被其认出时的情节。

这一精彩情节，无论是小说的描写，还是电影中演员的表演都可以得到全面完整的体现。但用评书的形式来体现就有些难度了。因为评书只有一个演员在台上，从交代情节、叙述故事到表演众多的人物，全凭说书人自己跳出跳入“在说法中现身”。所以受时间、空间及口头文学特点的限制，评书表演很容易被吸引人的故事情节淹没，而冲淡了书中的人物形象。这也让评书演员在表演中，经常通过人物的具体行动来表现人物特点，因为这样要比通过语言表现人物更容易让听众接受。

袁阔成正是在艺术实践中认识到这一点，因而在表演杨子荣与小炉匠滦平在威虎山相遇时，他没有用多少语言来揭示人物的内心活动，也没有让书中的人物多说什么话，而是设计了威虎山内土匪与杨子荣各自不同的一系列形体动作。以下面这一段为例。

滦平认出了杨子荣，大喊一声：“三爷，你们上当了，他，他是共军哪！”

这句话可了不得啦！八大金刚“噌！”全站起来了，拔枪在手，“嘎”的一声顶上了顶堂火，瞪着饿狼似的眼睛，盯着杨子荣。长枪、短枪、冲锋枪、二八匣子、盒子炮，一个个枪口紧紧地对准了杨子荣的胸膛。

> 座山雕一看，吃惊不小："什么？共产党！"
>
> 他一着急不要紧，差点没把山羊胡子给薅下来。

这一段表演话语并不多，且大都是形体动作，却让听众一下感受到了众匪徒、八大金刚及匪首座山雕那种惊恐万分、慌乱不堪的状态和匪徒色厉内荏、外强中干的本质。因此也可以说是袁阔成在《舌战小炉匠》的创作中的一笔成功之作。

在这种剑拔弩张、一触即发的紧张情势下，袁阔成更成功地给英雄杨子荣设计了一系列形体动作：

> 杨子荣一伸手，"噌！"从腰里把烟荷包掏出来了。轻轻地揉了一锅子烟，用手指往回一带，抽紧了烟荷包系儿，"哧——！"擦着了火柴，"嗞——！"狠狠地吸了一口，"噗——！"喷出了一团浓浓的烟雾。一边环视着众匪徒，一边将手里点燃的火柴杆儿在空中漫不经心地摇来晃去，然后，将已经熄灭了的火柴杆儿慢慢地丢到地上。

从这一段表演可以看出，袁阔成对杨子荣的形体动作设计更加丰富细腻。如一连几个象声词的运用，从坦然装烟、点烟、吸烟一直到喷出烟雾，既道出了杨子荣一系列细致入微的形体动作，又让听众感受到他在利用这个机会冷静地观察匪徒动态，积极思考对策，从而更加完美地表现出一个机智勇敢、沉着冷静、勇往直前的侦察英雄杨子荣的光辉形象。

而这正是袁阔成塑造英雄杨子荣的独具匠心之处，即达到了形似和神似的追求，也就是评书表演中所说的神形兼备、以形传神的表演方法。这种表演，通过演员生动细微的形体动作，可以让听众更好地领会人物，达到无声胜有声的艺术效果。因此可以说，袁阔成十分成功地在《舌战小炉匠》中塑造了一个神形兼备、以形传神的我军侦察英雄的形象。

在《舌战小炉匠》的表演中，袁阔成还对传统评书和京剧艺术采取了既借鉴又不套用的表现手法。如对杨子荣的某些形体动作，他就曾参照传统评书《五女七贞》中黄天霸的动作。通过认真细致的分析对比，他分析出杨子荣与黄天霸本质的不同。黄天霸是明闯，他要靠勇敢征服山大王，是以公开身份出现的，表演时应该是表里一致的。而杨子荣是隐瞒了身份，假扮土匪胡彪打入威虎山敌人内部。他要凭勇敢和智慧取得座山雕的信任，以达到彻底消灭敌人的目的。因此表演时应该是既要像土匪，又不是土匪的形象。因为掌握了这些突出的特点，袁阔成终于在评书舞台塑造了一个既有共产党员的正气内涵，外表又没有引起匪首座山雕怀疑，独闯匪巢的“外邪内正”的人民解放军侦查英雄形象。

此外，袁阔成还借鉴了传统评书的一些技巧，如《五女七贞》中的句子“太山高高山卧虎，湖水深深水藏龙”，本是为书中太湖山聚义厅设计的水墨条幅《丹凤朝阳图》的抱柱楹联。袁阔成则沿着这个构思，重新为威虎山设计了“一只老雕独爪抓山头，横展双翅，瞪着黄澄澄的眼睛，俯瞰威虎山”的水墨长条和“群雄啸聚威虎山靠天吃饭，众豪藏身野狼窝坐地分金”的抱柱楹联。将传统技巧为现代书所用，符合书中人物的身份，又让听众感受到书中土匪生活的情景。

在表演解放军深夜闯进威虎山百鸡宴，座山雕企图逃跑时，袁阔成设计的一系列动作，则是借鉴了京剧《武松大闹飞云浦》中搓手脱铐、掰枷断锁的表演程式，从而形象地表现出座山雕在邻近灭亡时惊慌失措、狼狈不堪的丑恶状态。

对威虎山内部的环境和座山雕妄图逃跑时形体动作的设计，虽都来自袁阔成对传统评书和京剧艺术的借鉴，但他并没有机械地套用，而是经过细心研究，融为己用。因此让听众感到生动自然，没有一点儿“摘挂”“拿来”的痕迹。

由此亦可以看出，《舌战小炉匠》的深受欢迎与获得全国曲艺优秀奖绝非偶然，它离不开袁阔成的谦虚好学、长期的艺术积淀与独特的精湛表演。就如袁阔成先生经常说的：“长期积累，融为己有，一旦用时，得心应手。”

第八节
新的探索革新

评书小段《舌战小炉匠》让不到 30 岁的袁阔成在全国曲艺汇演中绽放光芒。汇演结束后，年轻的袁阔成又参加了全国第一届曲艺工作者代表大会，并当选为理事。更让袁阔成感到激动和荣幸的是，国家总理周恩来还接见了所有代表。这一年是 1958 年。

不久，辽宁春风文艺出版社编辑耿瑛同志又把《舌战小炉匠》收入了该社出版的曲艺集《社会主义好》一书当中，足见当时袁阔成表演的《舌战小炉匠》影响之广。

还是在这一年，袁阔成又和国内文艺界各个领域的艺术家一起参加了全国巡演，他们奔赴福建前线，为驻守在祖国东大门前沿阵地的中国人民解放军官兵献上慰问演出。这是党和国家给予袁阔成的荣誉，也是对他优秀评书表演艺术的认可。就如马步秋先生所说："袁先生的成功，不仅在于这次参演中艺压群芳，获得了最高荣誉，还在于取得了赴福建前线慰问解放军官兵的资格。这种资格的取得，非同小可。当时，凡是参加到这个团的演员，都是国内顶级的艺术家和各个业界的领军人物，用句现在时髦的话说，都是大腕儿，那可是超豪华组合。袁先生能跻身于这些人中间，那是何等荣耀！这说明袁先生的评书得到了中央的肯定，也标志着袁先生的艺术生涯走入了一个崭新的阶段。"

参加慰问演出的艺术家们分成文艺和曲艺两个小组，他们分别深入到前沿阵地，为驻守在那里的解放军官兵进行慰问演出。

和袁阔成分在一个演出小组的，是我国著名的山东快书表演名家高元钧先生。两个曲艺名家一起为前线战士表演，机会难得，演出也不同于一般的剧场。因为他们的演出没有固定的地点，没有固定的时间，更没有固定的场次。可说是随时随地就出发，随时随地说演就演。不但流动性强，还伴有一定的危险性。因此比起平日里的守家在地，这一次赴福建前沿阵地的慰问演出既艰苦，又面临前线战争环境危险的考验。

⊙袁阔成赴前线演出归来在南京留影。

对于这些，袁阔成并不在意，因为他认为这一次为人民解放军慰问演出是党和国家给予的荣誉，而且和每次深入基层演出一样，他把这次慰问演出看作十分难得的深入生活的机会。因而在演出中，袁阔成不仅积极热情地把自己创作改编的现代新评书节目献给保卫祖国海防的人民解放军，更在慰问演出中不断探索，不断改进，力求把自己最满意的作品献给人民的子弟兵。

正是在这次的慰问演出中，袁阔成积极、大胆地对他的评书表演尝试了一次“惊人”的改革，而相比于以往对一部部现代新评书的创作表演和积极探索，袁阔成这一次对评书表演的改革，更可以说是一个突出的“大动作”。

事情还得从来福建前线的一次慰问演出说起。那一天，袁阔成和高元钧一起奔向一座小岛，准备为那里的战士们演出。在一阵隆隆的炮声响过后，他们终于登上了那座海岛一个制高点上的观察哨所。海岛不同于陆地，不要说没有平坦笔直的公路，就是行走在路上，也是坑坑洼洼高低不平。所以尽管还年轻，但到达目的地后，袁阔成还是有些气喘吁吁。连那个一直跟在他们身边的小战士都是满脸通红，汗水浸透了军装。

让袁阔成感动的是，那位小战士到了以后，连头上的汗水都没顾上抹一把，

⊙ 21世纪初，袁阔成与高元钧相聚，右一为相声名家常宝霆。

就连搬带扛地把桌子摆了上来，那是为袁阔成表演评书准备的场面桌。看着汗流浃背、高一脚低一脚走过来的小战士，袁阔成心里很不是滋味儿，他知道都是为了他的评书表演，这位小战士才这么辛苦。

其实这位小战士跟着袁阔成已经一连好几天了，不管走到哪儿演出，他都是跟在袁阔成的身后，一步不离，袁阔成走到哪儿，小战士就跟到哪儿。一开始，袁阔成并没太注意，还以为是部队上有什么规矩呢。后来还是高元钧先生告诉他："那个小战士是他们团长专门派来为你搬桌子的。人家说了袁先生说评书，需要桌子，这桌子就是袁先生的武器和装备，一定要保证袁先生到哪儿，这桌子就跟到哪儿。"

敢情是这么回事，袁阔成这才明白。回过头一想，心里更不是滋味了。

这怎么能行呢！咱们是来慰问子弟兵的，怎么好叫人家小战士深一脚浅一脚地满世界给我扛桌子呢？再说了，别人都不用桌子，唯独我一个人用，这不是给人家解放军添麻烦吗？

想到这儿，袁阔成眼前又浮现出那个浑身汗水、连搬带扛为他摆好桌子的小战士的身影，他的心里更加过意不去。怎么办才好呢？我为什么要给人家添这个麻烦呢？我能不能不要这个桌子呢？袁阔成不由陷入了沉思……

可真要是不要这张桌子，那能行吗？谁都知道，以往的评书演员表演评书，都是在台上摆好场面桌，桌上则是手帕、扇子和醒木。这是评书表演必备的道具，然后就是评书演员在桌后表演评书，这也是历来中国评书表演的传统形式，即便是在袁阔成开始带头说现代新评书后，这一评书表演的传统形式也仍然一直在评书界沿袭。更何况，这么多年来，这书场上的场面桌早已经不是什么单纯的桌子了，它似乎已经成了评书表演的一个符号、一种象征。一句话，场面桌是评书表演离不开的一大要素。

因此也可以说，自打书馆开书以来，这场面桌就是听书的人早已看惯了的，说书人也是早已使惯了的。如今却想冷不丁地一下子撤掉不用它了，这听书的人会看得惯吗？行里的说书人会怎么想？还有，这场面桌从台上撤下来了，那桌上的醒木、扇子、手绢又该放在哪儿？再说，谁不知道，这醒木、扇子、手绢，是说书人最喜爱又离不开的“书人三宝”啊！

由场面桌想到“书人三宝”，袁阔成又不由锁住了眉头，他实在是太知晓这“书人三宝”对说书人的重要了。那么这醒木、扇子、手绢，到底在评书表演中有什么重要作用，以至于让袁阔成在想撤掉场面桌时，竟对它们如此“割舍不下”呢？还是让我们看一看马步秋先生对“书人三宝”的介绍吧：“在书场里说书的人，每个人都有三样称心的东西，一把讲究的折扇、一方精致的醒木、一块洁白的手绢，世人称这三样东西为‘书人三宝’，这是每个说书人不可或缺的东西……

“先说醒木，之所以叫它醒木，是因为它有唤醒和告之的功能。书馆在开书之前，人声嘈杂，各行其是，说书人要开书了，怎么办？就用它往桌子上一拍，以此来唤醒各位注意，先生要开书了；它响过之后，场子安静下来了，说书人才吟上几句定场诗，算是开书了。当书说到最后要结束的时候再拍它一下，就是告诉你拜拜啦，且听下回分解，明儿个见吧……它是评书这门艺术经过多年的艺术实践所摸索出来的一种适合于评书所用的东西，是被广大听众所接受和认可的，也是评书艺术所独有的……

“再来看扇子和手绢……它们几乎是说书人手中的万能之物。说书人手拿扇子，叫它是刀便是刀，让它是枪便是枪，一会儿用它代笔写字，一会儿用它当烧火棍做饭，忽而以扇代桨，忽而以扇当鞭……它几乎无所不能。手绢也是如此，说它是幔帐就是幔帐，说它是门帘，说书人一撩它就是门帘，一会儿拿它擦眼泪，一会儿拿它擦胭脂，总之，叫它是啥它是啥！当然，还不要忘了这两样东西的自身功能，热了的时候，用来扇风解热，出汗的时候可拿来擦汗。如果没有它们，到了夏天，说书人说得满脸大汗，那会成什么样子，不仅说书人本人不舒服，别人看了也不会舒服的。除此之外，这两样东西还有个鲜为人知的用处，就是它的救场功能，说书人一旦忘了词，可以用它来缓解一下紧张气氛，或者可以遮掩一下尴尬的窘境……”

场面桌、“书人三宝”，还有小战士深一脚浅一脚扛着桌子的身影，都在袁阔成的脑子里不停地来回出现，一会儿，他又想起了白天在小岛上为战士们演出的情景：小岛上并没有比较适合表演的场地，说书的场面桌只能摆在一小块平地上。看着坐得整整齐齐的战士们期盼的眼神，袁阔成十分激动，真恨不得把自己最拿手的书目一股脑儿都献给守卫祖国海防的战士。只是觉得，那张占了不小一块地儿的场面桌似乎把自个儿和战士们隔开了……

这一晚上，袁阔成翻来覆去，思前想后，几乎整整一宿没睡觉，最后他终于作出决定，来一个大胆尝试，撤掉场面桌，放下醒木、折扇和手绢，自个儿一个人站在战士们的面前表演！他相信，虽然这个尝试有些冒险，但凭着自个儿平日里的功底还有这份心气儿，一定能够闯过去！那股劲头儿，无疑又一个活脱脱的十年前那个“年轻气盛、见多识广耳界宽、艺高人胆大”，勇于打头炮说新书的19岁袁阔成。

决心一下，袁阔成似乎也松了一口气，再一看窗外，天空已经发白了……

仍然是一座小岛，仍然是坐得整整齐齐、闪烁着期盼眼神的战士们，只是再没见到那个扛着桌子的小战士。临时的舞台上，只有袁阔成一个人站在战士们面前表演评书。第一次没有了场面桌的遮挡，袁阔成没有丝毫不适，他只觉得全身都是力量，似乎血液里充满了无畏而勇往直前的激情！而在观看演出的战士们眼前，更是一个神采奕奕、目光炯炯、嗓音清脆的年轻的评书表演艺术家！

不用说，在这第一次撤掉场面桌表演的大胆尝试中，袁阔成发挥得十分

⊙ 20世纪60年代，袁阔成与原营口文联主席赵博、评书名家李鹤谦等在一起。

出色，可说是有动有静、声情并茂、形象逼真。在战士们的热烈掌声中，袁阔成连连向战士们鞠躬谢幕，他知道，自己的这一“大动作”成功了……

也正是从那一天开始，袁阔成让一直以“坐像示人”的评书演员站立在舞台之上，中国传承几百年的“半身艺术”的传统形式，从此变成了“全身艺术”。

这是袁阔成在钻研评书艺术创作表演中对中国评书传统形式的一个大胆改革，这一大胆改革，对袁阔成独立风格的评书表演，以及评书艺术的发展，无疑更具有积极的推动和促进作用。

马步秋先生对袁阔成的这一次大胆尝试评价说：“这件事说起来容易，它不仅对袁先生本人以及整个评书行业，都是一种挑战，这无疑是评书界的一场革命。于是，从这一天起，评书的一种新的表现形式诞生了。袁先生的评书事业又掀开了新的一页。”

原营口文联主席赵博也曾对袁阔成将“半身艺术”大胆改革为“全身艺术”的大胆尝试给予了很高的评价：“说现代书和说传统书是‘青出于蓝’的关系，二者是相辅相成的，不是孤立的，关键在于如何古为今用，既要继承传统，又不能让传统的东西束缚自己的手脚，要让它为我所用。首先引起他思索的是：按着传统形式，摆好场面桌、手帕、扇子和醒木，坐在那里讲述，过于拘谨，不便于发挥自己的表演才能，特别是由茶社走向大剧场，经常同戏曲、歌舞等姐妹艺术同台演出，这种传统说法，不能充分利用舞台空间，加上深入农村、工矿巡回演出，携带或者借用场面桌都不太方便，于是他便大胆地改革了传统形式，去掉了手帕、扇子、醒木和场面桌、椅子。只是一个人站在那里说书，将原来的半身艺术变成了全身艺术，从而使他的‘神形兼备，静动结合，绘声状形’等表演艺术手法，大有用武之地。”

“问渠哪得清如许？为有源头活水来。”袁阔成的评书表演艺术风格特色的形成，并不是无源之水，无本之木，它来源于传统，但又不拘泥于传统，而是在继承传统的基础之上，勇于探索革新。

原春风文艺出版社总编、曾为袁阔成出版过多部评书作品的耿瑛先生在《评书大家袁阔成》中写道：“从此后他就打破了传统表演形式，说书时不用桌椅，还取消了扇子、手帕、醒木三件小道具。赤手上台，张口就来，把半身艺术变成了全身艺术，加强了面部表情与形体动作。这种新的表演形式，得到了广大观众的认可，也被田连元等许多中青年评书演员所接受，很快在书坛上普及。”

第九节
脍炙人口的《肖飞买药》

继《舌战小炉匠》在全国曲艺汇演一炮打响和为福建前线解放军官兵慰问演出归来后，袁阔成不仅引起了行里行外的极大反响，更得到了业内人士的广泛关注，虽然这时年轻的袁阔成还不到30岁。

事业的接连成功，影响的不断扩大，也让越来越多知晓袁阔成名字的人更加看好这个不断取得成就的年轻人。面对这些，袁阔成仍然没有放松对自己的要求，凭着他对评书表演事业的热爱，凭着他对党和国家的感恩之心，他依然严格要求自己，不懈努力，把全部精力都投入到对评书表演艺术不断创新的积极探索中。不久，袁阔成终于不负众望，一举创作完成了评书小段《肖飞买药》，更令人兴奋的是，这篇新作品演出后不仅获得巨大成功，而且再一次轰动全国。

评书小段《肖飞买药》的故事源自刘流同志撰写的长篇小说《烈火金刚》。这仍是那个时代流行畅销的一部抗日题材的文学作品。袁阔成则根据书中第二十一回、二十二回中“飞行员独身入城”与“飞行员大闹县城”的主要内容改编创作出《肖飞买药》。

《肖飞买药》虽不过为一评书小段，但其表现的内容却远远丰富于原小说中的故事情节。这仍然离不开袁阔成的创作改编及他的精湛表演。因此，当年这一评书小段播出后立即引起了听众的强烈反响，人们不仅被袁阔成在该评书中塑造的机智勇敢的八路军侦查员肖飞的英雄形象深深吸引，更把肖飞与原小说《烈火金刚》紧密联系在一起。

在这篇凝聚着袁阔成无数辛勤汗水和他对评书表演艺术不懈追求的评书力作中，早已熟稔评书表演艺术的袁阔成，以他独特的视角看到了肖飞为伤员买药这一过程的创作空间。于是他不仅先为“买药”这一线索搭起了一个表演评书的框架，而且在这个框架中，既有为肖飞买药设置的重重障碍，也有这一系列障碍的细节，因此整段评书内容起伏跌宕、惊险动人，肖飞这个传奇的孤

⊙ 20 世纪 60 年代，袁阔成与赵忠祥、戏曲名家牛得草合影。

胆英雄形象也更加丰满完整。

也因此，在《肖飞买药》演出很多年后，仍有人这样评论说：“那脍炙人口的《肖飞买药》，当年深为广大听众喜爱，风靡一时，被誉为评书之精品，整整教育影响了一代人……”

其实《肖飞买药》影响教育的又何止是一代人，在中国大地经历了改革开放的几十年后，当《烈火金刚》被改编成电视剧时，很多观众仍然以评书《肖飞买药》中肖飞的形象为标准，对电视剧中塑造的正面英雄人物加以评论，其中的原因，自然是多年前《肖飞买药》中那个机智勇敢的肖飞留给他们的印象实在是太深了。

一直到 2001 年，中国共产党诞生八十周年之际，在中央人民广播电台《午间一小时》栏目播出的《名人相约星期五——听袁阔成说红色评书》中，我们

⊙袁阔成与学生田占义

仍然可以感受到评书小段《肖飞买药》对中国广大听众影响至深的艺术魅力。

当时的节目首先播放的是应邀为该节目担任主持人的中央电视台著名主持人赵忠祥的一段话："今天我是第二次做客《午间一小时》，到这儿来应该说有一个重要的原因，和在座的几十位听众朋友一样，我也想和咱们著名的评书表演艺术家袁阔成先生一块儿叙叙旧、聊聊天、见见面，也想有机会听个小段子……今天到这儿，我真是带着一种怀旧的心情来的，其实说怀旧也并不是说很消极，因为我非常怀念那一段我们钻研艺术的生活……那时候我记得有几个段子——《许云峰赴宴》《肖飞买药》《江姐上船》，这三段我差不多都能背，因为一有他的演出我就看……"

再看当时参加这一栏目的嘉宾，除了赵忠祥与袁阔成，还有著名作家邓友梅、中国文联理论研究室副主任常祥霖、中国广播音像出版社编审范景旭，中国空政文工团副团长贾乃正，以及袁阔成的弟子、中国铁路文工团评书演员田占义等，当然也少不了袁阔成当年的"粉丝"听众。其中最令人称奇的还是年龄最小的小学生刘欣然，他虽然出生在 1991 年，却当场像模像样地表演了一段《肖飞买药》。

赵忠祥问刘欣然："我看这个小朋友 9 岁吧？"

刘欣然回答："10 岁。"

赵忠祥说："哦，刘欣然你说说，你最小了。"

刘欣然说："我给大家来段评书？"

大家一齐说："好！"

在大家的笑声和掌声中，刘欣然开始表演："今天给大家来一段《肖飞买药》的片段。这个故事发生在抗日战争时期，1942 年'五一'反扫荡，在小李庄隐蔽着我们八路军的一批伤员，当时情况最困难，没有药啊，买点药不行吗？要买药就必须要进城，城里的日本鬼子监守着据点，怎么办？经过三番五次研究，最后决定还是派县大队侦查飞行员肖飞同志去完成这个任务。肖飞已经几次请命了，同志们的伤势疼在他的心上啊……”

这一栏目播出时，距袁阔成创作表演《肖飞买药》的20世纪60年代已近四十年，但无论是曾经亲历现场观看袁阔成演出、已经50岁的赵忠祥，还是在近三十年后才出生，却依然能够熟练表演《肖飞买药》的10岁小朋友刘欣然，都可以让我们感到当年袁阔成创作表演的评书小段《肖飞买药》影响之深、流传之广。足见《肖飞买药》虽不过是一评书小段，但其独具的艺术魅力实在是不可小觑。

第十节
独到的选材与充分运用的“笔法”

无论是听众对《肖飞买药》的无比喜爱，还是《肖飞买药》长久不衰的至深流传，无一不让我们看到，《肖飞买药》是这个时期袁阔成又一部成功的作品。

《肖飞买药》之所以获得如此成功，仍然离不开袁阔成的精心创作与出色表演。而从创作角度看，独到的选材无疑是袁阔成创作成功的第一步。在长篇小说《烈火金刚》中，肖飞虽然不是出场最多的主要英雄人物，但是他的机智勇敢，让鬼子汉奸闻风丧胆的高强武艺，都使得他在小说中的英雄形象充满了传奇般的色彩。尤其是小说中对肖飞为八路军伤员进城买药，历经重重险情、终于完成任务的全过程描写，更是为这个飞行侦查英雄的形象增添了光辉。

袁阔成正是看准、抓住了小说中塑造的这个个性鲜明的英雄人物形象，以及肖飞进城买药突破一个个险情抓人眼球的故事情节，而为创作《肖飞买药》迈出了成功的第一步。因为这些都十分符合“人物少，情节集中、完整，具有突发性的悬念和引人入胜”的评书小段的特点，单从《肖飞买药》的名字就可以看出，袁阔成独到的选材已牢牢抓住了该评书的主线。

此外，对于已经完美表演过多部武侠类中国传统评书的袁阔成来说，无论是传神的表演，还是娴熟的武术功底，这些在评书中表现英雄人物的“看家本事”使他具有得天独厚的优势，这无疑也是袁阔成表演《肖飞买药》获得成功的原因之一。

除了选材的独到，《肖飞买药》获得成功的另一个比较重要的原因，是演出的完整评书脚本，即袁阔成对这段评书完整的创作和改编，也就是评书演员经常说的“二路创作”。从《肖飞买药》的演出效果来看，袁阔成对这段评书的“二路创作”无疑是成功的。

看一下袁阔成对《肖飞买药》的创作，其最突出的特点就是将评书的专门写作方法——“笔法”，充分运用于整段评书的创作中。所谓“笔法”，就是评书演员在评书表演的创作中使用的一套创作方法，包括“明笔”“暗笔”“伏笔”“惊人笔”“倒插笔”“补笔”及“掩笔”七种笔法。

袁阔成这种充分运用“笔法”的创作，不仅使《肖飞买药》的故事情节发展更加曲折惊险，英雄人物形象更加生动逼真，也让我们对“笔法”获得了更细致、深刻的理解，从而感受到“笔法”在中国评书创作表演艺术中不可低估的作用。

从整体创作来看，袁阔成在《肖飞买药》中主要运用的“笔法”有“正笔”“暗笔”“插笔”以及“惊人之笔”等，他首先运用了“正笔”的创作方法，将故事情节一一向听众展开。

“正笔”在评书创作中也称为“明笔”，即按事件发展过程的顺序依次叙述。通过依次叙述，时间可以随故事情节的发展流逝，地点也随故事情节的变化依次更迭。这样听众可以对书中的事件变化一目了然，对故事的来龙去脉也一清二楚。这种“正笔”方法表述清楚，听众也易于接受，因而也是评书演员喜爱采用的创作笔法。

袁阔成对《肖飞买药》的故事情节是这样以“正笔”的方法依次叙述展开的：

这个故事发生在抗日战争时期。1942 年，“五一”反扫荡，桥头镇下来的第三天。在小李庄，隐蔽着我们八路军一批伤员。

开头短短几句话，既说清楚了时间地点，又用“隐蔽着我们八路军一批伤员”几个字就将故事发展引到主要情节。可谓语言简练、叙事清楚。接下来由八路军伤员引到了药的问题和困难的形势：

当时情况最困难哪，就是没有药哇！伤员伤势一天天恶化，开始啊，用些草药，时间一长这不行啊，买点药不行吗？买药困难啦，要买药就必须得进城。城里边，那是日本鬼子盘踞下最大的一个据点……

这一段叙述事件发展，虽仍是沿着“正笔”依次叙述的写法，但在叙述伤员急需药品的困难同时，也为下一步肖飞为伤员买药的任务充满险情作了铺垫。应该说，这也是袁阔成在创作与改编时的有意着笔。

再接着就是从肖飞接受为伤员买药的任务开始步入主题，即仍采用“正笔”方法按时间顺序和事件发展开始叙述。其主要内容是：

肖飞拿好药单，化好装带上手枪就上了路。为了途中不耽误时间，早给伤员们解除痛苦，肖飞先在公路边上截获了日本特务队大队长何志武的自行车和特务证直奔县城，然后又凭借机智和勇敢，有惊无险地闯过了有两个日本兵和四个伪军把守的县城城门。县城里唯一可以买到伤员们急需药品的地方就是平民大药房，虽然知道那里实际是日本鬼子的特务机关，必定充满危险，但肖飞还是只身一人闯入虎穴。当肖飞把药品拿到手之后，终于与鬼子特务机关长川岛一郎迎头碰上。风波险情骤起，肖飞并没有慌张，他沉着冷静地以极快的速度一手拿好药箱，一手拔出腰间的大肚匣子枪对准川岛一郎，逼迫他带路，并最后开上一辆鬼子的摩托车，带上给八路军伤员的药品冲出县城，顺利摆脱鬼子的追击。虽历经重重险情，但终于圆满完成了组织交给的任务。

这段评书从肖飞接受任务进城到完成任务出城，故事虽然发生在不到一天的时间里，但情节丰富紧凑，且风险波折不断，几经变化发展。整个故事的描写叙述有如螺丝入木一般，可谓层层深入而又环环相扣。应该说，这得益于袁阔成在改编创作中对“笔法”的充分运用。

一般在评书中采用“正笔”方法讲故事，大都从事件的发生到发展，到高潮，再到结局这样一个顺序来讲述，而且“正笔”比较强调故事的有头有尾、前后呼应。但重要的是在评书的讲述中，有头有尾并不等于让人看头就知尾，前后呼应也不能就平铺直叙，如果在创作中不抓住这些，必然会因失去了评书的特色而遭到听众淘汰。

《肖飞买药》的故事情节虽然也是沿着“正笔”这一创作规律进行讲述，但由于袁阔成注意抓住“正笔”创作方法的特点，在故事情节上精心安排，不断出现险情和风波，终于使该评书因情节跌宕起伏、故事发展过程十分完整而深深抓住了听众的心。

书中第一个吸引人的情节是对肖飞这个人物的出场介绍：

这组织上，三番五次研究，最后哇，作了决定，还是派县大队飞行侦查员肖飞同志去完成这个任务。肖飞已经几次请缨了，同志们的伤势啊，疼在他的心上。但是组织上慎重起见，没有啊，立即答应他。今儿把他找来跟他一说，肖飞相当高兴啊，他当时就答应了：“请组织放心，我保证完成任务。”“你可要千万多加小心，不可呀有半点疏忽大意。因为什么呢，你这个名字啊，在敌人群里特别响亮。一提肖飞，那就像半悬空打个炸雷一样！敌人恨你恨得不得了，总想要抓你，可总也抓不着。都知道肖飞啊，那是来无影，去无踪啊！蹿房越脊，滚脊爬坡。说他武功特别厉害，枪法特别准……

这段对肖飞的出场介绍，从“几次请缨”到“同志们的伤势啊，疼在他的心上”，再到“那就像半悬空打个炸雷一样！”以及“那是来无影，去无踪啊！蹿房越脊，滚脊爬坡。说他武功特别厉害，枪法特别准”……虽然仍然用“正笔”写法，并没有像一般评书里人物出场运用给人物“开脸”的方法那样具体形象，却让听众立刻感受到一个忠于革命、身怀绝技的无产阶级革命战士的英雄形象。

第十一节
“暗笔”“插笔”及“惊人之笔”的精彩和巧妙

以上是袁阔成在《肖飞买药》中运用的“正笔”，从中不难看出，这种“正笔”方法最突出的特点就是可以使故事情节连贯、条理清楚、首尾呼应。但是由于它大多只有一条主线，有时也容易造成节奏单调迟缓。因此，在评书创作中为弥补这一缺陷，也会在运用“正笔”之中辅以横向穿插，以引起变化，这种横向穿插的方法通常有“暗笔”“插笔”及“惊人之笔”等。

在接下来对肖飞的介绍中，袁阔成没有直接夸赞肖飞的武艺多么高强，而是引用了敌人的话：

> “那敌人哪，特别是特务，哎，都拿他发誓。”
>
> “哎，这钱你是不是给秘①起来了？”
>
> “没有啊！”
>
> “亏心不？”
>
> “亏心让我碰上肖飞！”

这一段在介绍肖飞的情节中引入敌人话的叙述，即是“插笔”，也是评书创作的一个“笔法”。是指在一个主要情节进行过程中，忽然插入另一个情节，这插入的情节必须与主要情节有某种联系，待插叙完毕后，又返回到主要情节。“插笔”在评书创作表演中对后面故事情节的发展及衬托人物的性格特征都起着重要的作用。

这段“插笔”虽然文字不多，却十分形象地借敌人之口，将肖飞机智勇敢、武艺高强、让敌人闻风丧胆的英雄形象体现出来。因此亦可说，这一“插笔”运用得十分成功。

①秘在此发第一声，是北京话，一般指偷偷据为己有的意思。

在《肖飞买药》中，还有两个主要的反面人物，就是日本特务队大队长何志武与鬼子特务机关长川岛一郎。他们是肖飞在执行买药任务中先后出现的主要敌人，换句话说，就是他们的狠毒狡诈，让肖飞屡遭险情，但都让肖飞逐一攻克，并最终化险为夷。

对这两个在故事情节发展中先后出现的反面人物，袁阔成同样塑造得十分形象，用的则是“暗笔”方法。

所谓“暗笔”，就是当书中出现一个新的人物时，为了让听众了解这个人物的身份，又不至于让情节拖得时间太长，将人物用“暗笔”的方式介绍给听众。这种叙述一般比较简练，可以让听众很快了解这个人物，书中的悬念也随之解开。如对何志武的出场，袁阔成是这样描述的：

> 肖飞举目这么一看，对面是个大土坡，从这土坡上来了个骑自行车的，那车轱辘转得飞快。可那车轱辘转得再快，也没有肖飞的眼神快呀。
>
> “嗯？”一眼就认出来啦，“他怎么来啦？”
>
> 认识，见过好几次啦。骑车这人三十多岁，要是下了车子往这一站，比老肖稍微高一点。白净子，鼻梁子上架着一副深茶眼镜，脑袋上歪戴着一顶日本鬼子战斗帽，上身穿海蓝色协和服，上衣敞着怀没系扣，露出里边的白汗衫，下身是白线呢的马裤，瘦腿大囊，脚下一双长筒高腰皮靴子，锃明瓦亮的刺马针哪，在他胸前腹下这儿斜别着一把德国造镜面长苗二十响大肚匣子枪，满带稍蓝。这家伙骑在车上趾高气扬的，谁呀？这是日本鬼子手下特务队大队长何志武！

在肖飞把药拿到手还没出城时，又碰到了新的险情，那就是迎头撞上了鬼子特务机关长川岛一郎。对这个反面人物的出场，袁阔成同样运用了“暗笔”：

> “啪”！软帘这么一挑，打里边出来一个人，是个矮个子，年纪在四十多岁，那个脸长得跟海螃蟹一样，横着宽，留着小分头，锃光刷亮，抹着油啊，腮帮刮黢青，鼻子尖底下一小撮卫生胡，离老远一看，像趴着三号屎壳郎似的！身上穿着米黄色的军装，脚下皮鞋锃亮，左手食指和中指之间夹着一颗雪茄烟，“啪”！把栏柜红铜门打

开，几步他就到了肖飞的跟前啦：

“哼哼哼哼，你的买药的钱的不给的，开路不行的那个，啊！”

“呦！”

肖飞呀，暗吃了一惊啊，认识！这是鬼子特务机关长，川岛一郎，敢情他兼这儿的经理。刚才不是有个小特务到后边去了吗，那就是给他打电话去啦……

何志武与川岛一郎都是肖飞买药途中新出现的人物，袁阔成运用“暗笔”将他们介绍给听众之后，即很自然地与下面的故事情节衔接，使故事发展线索清晰、紧凑，可说是“笔法”运用成功。

接下来，袁阔成运用“惊人笔”将故事情节发展到最高潮：

“哈哈哈哈！你的来历我的明白，哎嗨！你的八路的干活，嗯？”

这怎么办哪？

老肖一想：“不能耽误啦！”

怎么办？

“既然他认出我来了，那就别客气啦。”

肖飞把那药箱子换了手啦，他打闪一样地快，药箱子换手的同时，他就把那大肚匣子枪拔出来了，大小机头全敞开啦，大喝一声：“不许动！”

您别看川岛那派头挺大，这阵势，他没见过，正在那洋洋得意哪：“哈哈哈哈，你的那个狡猾的，去！哎呀！哎！”

烟也掉地下啦。

“那个……”

“不错，川岛先生，我是八路军，奉上级的命令，到你这儿来取药，现在前边太乱了，我不想从前边走，你必须从后边送我出去。”

说到这儿，肖飞看了看那两个小特务：“你们两个如果要敢动一动的话，马上把他枪毙！”

川岛吓着啦，怎么？他真怕那俩动，那俩一动，肖飞手一动，自己没命啦：“呃，呃，那个，你们动的不要的那个，统统不要动，他的我的朋友大大地好，你前面的开路的没有，那好，好，后，后面我送你，我送你。”

肖飞押着这特务头子，就奔后边来了……

与川岛一郎相撞，无疑让肖飞陷入了极其危险的境地，但袁阔成运用“惊人笔”写出“他打闪一样地快，药箱子换手的同时，他就把那大肚匣子枪拔出来了”，致使局面陡然转变。整个过程扣人心弦。让听众先是吓了一跳，但虚惊过后，又会叹赏不已，就如金圣叹所言，“不险则不快，险极则快极”。足见袁阔成在此运用“惊人笔”之巧妙。

《肖飞买药》的结尾处肖飞在大药房的后院正好看见一辆摩托车，并迅速驾车出城的情节也很精彩：

到了后院一看哪，嗨，挺肃静，后院那门开着哪，门外边那儿放着一辆挎斗摩托车，肖飞侧耳朵这么一听，嘟嘟嘟嘟嘟，油门儿没闭，太妙了，老肖心想：“我就骑着回去得啦，肯定这比那自行车快多啦。”

他一个箭步，蹿出去，飞身就上了车啦。嗨！肖飞开摩托车，太内行啦，他知道摩托的性能和特点，摩托有什么特点哪？它头闸拱，二闸拽，三闸没有四闸快呀，“啪”的一下，挂挡油门儿，“唰”……还奔东关，哪儿来还从哪儿走……

前一段说的是肖飞在还没脱离险情时，看见了摩托车，这一情节可说是适时又很“巧”，不仅让故事情节又发展到一个新高潮，也让听众随着肖飞即将脱离险境而高兴。这一段创作，袁阔成运用的则是“无巧不成书”的写法。

“无巧不成书”也叫“巧合法”。它的“巧”来源于艺术上精巧的构思，也可以说是“巧安排”的意思。在评书创作中，由于评书演员的“巧安排”，使得故事的结局“巧”得有些神奇，但又“巧”得顺理成章，因而听众在思想感情上都易于接受。

袁阔成正是恰当地运用了“巧合法”而“巧安排”了肖飞来到后院看到了油门儿没闭“嘟嘟”响的摩托车，也因此更助肖飞迅速出城。

为了让肖飞驾驶摩托车出城更加合乎情理，袁阔成又紧接着用“补笔”的创作方法叙述了肖飞对开摩托车“太内行啦”的一段话，不仅使肖飞这个英雄人物的形象更加完美，也使得前面“巧安排”的故事情节给听众以更加合情合理的真实感，从而使《肖飞买药》的整个故事情节做到前后呼应、内容丰满又疏而不漏。

第十二节
细腻而幽默的艺术特色

整个作品充满了细腻而幽默的艺术特色也是袁阔成创作表演《肖飞买药》成功的原因之一。以口头文学为表现形式的中国评书历来以细腻传神又幽默的艺术特色而闻名于众，因此在《肖飞买药》中，无论是智擒特务队长何志武还是应对伪军盘查的故事情节，袁阔成都把评书的这些特色发挥得淋漓尽致。如擒获何志武这一段：

老肖一看，他怎么来了："这小子要干什么去？噢！"

肖飞乐了，他笑什么？

"他知道我今天有任务，进城买药，他来给我送车子来了，那我不能不借呀。"

肖飞迎着他就走上来了，把何志武吓一跳，怎么回事："这么宽的公路不走，怎么往车上撞！啊？嗨？"张嘴刚要骂街，嘴还没张开哪，肖飞一抖手，那半支香烟，就摔出来了，正摔在啊何志武脸上，这大热天这一烫，"吱啦"，当时一泡啊！

"哎哟！"

他想刹闸停车来不及啦，这"咣当"一下就摔倒在那儿。帽子摔出老远，眼镜也碎啦，那车大梁还压他一条腿哪。何志武这么躺着一看："呦！"

认出来了，这是八路军肖飞啊。

"嗨！"

"不许动！"

敌人想掏枪，晚了一步，英雄的枪口已经对准了特务的胸膛：

"站起来！"

"啊，哎！哎！哦！哈！哈！"

“怎么样，何大队长，没想到吧！”

“啊，没有！”

何志武一想：“我想这干吗呀！”

“是啊！咱们真有缘哪，啊，我也没想到！”说到这儿，肖飞的枪口微微这么一晃，可把何志武吓着啦，怎么呢，他以为他要搂火哪……

这一段从肖飞发现何志武到拿枪对准他的胸膛，因为动作迅速，其实时间很短。但无论是心理活动，还是人物对话和行动，袁阔成都刻画得十分细腻，而中间穿插肖飞笑着说的“他知道我今天有任务，进城买药，他来给我送车子来了那我不能不借呀”及何志武被肖飞问“没想到吧！”时，他心里的一句“我想这干吗呀！”则让听众在笑声中体会到评书艺术幽默的特色。

肖飞捆上何志武奔往县城这一过程的叙述，也仍然不失细腻与幽默：

他一脚，把特务给踩住啦，码起肩头拢两臂，别他双腿。何志武腰里带着根绳子，他经常带着，瞅谁不顺溜，就把谁捆上，那叫法绳，今儿拿这法绳就把他，给捆上啦！

“哎哟。”

帽子捡起来戴上，一伸手，从特务那上衣兜里，掏出一特务证来。

“嘿！太需要啦！自己这有一个，已经很旧啦，对不起，换换吧。”

把他那个拿出来，把相片，敢情啊，久练久熟，常干这活儿，换得还特溜，特巧妙，换好啦，还不放心，让何志武看看：“哎，大队长，看看，看有什么漏洞没有。”

何志武这气：“有这么问的吗？没有！”

“啊，哈哈，好啊，啧，对不起，我今儿上城里办点事，借你车子骑骑，啊，放心！保证还给你，再见啦！哎？”

老肖一转身，心想：“不行！怎么？没堵嘴呀，我一走，他一嚷，这多被动啊。”

转身回来啦，把自己手绢掏出来：“不行，万一回头用得着呢，特务那小手绢太小啦。”

肖飞这么一着急，这么一踅摸，嘿，那垄沟里呀，也不知道谁家，扔了那么一双没底儿的破袜子。

“干脆，就这个吧。”

团吧团吧，何志武要吐啦：“怎么什么玩意就往嘴里塞呀这就。”

“委屈点儿吧！哈，嘿嘿。”

把车子推起来：“好漂亮，英国兰楼八成新，回见啊。”

把车子推出庄稼地，来到外边，“唰”的一下，骗腿儿飞身上了车，英雄的两脚一用力，这车子就像脱弦箭一样，“唰”！“嘶”！县城东关到啦……

在肖飞进城后，情节发展越来越扣人心弦，但袁阔成仍不忘随时“幽默一把”，如一个伪军拦截肖飞进城被肖飞扇耳刮子后：

那伪军哪，捂着脸在旁边站着，伪军班长过来啦：“怎么样，哥们儿？啊？嗨！让你长点眼色，你总不往心里放这事，你看，瞧这大嘴巴打的，震得我这耳朵都嗡嗡的！”

还比如肖飞在马上就要冲出城门时，到了把守城门的鬼子前：

这鬼子还挺客气，冲这几个伪军大喊了一声：“交子给！”

哼！什么意思？这给肖飞敬礼哪，肖飞明白，他心想：“什么？饺子给，包子也没工夫吃啦，现在什么时候这是。”

“唰”！他加大油门，“噗”！一阵风似的，摩托车开出城啦……

这几段表演，把幽默穿插于一波比一波紧张的高潮中，可谓层层深入，又张弛有度。因此也可以说，袁阔成在这里已把评书表演细腻与幽默的艺术特色发挥到极致。

最后还必须要提到的是袁阔成为创作表演《肖飞买药》付出的不懈努力。仅举一小例：为了把肖飞在书中的拔枪、持枪表现得更加迅速、准确，袁阔成不仅曾经多次去请教公安战士，而且回来后自己多次练习。先是用道具手枪作实际表演，然后又用虚拟的形体动作对照大衣镜反复试验，直到自己和观众都满意为止。

因此，无论是独到的选材和充分运用的创作“笔法”，还是细腻幽默的艺术特色以及为精湛的表演付出的不懈努力，都是袁阔成创作表演《肖飞买药》获得成功的重要因素。

1962年，袁阔成带着他的《肖飞买药》走进了当时的北京电视台（中央电视台前身）。从此《肖飞买药》更加深入人心、红遍大江南北。袁阔成也成为中国最早走进电视的评书表演艺术家之一。

由电台走进电视，是袁阔成评书表演艺术道路上一个新的里程，也标志着袁阔成评书表演艺术的不断提高和日臻完美。就如袁阔成所说：“说书艺人经过了从书场到剧场，从剧场走进广播，再后来又上了电视。在我看来，这是一个逐步升华的过程。这几个过程从书目选择、演播技巧以及对演员的要求等众多方面来说也都不一样。”

第十三节
与《肖飞买药》一起成了营口的“名片”

《肖飞买药》一炮打响，营口也一下子出了名。先是省里的客人，接着是省外的，再接着就是全国各地的了。这些人从祖国的四面八方一批接着一批涌向营口，他们当中，有说书界里袁阔成的同行和朋友，有采访报道袁阔成评书表演艺术的媒体记者，也有不少从事曲艺方面工作和研究的专家、学者，甚至还有前来取经的各地区的领导和政府官员，总之，不管他们来自何方，不管他们是做什么的，不管他们是什么身份，目标都是一个，奔着营口找袁阔成。

同行们要学袁阔成的表演艺术，记者们要看观众的反响，官员们更关注活动的发起和组织，专家们则要把袁阔成获得的成功进行总结……当然“受益”最深的还是营口人民，袁阔成就生活在营口，他的声名鹊起，给营口人民带来了欢乐，给营口人民脸上增了光，营口人以袁阔成为光荣，以袁阔成为骄傲。更让外省市人羡慕的，是营口人能够天天在收音机旁听到袁阔成的评书，时不时还能够直接到剧场看袁阔成的演出，饭后茶余，也比外省市人多了许多有关袁阔成的话题。

感受最深的还得说是营口那些常年往外跑供销的人，以前在外一说营口，没有几个人知晓，现在一说营口，对方马上就说：“知道了，你们那里出了个说《肖飞买药》的袁阔成。”接着就是问，“袁阔成先生演出时台底下最多能有多少人呀？他是不是长得特帅呀？他有几个孩子呀？收徒弟了吗……”以至于有公派工作的人一听说是上营口，立马说，要上营口，必须保证让我看到袁阔成的演出……得，一下子，《肖飞买药》和袁阔成都成了营口的“名片”。

出了名，又这么年轻，袁阔成却一点儿没有飘飘然，虽然一下子来了这么多人，让他有些应接不暇。什么事都要他亲自到场，事必躬亲，真是有些身心疲惫，几乎招架不住。但他却很冷静，只是很理智地在心中默默告诫自己：越是在这个时候，越是要谨言慎行，把本来没有的“尾巴”夹起来……

在成绩和荣誉面前，年轻的袁阔成仍然谦虚谨慎，这是在评书表演艺术方面已经积淀了深厚功底并取得一定成就的袁阔成的又一美德。而谦虚的美德，对于一代评书表演艺术家袁阔成来说，则始终在他表演艺术成长的历程中闪闪发光。就如后来马步秋先生所说：“这对于一个刚刚三十而立的年轻人来说，真是难为他了！好在袁先生是个办事低调、从不张扬的人，他不喜欢自吹自擂，更不喜欢别人当面夸他。他说那样的话，他会觉得很不自在。他信奉“有麝自来香”和“是金子总会发光”等信条，什么事无须自夸自得，好坏自在人心。他认为，凡是自诩瓜甜的人，大都是瓜还没有卖出去的时候，瓜既然是甜的，人自有公论，何须赘言……这大概就是中国文人所特有的那种自谦性格吧。”

不管是全国各地的人奔向营口学习取经，还是袁阔成和《肖飞买药》一起成了营口的“名片”，我们看到的，仍然是袁阔成创作表演《肖飞买药》取得的卓越成就和深远影响。因此，我们不妨再浏览一下马步秋先生对《肖飞买药》创作的评价，相信阅读后一定会有更深刻的感受：“这段评书所以能获得成功，并引起了如此大的反响，绝非偶然，他是在袁先生一连串实践的基础上不断努力的结果。如果说前面几次的成功是带有尝试、实验性质的话，那么这次创作过程则是一次真正意义上的创作……不论是台词、动作，乃至其中的每一个笑料，都是经过精心设计的，而且是在实践中反复打磨后才确定下来的。用句现在的话说，《肖飞买药》是个精品工程，它的成功是意料之中的，而它所引起的轰动效应倒是没想到的。《肖飞买药》的问世，好比在“书界”放了颗原子弹，引起强烈的震颤。不仅拥护评书改革的人为之欢呼雀跃，就连当初反对过评书改革的一些人，也为此而叹服。他们不得不承认，《肖飞买药》的出现，不仅给古老的评书艺术注入了新的生命，也为评书事业今后的发展开辟了一条全新之路。《肖飞买药》的问世，无疑使评书艺术达到了一个时代的高峰，也因此，《肖飞买药》成为袁阔成先生的代表之作。”

柒

第七章 营口岁月（1959–1979）

第一节
《过客》与中国评书第一张唱片《三声笛》

20世纪50年代后期，中华大地的文艺界处处都是一派“说新、唱新、演新”的新气象，因此，在袁阔成的评书表演不断取得新成就的同时，文艺界在戏剧、文学等方面也同时出现了许多歌颂社会主义新人、新事、新社会、新风尚的优秀作品。

一向走在时代前列、勇于歌颂社会主义祖国的袁阔成不仅十分欣赏这些文艺作品，而且对创作出这些好作品的作者也非常敬佩。虽然这时候他创作表演的《舌战小炉匠》和《肖飞买药》早已在文艺界打响，但他仍然为这些作者折服。心目中，他羡慕他们洞察社会、反映时代的能力，更佩服他们能够这么快就创作出这么多反映社会主义祖国新人新事的好作品。因而他也不止一次风趣地对别人说：“您瞧人家，真不知道这些人的脑袋是怎么长的！”

于是，袁阔成更要求自己多读书，多汲取作品的营养提高自己，以创作出更多体现新生活的好作品。没过多久，袁阔成终于创作完成并演出了单段评书《过客》，他的努力和付出又一次大获成功。

比起节选自长篇小说《林海雪原》的评书小段《舌战小炉匠》，《过客》则是袁阔成根据一篇反映社会主义时代生活题材的短篇小说《过客》改编而成的单段评书。因此，无论是它单段评书的表现形式，还是它充满了现代生活气息的评书内容，以及袁阔成十分贴近生活和极具活力的表演，都强烈地吸引了听众，而且更给人以耳目一新的感觉。总之是一句话，单段评书《过客》演出后立刻引起了轰动。

这无疑也是继《舌战小炉匠》一炮打响后，袁阔成的又一篇成功之作。说起它的成功，自然是仍离不开袁阔成的精心创作和出色表演。而《过客》的创作，似乎更离不开话剧《骆驼祥子》对他的启发。一个偶然的机会，袁阔成在首都机场观看了由北京人民艺术剧院演出的老舍先生的名作《骆驼祥子》，观剧之后，袁阔成对人艺演员的精彩表演和《骆驼祥子》的生动内容都有深刻的印象。

凑巧的是，看完《骆驼祥子》没几天，袁阔成就看到了短篇小说《过客》。这个短篇小说里写的主人公正是一名北京的三轮车工人。小说的内容也比较简单，主要就是写这位三轮车工人怎样以首都主人翁的姿态接送一位回国观光的华侨朋友以及外地的来京客人的故事。小说的故事虽没有什么大起大落的情节，但比起几天前刚刚看过的《骆驼祥子》，只因身处不同的新旧社会，同为拉车的两个人，却有着截然不同的生活境遇和社会地位。这让同样经历过旧社会说书艺人地位低下之苦的袁阔成深受触动，也更加激发了他要把短篇小说《过客》搬上评书表演舞台的创作欲望。

《过客》的故事内容虽不复杂，却充满了一个新时代工人对新生活新工作的热爱，以及对社会主义祖国大家庭的歌颂。故事内容与时代的不同，也让袁阔成意识到，《过客》在人物塑造和表演上又不同于《舌战小炉匠》。袁阔成开动脑筋，经过不断的揣摩和尝试，对这位三轮车工人接待每一位不同来京客人都进行了精心细腻的表演，比如对待外地来京的客人，他是怎样以北京人的身份来接待；对待从国外归来的华侨，他又怎样以亲人般的深情欢迎海外的游子归来……

对那位怀着一颗赤子之心回到国内观光的海外华侨，袁阔成也十分到位地表现出他对祖国的一草一木都充满着无比热爱的深情，他在临告别北京之际，对祖国依依不舍的眷念之情，以及他对那位热情的三轮车工人的感激之情……总之，经过袁阔成的细心研究、充分准备以及精彩演出，不仅把一个工作热情，在新社会翻身当家做了主人的三轮车工人的形象生动新鲜地表现出来，更把社会主义祖国的一派新人新气象展现给了大家。

评书单段《过客》获得了成功，袁阔成仍然没有满足，不久，他又把满腔的创作激情投入到对工业题材的挖掘上。而对于那个年代的文艺工作者来说，工业题材的文艺创作一直被认为难“出彩”，因为工业战线的各企业经营不同，可说是一个企业一个样，要想创作出有特色的优秀工业题材的文艺作品，必须多付出，多深入生活。所以比起全国各地都差不多的有关社会风尚以及农村的文艺创作题材，工业题材的文艺创作自然是难度大多了。

而一向勇于挑战自己的袁阔成正是看到这一点，才大胆地选择了小说《三声笛》，将它成功改编成了新评书小段。由于《三声笛》本身反映的就是当代社会主义祖国一批翻身当家做了主人的工人，如何积极参加社会主义祖国工业建设的故事，既反映了当时工人阶级的新面貌，又歌颂了社会主义祖国时代主流的大好形势，所以《三声笛》演出后，备受关注，再加上袁阔成对工厂笛声的形象表演及精心塑造的工人形象，更使得《三声笛》备受欢迎，博得一致好评。

题材的新颖、表演的精彩，也让《三声笛》在当年就被中国唱片出版社制成了唱片。评书表演被灌制成唱片，对于传承了几百年的中国评书来说，确实是新生事物，对于与袁阔成同样表演了几十年评书的行里同人来说，灌制唱片更是从未有人“染指”。因此，《三声笛》唱片的制成，对袁阔成，甚至对中国评书的发展，都具有极其深远的意义，就如马步秋先生所说：“此段评书在当年由中国唱片出版社制成了唱片，发行全国，这是评书发展史上的一件有里程碑意义的事件。它不仅是袁阔成先生的第一张唱片，也是整个中国评书史上的第一张唱片。它的问世，标志着中国评书跨入了一个新的时代，也说明袁阔成先生的评书开始了一个崭新的阶段。”

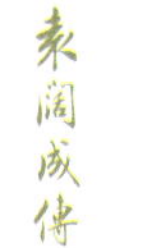

此时正是1959年，回想一下，从1950年走进电台播讲《小二黑结婚》至今，虽然只有九年，袁阔成却历经书场、剧场、广播，直至灌制中国评书第一张唱片，这是一代评书大家不断成长、不断提高的历程，也是中国评书发展史的一段缩影，就如袁阔成曾说过的，这是一个逐步升华的过程。

第二节 《江姐上船》的“小镜头”与“大镜头”

1960年，是袁阔成终生难忘的一年，这一年，他不仅参加了全国第二届文代会，而且和全国各地的2000多名代表一起受到伟大领袖毛主席的接见。备受鼓舞的袁阔成从此更加全身心地投入到艺术创作中。

在《肖飞买药》大获成功后，袁阔成的评书表演事业又迈开了新的步伐。不久，他即接受中央人民广播电台的邀请，开辟了一个新小说栏目。在这个栏目中，袁阔成先后播讲了这个时期我国广为流传的《林海雪原》《野火春风斗古城》《敌后武工队》《烈火金刚》《艳阳天》《赤胆忠心》等长篇小说。这一新栏目开播后，不仅在20世纪60年代成为全国广大听众熟悉和喜爱的广播栏目之一，且一直延续至今。

袁阔成根据小说《红岩》创作的长篇评书也因为内容新、风格新、语言新而备受听众欢迎，被誉为红色评书的精品。其中的评书小段《江姐上船》更是在全国听众中广为流传。

江姐叫江雪琴，是长篇小说《红岩》中的中共地下党沙磁区区委书记，也是《红岩》的主要人物之一。20世纪60年代，小说《红岩》受到广大读者的关注后，江姐在敌人面前威武不屈、为革命慷慨就义的光辉形象也更加深入人心和受到人们的尊敬。

那个年代艺术表演形式还没有那么丰富，所以每当袁阔成播讲的《江姐上船》在电台播放的时候，很多人都是聚在广播喇叭下，或是在半导体收音机前认真收听。

一天，袁阔成的鞋坏了，他就提溜着鞋去了修鞋摊儿。到了那儿他就对修鞋的老师傅说：“老人家，麻烦您给我瞅瞅这鞋。”

想不到这位修鞋师傅并没有像往常那样起身热情招呼“买卖”，而是坐在那儿没动窝儿，只是对袁阔成说：“等等，让我听完这个……”

袁阔成挺纳闷儿，心想这位师傅放着到手的“买卖”不做，忙着先听什

⊙袁阔成与著名编剧、导演李程在电台录制评书《红岩》。

么呢？仔细一听，敢情他身边的半导体收音机里正播着《江姐上船》呢。

如果说这不过是袁阔成的《江姐上船》传遍中国大地深受欢迎的一个最普通的“小镜头”，那么后来在全国政协礼堂的演出，就应该算是“大镜头”了。那一次袁阔成虽然仍然表演的是《江姐上船》，但无论是演出的规模，还是参加演出的演员、台底下的观众，比起修鞋摊儿老师傅守着半导体的景儿，那可真是大了去了。

演员自是不用多说，一水儿的，全都是当时曲艺界的“大腕儿”、名人，单看由著名相声表演艺术家侯宝林主持并亲自担任报幕，就能想出那阵势。听众就更不用说了，除了政协的领导，就是各界的精英人士，还有共和国的老将军等各界代表，要说最“特殊”的听众，就得说是以沈醉先生为主的几位前国民党将领了。

说实在的，袁阔成的《江姐上船》在这儿好像不那么好说了。谁不知道，这沈醉不就是《红岩》里描述的重庆渣滓洞在生活中“真实版”的反面人物吗！在他们面前说《江姐上船》，他们会有什么样的反应呢？袁阔成在演出前也有些担心，他不知道这些人能不能接受这样的评书表演，心想，到时候可别把我“干”在台上，那可就惨了。但不管怎么样，走到哪儿，也得是信心十足，把

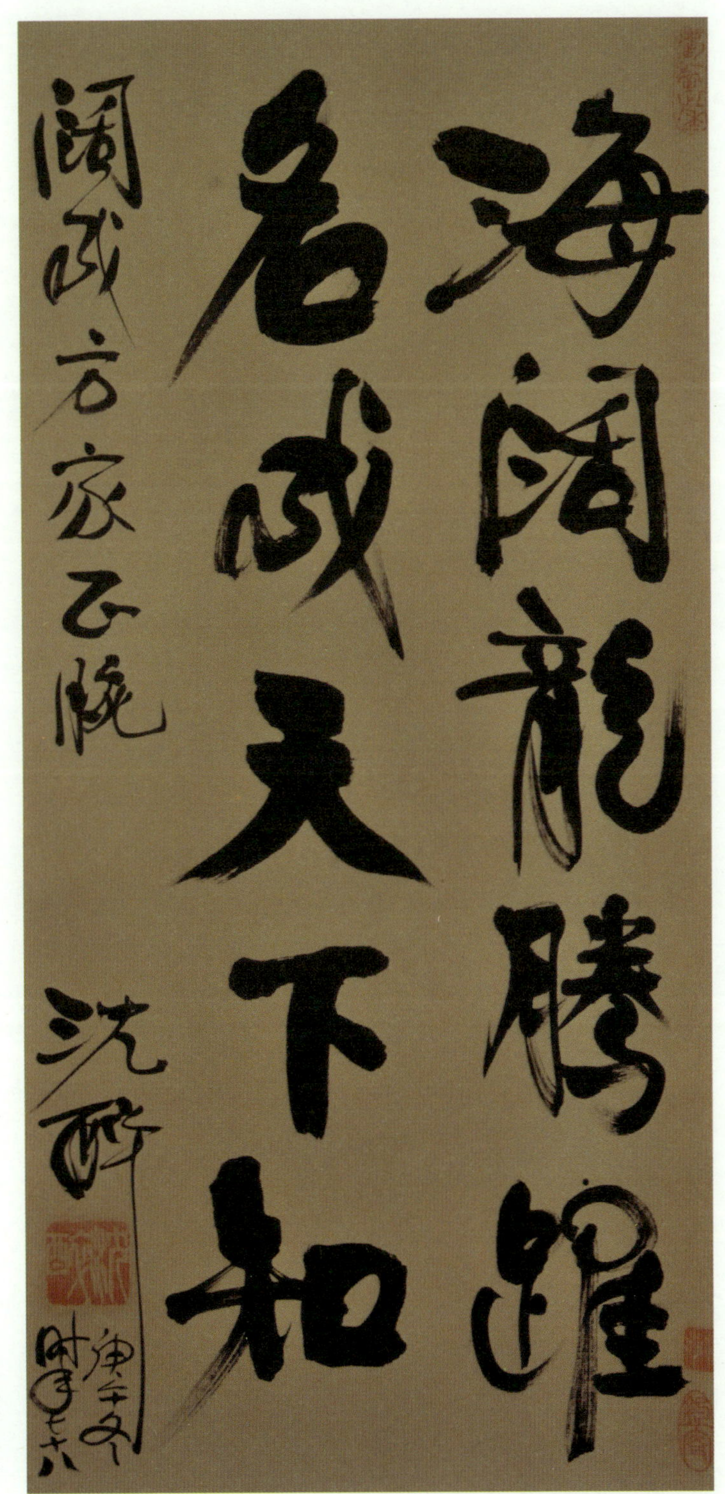

⊙沈醉的提字

这段评书说好，这也是袁阔成一向的“派”。于是他什么都不想，单等那侯宝林大师报完幕，就精神抖擞、胸有成竹地上台了……

结果是，一口气演下来，袁阔成不但生动、细腻地表演完了《江姐上船》，他那一贯“漂、俏、脆、帅”的表演风格也发挥得淋漓尽致，直落得全场掌声雷动，几位共和国的老将军更是高兴得发出了爽朗的笑声。就像他后来回忆的那样：“我在全国政协讲《江姐上船》，那时候侯宝林先生主持，他给我报幕，当然我也是照说不误，该怎么着就怎么着，说得几位将领哈哈大笑，特别高兴，所以从那时候就结识了好些老将军……”

至于那几位前国民党将领，更是同样对袁阔成的演出给予了很高的评价，说起来不外乎一是他们原本就知道《红岩》这本小说的内容，二是他们对有名气的袁阔成表演的评书更充满了好奇和兴趣。因而《江姐上船》演完后，沈醉先生不仅慕名找到袁阔成和他聊天，还很热情地对袁阔成说：“早闻先生大名，今日得见，果然名不虚传……”

不过对于袁阔成在《江姐上船》中塑造的反面人物，沈醉先生也说出了自己的心里话：“国民党在当时是做过一些蠢事、坏事，但不都是坏人，我们当中也有不少正人君子的……

袁阔成的回答自然也不失新中国表演艺术家的范儿：“你们都是搞政治的人，你们为人处世有你们的一套，我们是搞艺术的，我们也有我们的一套，如果我们把敌人都说成了正人君子，你让我们怎么写，怎么说呀？”

这一席话，直说得沈醉先生一边哈哈大笑，一边连连点头……

观看《江姐上船》演出后，对袁阔成的评书表演十分赞赏的沈醉先生特地题写了“海阔龙腾跃，名成天下知”十个大字赠与袁阔成，以表示自己对一代新中国评书表演艺术家的敬意。

第三节 人物“开脸”的成功

从修鞋老师傅在半导体前的“心无旁骛”，到政协礼堂内共和国将军爽朗的笑声，再到前国民党将领沈醉先生题写“海阔龙腾跃，名成天下知”表敬意，无一不让我们看到听众对《江姐上船》的喜爱，对袁阔成评书表演艺术的夸赞。

评书界更是对《江姐上船》给予很高的评价，大家一致认为，袁阔成在表演中对书中的主人公江姐和另外几位主要人物形象，即地下党员、船上的大副何健飞，地下党员电工小刘，以及反面人物宪兵排长、国民党西南长官公署第二处大特务王甑的精彩塑造，可说是人物生动、形象逼真。也因此，《江姐上船》被誉为成功给人物“开脸”。

“开脸”俗称“开脸儿”，是评书表演描绘人物形象的一种表现形式，即把人物的穿着、身材、面貌肤色等外形特征交代清楚，给听众留下具体形象。在我国传统的评书中给人物“开脸”分为韵颂体和非韵颂体。如《水浒传》中给鲁智深的“开脸”：大和尚，好威严，前胸阔，背膀宽。黄胡须，黑面庞，疙里疙瘩真难看……即为韵颂体。而在《三国演义》中给诸葛亮的开脸是：只见诸葛亮身高八尺，面如冠玉，眉如刷漆，目似朗星，正准头，阔口，大大两耳。头戴纶巾，身披鹤氅，绫袜朱履，手持雪白鹅毛大扇……则为非韵颂体。

在《江姐上船》中，袁阔成对江姐和另外几个人物形象描绘表现的“开脸”大都是非韵颂体形式，如对江姐，先说出时间、地点和环境，然后就是对江姐的“开脸”：

> 1948 年秋天的一个下午，山城重庆一声汽笛长鸣，呜——！“民生号”客轮徐徐地离开了朝天门码头。今天不知道为什么，中国船上的船长以及大副都显得格外忙碌，如果你要是细心观察的话，还能发现，他们还有几分紧张。怎么回事呢？敢情在这个头等客舱里，有一

位神秘旅客。这是一位女士，此人年纪在三十上下，剪的是齐肩短发，生得眉清目秀，举止特别大方。她身着一件海蓝色金丝绒的旗袍，外罩白哔叽的马夹，上边用金丝线绣了一大朵牡丹，脚下是玻璃丝袜半高跟儿、鞋绊带乳白色皮鞋。这位女士，她穿戴考究，举止大方，谈吐文雅，不苟言笑。“民生号”的大副何健飞是围前围后，显得特别客气，而且还一口一个表姐的称呼。这位女士真是何大副的表姐吗？不是，那么她是谁呢？她就是中共地下党沙磁区区委书记江雪琴——江姐。

这一段中，袁阔成紧紧围绕着“上船”，将时间、地点、环境介绍清楚后，进而引出江姐出场，并以非韵颂体的“开脸”评书表演形式，将一个沉着稳重、气质优雅的中共地下党领导人呈献给听众，让听众一下就记住了一个受人尊敬的中共地下党负责人的形象。

随着《江姐上船》故事情节的发展，袁阔成又把遇到国民党宪兵盘查时的江姐形象作了进一步细腻的描述：

这宪兵挨个问，一二三，最后就到了江姐这儿了。

“哎！嗯？”他刚要说，“把证明拿出来！”

他一看江姐那个神态呀，这宪兵不由自主地往后退了一步。看江姐，三十多岁的年纪，中等身材，身量儿不高不矮，不胖不瘦，剪着短发，眉清目秀，落落大方呀！这是个什么人物啊，怎么？着装不俗啊。看江姐，啊！身上穿，进口海蓝色料子的旗袍。外边呢，罩的是白哔叽马甲，脚下玻璃丝袜，半高跟白色皮鞋，戴翡翠耳环。在左手啊，戴着一只钻戒，好家伙，那钻戒，比那黄豆粒大点，也大不了多少，反正也不小。好家伙，这宪兵愣啦，怎么？

“这，这多少克拉这是？”看不出来……

“咳，啊！请把证明拿出来。”

到这口气变啦，怎么？前边加了一个“请”字……

在这一段表演中，袁阔成通过对一个进行盘查的国民党宪兵眼中的江姐外形的描述，又一次以“开脸”的形式，成功地塑造了中共地下党负责人江姐的光辉形象。

对故事中掩护江姐完成任务的两名地下党员小刘与何大副，袁阔成同样成功地运用了“开脸”的表现形式，塑造了两名勇敢无畏的共产党员。对他们的出场，袁阔成是这样描述的：

在这条船上，有两个党员掩护江姐。一个是呀，船上的大副，何健飞。还有一个，是电工小刘。江姐提着这个箱子，走了几步，眼看就到了这检票口这儿啦，只见从旁边过来一个人，这小伙子年纪在二十多岁，生得虎头虎脑的，重眉毛大眼睛。嗬！满面红光，太阳穴鼓着，脯子肉翻着，腰煞一条皮带。就在这儿啊，带着个工具袋，工具袋里装的什么呀？扳子、老虎钳子、螺丝刀。这小伙子，浑身上下的衣服，油渍麻花的，他几步走到江姐的跟前：“哎呀，小姐，您可来啦！”

刚说到这儿，门外有人说话：“不用报告啦，我来啦！”

说着话，打外边进来一个人，这就是何健飞同志，年纪啊也就是三十岁出头吧。嗬！生得前胸宽，背膀厚实啊，四方大脸，剑眉朗目。浑身上下工作服，瓦白锃亮，帽子上，大金线，一道挨一道，大副嘛！

小刘与何健飞虽然一个是电工，一个是客轮大副，但他们都是赤胆忠心的中共地下党员，因而袁阔成分别用“二十多岁，生得虎头虎脑的，重眉毛大眼睛。嗬！满面红光，太阳穴鼓着，脯子肉翻着，浑身上下的衣服，油渍麻花的”及“三十岁出头吧。嗬！生得前胸宽，背膀厚实啊，四方大脸，剑眉朗目。浑身上下工作服，瓦白锃亮，帽子上，大金线，一道挨一道，大副嘛”，一下就将两个年龄、职业不同的人物形象地表现出来。尤其是都用了一个象声词“嗬”，既是表演时的尽情发挥，又充分体现出表演者对中共地下党员无所畏惧、铁骨铮铮的正面形象的赞美之情。

在《江姐上船》中，袁阔成还塑造了两个反面人物，即宪兵排长和国民党西南长官公署第二处大特务王甑，在表现手法上，同样运用了给人物“开脸”的形式。比如宪兵排长，袁阔成是这样介绍他出场的：

就听外边有人喊了一声："都不许动！检查！"

只见在门外，军警宪特站了十多个，一晃身，打外边进来一个宪兵排长，顿时间这房间里的空气就变啦，好像有点儿稀薄啦……只见这宪兵排长，往这房间中间一站。这家伙是一个细高挑，刀条脸，耷拉眉毛，耷拉眼犄角子，脑袋上歪戴一顶钢盔，草绿色的，锃明瓦亮。上身穿罗斯福呢军衣上衣，大翻领，系着领带，腰煞武装带。脚下一双抓耳猴皮鞋，就在这儿，带着一支手枪，那叫勃朗宁……

对大特务王甑的出场，袁阔成也同样刻画得形象细腻：

老何想着就过来，他想把这箱子搬起来放到床下边。手啊，刚这么一沾这箱子，就在这时，身后的门开啦。嘎巴！吱拗！打外边一闪身，进来一个人，回手"啪"把门关上，他微笑着，冲老何点了点头："你好啊。"

"嗯？"

何大副觉得奇怪，怎么？

"这门我锁上啦，进来我就把门撞上啦，怎么自动开了呢？"

他一看，进来这个人，年纪也就在二十八九岁吧，是个白净子，细眉俊目，挺漂亮，留着大背头。身上穿着米色西装，笔挺。系着星条旗的领带，脚下一双皮鞋，擦得跟镜子面一样……

虽然对大特务王甑的开脸用的是"白净子、细眉俊目、挺漂亮"等并不含贬义之词的描述，但接着听众就可以从袁阔成对他笔挺的米色西装、星条旗的领带以及擦得跟镜子面一样的皮鞋等装束的描写，感受到王甑身上散发出的"特务气息"，而且也符合他曾在美国受过训练及国民党西南长官公署第二处中校专员的身份。

该评书中，无论是江姐、何大副和小刘，还是宪兵排长和大特务王甑，几个人物从创作到表演，无不细腻、生动，可说是无可挑剔，这无疑也是《江姐上船》获得成功和受到广大听众欢迎的原因之一。

第四节
《许云峰赴宴》获得好评

《许云峰赴宴》也是长篇评书《红岩》选段，虽仍为评书小段，但同样广为流传并获得一致好评。尤其是袁阔成在创作表演中运用得十分精彩的“暗笔”和“惊人笔”的创作方法以及“静中藏动，静动结合”的娴熟表演技巧，都得到了评书界的高度评价。

先看袁阔成在《许云峰赴宴》创作中运用的“暗笔”，他首先用“书中暗表[①]”，将国民党特务头子徐鹏飞的心理活动和阴谋暗中向听众作了交代。如在许云峰到来之前，他表演道：

> 这徐鹏飞精心作了一番安排，请来了好多人物，而他今天也戎装在身，在客厅等着。实际他们心情都挺紧张，他们知道许云峰不好对付。
>
> 就在这时有人进来：“报告，客人到了。”
>
> 徐鹏飞强作镇静，把心气沉了沉：“慌什么？”
>
> 报告的差点儿乐了：“我没慌，您怎么脸变色了？”
>
> 这时，客厅的门“咣当”分为左右，徐鹏飞带着人一看，从远处风驰电掣来了辆奥斯汀小轿车。车在门口停住了，“叭”的一声车门这么一开，“腾腾”跳出两个武装特务来，彪躯大汉，手里提拎着双家伙……

在许云峰到来之后，袁阔成则是这样表演的：

> 奇怪，奇怪什么？徐鹏飞自己也纳闷，刚这么一见面，他不由

①书中暗表：即暗中交代，这种方法也属于说书人的表白和书中人物的心理叙述。

自主地往后退一步。

后边的人一看："别往后撤呀，怎么您得迎上去，您是主人。"所以特地咳嗽一声。

徐鹏飞瞟了他一眼，这一眼很不满意："提示什么？这个我能不懂吗？刚才由得了我自己吗？"于是几步走上前，"许先生，欢迎你的光临，兄弟不才，徐鹏飞——"

什么意思，握手啊。这都是敌人预先安排好了的，一个大阴谋。有好几个他安排的记者，已经把相机轻轻地举起来了。只要老许一伸手，这两个手一碰，"咔嚓"，这照片就出下来了，就表示国共合作了。这还有什么说的。老许上下打量他一眼，一声没吭，大踏步就奔客厅了，把徐处长给晾在这儿了。

袁阔成在这两段表演中巧妙地运用"暗笔"方法，不仅让听众看到国民党特务耍阴谋的丑恶嘴脸，也让听众更加关注故事情节的发展，从而使《许云峰赴宴》的故事更加生动。

接下来，袁阔成又用了"惊人笔"，将许云峰大闹"宴桌"的情景表现出来。"惊人笔"即突来的事件，出奇制胜，用突然的惊险吸引观众，吓人一跳。其具体的表演是这样的：

哎哟！这一句话点题了。怎么？让徐鹏飞他们折腾了三天，白折腾了。人家老许啊，根本不想吃喝，他连酒杯都一眼没看……这相怎么照啊？哎哟，这些人都互相看了看，在老许对面夹皮包那位，沉不住气了。

怎么回事？他心想，哎？这姓许的真怪啊？眼前摆了这么多好吃的不吃，这都说了些什么啊？啊，待会这菜不全凉了吗？我提个醒得了，提个建议。对！

"啊哈哈哈！"他站起来，冲老许一点头，"许先生，兄弟自我介绍一下，这个我在长官公署新闻处工作，兄弟姓马。"

哦，感情是那位新闻处的马处长。

"唉，许先生，据我所知，今天是长官公署为许先生设宴压惊，哈，这个我看是不是这样啊，咱们边吃边喝边谈好不好啊。啊，要不然待会这菜全凉了，许先生，您尝尝这俄国大菜。唉，我先来个糖溜丸子，啧（吃丸子）！”

好么，这位嘴够急的，夹起一个丸子扔他嘴里去了。老许哪看见过这事啊，气得他一拍桌子。

乓！好，拍得真是时候。怎么了？这马处长这糖溜丸子没等着嚼，整着下去了。

“哎哟！真烫啊！”

嗓子当时起俩泡，他瞅了瞅老许，心说：怎么单这么会拍桌子啊……

一句“许云峰‘啪’一拍桌子”，即是非常突然的“惊人笔”，既非常传神地表现出一个共产党员在敌人面前大义凛然的铮铮铁骨，又对敌人面对此景自嘲自解的卑劣嘴脸进行了绝妙的讽刺。

再看赵博同志对袁阔成“静中藏动，静动结合”的娴熟表演技巧的评价：

评书演员要得心应手地表现书中人物，必须有踏实的功力和娴熟的表演艺术技巧，用袁阔成的话说，就是要做到“三节六合”。

“三节”分为：全身头为稍节，身为中节，脚为根节；上肢手为稍节，臂为中节；下肢脚为稍节，腿为中节，胯为根结。“六合”分为：内三合心、气、胆，外三合手、脚、眼。

“三节六合”，要运用得自如，配合得默契，才能使演员的形体动作静动和谐统一，静中藏动，动中含静。表演上张弛得体，分寸适度，才能准确深刻地表现书中人物的内心世界。

例如《许云峰赴宴》，正当敌方新闻记者玛丽小姐准备拍摄碰杯照片时，许云峰一抖手，“咔嚓”“哗啦”把桌子给掀翻了。敌人无奈，只好将许云峰让到侧间的休息室里。

“休息室布置得很别致，地下铺着地毯，周围摆着几张沙发，对面有一座独立全球老鹰牌的大座钟，有一人多高，钟砣‘嘎登嘎登’地来回摆动，东西两侧有二米见方的两个水晶鱼缸，里边是清凌凌的水，绿莹莹的草，百十条热带鱼，在里面游来荡去。”

书中人物许云峰，从掀桌子同敌人针锋相对的紧张而激烈的气氛中，来到了这样的安闲静谧之处，客观环境是由动到静的。但是这种静包藏着杀机，蕴藏着更大的阴谋和危险，从事态的发展上看，则是静中藏动。在这种特定情况下，演员为书中人物许云峰设计了如下的形体动作："他坐在一只独坐的沙发上，若无其事地抬起左腿担在右腿上面，伸双手扯平了长衫的衣襟儿，轻轻地往膝盖上一搭，双手自然地放在胸前，两只眼睛悠闲自得地看着缸里的游鱼。"

书中人物许云峰的一切都沉静下来了，唯有两只眼睛在动，表面上是在看缸里的游鱼，实际上是以此为掩护，急剧地思考着对敌的应变之计。

这种外在静的表现，恰恰是内在动的延续。既有助于反映书中人物深沉的内涵，又易牵动听众的思绪，迫使他们推测书中人物的安危、成败，并为之牵肠挂肚，胆战心惊。

上述这种静动结合的关系，处理得非常得体。此时此刻，如果眼神过于动了，稍一闪神，就会显得心绪不宁，有慌乱之感；倘若是眼神过于静了，近于凝视，又会显得心绪过重，有疑虑之嫌。

演员在表演上，真正做到了心平、气匀、胆壮，手轻、脚稳、眼自如。使得心、气、胆和手、脚、眼内外结合，静动得当，从而使书中人物的心理状态和形体动作达到了和谐统一、由表及里、表里一致的程度。准确而又适度地表现了我地下党工运书记许云峰临危不惧、从容不迫、大无畏的革命精神。这是用多少美妙的语言也难以达到的艺术效果……

不难看出，一段《许云峰赴宴》的表演，无论是"暗笔"和"惊人笔"的运用，还是娴熟的表演技巧，都被袁阔成在表演中发挥得淋漓尽致。而这一切，仍离不开袁阔成的努力钻研和精心创作。

第五节
难忘开国将军的教诲

《江姐上船》和《许云峰赴宴》获得的成功，无疑凝聚着袁阔成为此付出的辛勤汗水。但提起这些，袁阔成最难忘的还是曾经对他表演的《许云峰赴宴》给予充分肯定并曾亲自帮他排练的一位将军，这就是当年主管辽宁省文教的书记周桓同志。

在袁阔成的心目中，周桓将军给他排练的那一段往事，让他终生难以忘怀。

“1962 年的初春，我还在辽宁营口市文工团工作，有天我接到文化局的一个通知，让我去趟省城沈阳。但是没人陪同，让我一个人前往。我不禁问了一句，什么事呀？回答说：周书记想听你讲《红岩》！

“啊？我不由得暗吃一惊，周书记是当时主管辽宁省文教的书记，人所皆知。他就是那位赫赫有名的文武双全的开国上将周桓。素闻周书记不仅能征善战，决胜千里，在戏剧方面还是一位大行家。他除了需处理繁重的全省民生方方面面的大事外，每天晚上还都要挤出时间给辽宁艺术剧院排话剧《茶花女》。

“想当初辽艺那可是全国四大话剧艺术剧院之一啊，可说是名流荟萃、大家云集的团队。其中有好几位都曾拜于苏联戏剧大师列斯里的门下。要没点超乎寻常的戏剧理论，怎么能在那儿拍戏呀！组织和指导演出，那可不是一件儿戏活儿！

“业界人士在一起常常提到周书记排戏如何严肃认真，一丝不苟。要是提示演员两遍，演员还理解不了戏，做得不到位的，他就大喝一声：把你轰出去！

“说真话，我当时心里确实有点儿打鼓，演员上场前心里打鼓，那可是演员的大忌呀！为什么打鼓？紧张呗！紧张肯定是俩眼发直。常言道：一身之戏在于脸，一脸之戏在于眼。演员眼睛要是一发直，全完呀！立马就应了那句俗话所说的了，没戏啦！

“评书演员在台上要是一紧张，不单单是俩眼发直的事啦，更要命的是，‘滚口’！滚口是什么意思啊？就是嘴里拌蒜！今天向周书记汇报，要是嘴里

⊙演出新评书剧照

一拌蒜，书记要一发火儿，还不得把我也轰出去呀！

“想到这儿，我更紧张了，自己感觉手都有点儿发凉了！就在这瞬间，我想起一句台词来，‘事到万难需放胆’！您还别说，有些名言在关键时刻还挺起作用的。我当时心里就平静了，出气也匀乎了……就在这时，有人跟我握手，打招呼：‘你是阔成同志吗？我姓周。’啊！周书记！我当时眼睛一亮！周书记身量不高，五十出头的年纪，和颜悦色十分可亲。从气质风度上看，就是一位学者，怎么也看不出当年指挥千军万马驰骋疆场的一个将军的凛凛威风！

“书记问我，会抽烟吗？我说会。当时我确实会吸烟，可是没有周书记烟瘾大。听说周书记一天一包不够，排戏的时候更多！说着话，书记给了我一支大中华。周书记不愧是一位老革命，他待人非常平易，刚才的紧张心跳全都没了。

“抽光了大中华，我规规矩矩地给周书记讲了一段《红岩》的选章《许云峰赴宴》，大约 28 分钟。周书记听完之后，给我指点一番。首先鼓励了我几句，说我演得很真诚。意思就是，用心在说。

“书记说，一个演员不管从事什么行当，真诚是第一要素。书记说我口齿很清晰，但是，动作、表情、人物内心活动，交代得不够清楚，台词节奏不规范，醒木拍得太响。醒木是我们评书演员的主要道具之一，它既有提醒作用，又有加强气氛的功效。应该根据剧场大小、听众多寡而敲击。今天只有他们几个人听我讲书……说着话，周书记看了看说：‘这个小排练厅才一百多个座席，你没有必要把醒木拍得那么响。应该像在静静的湖面上轻轻投下一粒沙石，使水面微起几层波纹，其效果肯定好于你方才的拍响。演戏不是有无声胜有声之说吗？在道具运用上也应注意环境的变化，你说对吗？’我连连点头说对。心里不由得想起前辈们常讲的一句话：‘妙言就在三五句，不受真传枉徒劳。’

“书记一边指点一边吸烟，前后讲了有一个多小时。讲着讲着突然问了我一句：‘你有烟吗？’敢情把烟都抽没了！我说：‘有，不过没您的烟好，是大前门。’周书记笑了笑说：‘没关系。’随后又给我讲了台词节奏。他说：‘你讲评书主要就是说人，说人一定要把握好人物的神态，就是神似，听众通

⊙袁阔成在营口录制《红岩》。

过看你所塑造的人物的形，才能感受人物的精神面貌和内心世界。你们搞表演的，必须在神似上狠下功夫！人物动作要精心设计，注意人物对话的方向感，塑造反面人物要克服标签化。举手投足尽量规范些。不能想抬手就抬手，抬手之前想一想为什么抬手，应不应该抬手，应该有点设计。当然了，你们讲的大多都是长篇大书，《三国》呀，《水浒》呀，一讲就是几百段，段段要求你们设计人物动作很困难，也不现实。我跟你讲的是，小说中的重要章节，就像你刚才讲的这段《许云峰赴宴》，老许和特务头子徐鹏飞两个人形不同，神也不似。把老许说得太呆板了，把敌人说得又挺滑稽，都不太真实。就拿特务头子徐鹏飞伸手让老许这个动作吧，徐鹏飞想和老许握手抢镜头，为了登到他们的报纸上去混淆视听，老许没搭理他径直前行。徐鹏飞伸出的手怎么收回去？你没有交代。是不是这样，特务头子徐鹏飞自己找个台阶下，索性把手一挥，说声：

请……’周书记的一番指导是句句中的。最后他语重心长地对我说：‘评书艺术是一门很了不起的艺术，要在叙事评情上多下功夫，说透人情方是书嘛……’记得当时在场的一位文化厅干部提醒我说：‘今天周书记给你排书比排话剧《茶花女》都细！’

“说老实话，当时我内心非常激动，也深受感动。激动的是哪朝哪代开国上将给评书演员排过节目！感动的是书记的提示那么细微，那么到位。只有在那天我才体会到‘与君一席话，胜读十年书’的宝贵含义。同时也使我认识到，评书艺术要克服随意性，更必须提倡导演制。”

这是一段袁阔成的亲笔回忆，其中无论是新中国开国上将周桓将军懂艺术、关心艺术、对艺术创作的一丝不苟，还是他对艺术家创作的严格要求和关怀鼓励，都让我们感受到一个亲切的共产党员领导干部的真实面貌和令人钦佩的工作作风，而正是这些，才使得一向对党对政府无比热爱的袁阔成终生难忘吧。

第六节 《刺龟山》的成功改编

《刺龟山》是袁阔成根据李英儒的长篇小说《野火春风斗古城》创作的同名长篇评书选段，也是这个时期人们熟悉和喜爱的袁阔成代表作品。

在这篇评书小段中，袁阔成充分发挥评书小段“人物有限、情节集中，有悬念、有突发性、引人入胜”的艺术特点，将故事主人公韩燕来刺死日本大经济特务龟山的惊险过程进行了精彩完美地创作和表演。

而积极对原小说情节进行大胆丰富的改编和创作，则是袁阔成创作《刺龟山》成功的第一步。在小说《野火春风斗古城》的这一章节中，作者在韩燕来刺死龟山前的铺垫内容是：

> 要过年了，但是韩燕来家却因为欠债和周伯伯被日本鬼子驾驶的摩托车撞伤而无钱置办年货。韩燕来决定去破烂市卖掉自己手中存下的一副三轮车外带，没想到一直蹲了两个钟头，车外带没卖出去不说，还被便衣抓进了伪分局的拘留所，一直到天黑才被放出来。憋了一肚子气的韩燕来又愧又恨，将身上仅有的五角钱买了一把七寸长的攮刀揣在身上，准备复仇……

小说里对韩燕来的生活窘况和卖车外带前后周围的环境、人物及被抓后买攮刀时的心情都作了不小篇幅的描写，这无疑是小说故事情节的需要，也是长篇小说文学的特点。

袁阔成在创作中首先大胆地将原作这一段改编为单一的韩燕来为地下党送情报的内容，从而直接、简快地将听众引向《刺龟山》的主题。这段评书的开头是这样的：

抗日战争相持阶段，华北大地上有一座古老名城，保定。这天晚上十点多钟，大街上闪过一条黑影。这人年纪就在二十几岁，生得剑眉虎目，他是谁呀？是共产党的地下工作者，韩燕来。他的公开身份呢，是一个三轮车工人。今天晚上，燕来有重要任务，去送情报。

除了时间、地点，一个“剑眉虎目”和“共产党的地下工作者”，只短短几句话，即把年轻的还没有加入地下党组织的韩燕来引出场。接下来对韩燕来买攮刀过程的改编则更为精彩简练，仅为一句：“他腰里头带着一把匕首，没走这个大街，尽量穿小巷……”

这一段简明扼要的开场，虽然对原小说作了较大的改动，却既符合评书小段特点，又达到了将主要内容放到最为紧张抓人的后面刺龟山的目的，不难看出，袁阔成对此处的改编是颇下了一番功夫的。

接下来是韩燕来送情报途中遇到的第一个险情，也是该段评书的第一个具有悬念性的突发性的情节。原小说在这里写出的是韩燕来一连遭到了两次特务盘查，无论是时间地点，还是人物及环境，都作了较为细致的交代，这些描写自然也符合小说的文学特点。

袁阔成在创作改编中则删去了这些细致的描写，只保留了韩燕来遭到日本宪兵队特务队长蓝毛盘查的情节：

刚走到第三条小巷口这儿，在昏暗的灯光下，那站着一个人。

“干什么的？”

“嗯？”燕来一愣。可是他回答得也快，“啊，老百姓，我就在这附近住，晚上饿啦，出来买点东西。啊，对不起啊！”

说完啦，燕来转身要进巷口。

这人一瞧：“哎！慢着慢着，过来过来。”

他把韩燕来给叫过来了。燕来走到跟前这么一看，不看则已啊，这一看，心里“咯噔”一下，怎么啦？这人他认识。电线杆子前边站着这人哪，年纪也就在三十来岁，生了一张刀条脸，头上戴着一顶鸭绒礼帽，身穿长衫，他把这前底摆撩起来，掖到腰里了。燕来一眼就看出来，他腰里鼓鼓囊囊，肯定带着枪哪。韩燕来怎么紧张？他认出来了，这是日本宪兵队特务队长蓝毛。他曾经拷问过自己，吊打过燕来。燕来心想："怎么办呢？我要再往他跟前走两步，他立刻就把我认出来了，当时就得把我抓住，那情报怎么送啊！"

这时候不容燕来多想啦，他抢步上前，嘴里头叨念着："哎，您看，这是我的良民证。"

实际啊，燕来手里头没有良民证。他那左手，在特务蓝毛眼前这么一晃，扬起这右拳来，"咣"！就给这家伙来了个"上勾拳"哪。这拳打的，好家伙！当时眼窝子就青啦。那蓝毛啊，一条一跟头就出去啦，怎么叫一条啊，就像扔出一根竹竿似的，"腾"！"噗通"！帽子掉了。他大叫这么一声："唉哟！"

蓝毛伸手就把枪掏出来了，"嘡"！一扣扳机枪就响啦。在附近的几个特务，呼啦一下过来把蓝毛扶起来："队长，怎么啦？"

"八路！"

"在哪儿啊？"

这几个家伙找啊，韩燕来早已经踪迹不见啦。燕来啊，飞身进巷口，"唰"一下翻墙而上……

这一段表演，无论是对话还是动作都十分简洁明了，并且为韩燕来刺龟山作了铺垫。相比于原小说的描写，虽然文字减少许多，却是毫不逊色。

袁阔成对原小说的大胆改编还体现在《刺龟山》的结尾处。在原小说中，为解救因帮助给龟山当佣人的母亲干点零活而遭龟山非礼的姑娘，韩燕来刺死龟山后，又救出了被龟山锁在厨房的姑娘母亲，而为了不给她们母女带来麻烦，韩燕来重新将姑娘的母亲锁进厨房捆绑了手脚，并与姑娘一同翻墙逃出，最后与姑娘在她家门口道别。

袁阔成经过改编，在评书《刺龟山》结尾韩燕来刺死龟山后是这样表演的：

韩燕来站起来了，他首先过去，先把那手枪拿起来了，"噌"！别到腰里了："嗨！可惜呀！"

可惜什么呀？燕来还舍不得自己那把匕首哪。当时啊，姑娘吓呆了，腿一软哪，就坐到床上了，说话呀，都有点儿口吃啦："恩公啊，你快走吧。”

“怎么？”

“你闯了大祸啦！杀死了龟山，这还了得，我谢谢你的救命之恩哪。”

燕来瞅了瞅这位姑娘，又看了看那死鬼子，他什么都没说，几步就进屋啦。“咔嚓”一下，一把手就把鬼子立柜给拽开啦。里边有几个抽屉，他“噼里啪啦”，把这抽屉底朝上全给扣啦！那抽屉里装的都是账目啊，燕来不管那些，他主要找的是现金。他这么一看，这一沓子一沓子，好几沓子呀。他也不知道是多少，敛吧敛吧，“唰”的一下，扯过一块毛巾来，他把那钱这么一裹，二次来到外屋，把这钱交到姑娘手里：“你赶快逃命去吧。”

姑娘当时，愣住啦！

“这位义士，这位恩人，为了搭救我，杀死了老鬼子龟山，他不是想自己赶快逃走，而是让我走，还给我拿了这么多钱，哎呀，恩公，我要它何用！”

“啪”！狠狠撕了两把，她把这钱就扔到一边去了。

“嗯？”

燕来对这个姑娘更加崇敬。

“恩公啊，请你留下名姓吧，您，您尊姓大名啊？”

“嗨！现在哪是说名道姓的时候啊，你一定要问，我是共产党派来的，现在我身上还有任务，不能在这过多耽搁呀，我得走！”

姑娘拉住燕来：“恩公，你听听。”

她让燕来听什么呀？现在外边大街小巷是枪声大作呀。姑娘告诉他：“恩公要走也不难，我知道一条秘密小道，我得亲自送你出城！”

从这一段可以看出，袁阔成虽然只保留了韩燕来和姑娘两个人物，但却使故事情节更加紧凑集中，动作和对话也使人物形象更加突出。因此，无论是删掉姑娘的母亲这个人物，还是仅仅用“恩公要走也不难，我知道一条秘密小道，我得亲自送你出城”一句话作为评书表演的结束，即把原小说中姑娘母亲

与韩燕来的对话、姑娘的母亲锁在厨房及姑娘与韩燕来一同翻墙逃走的诸多情节一一带过的改编，都是袁阔成创作评书小段《刺龟山》的亮点，而这也正是袁阔成改编原小说的独具匠心之处。

第七节
完美的艺术借鉴与表现手法

除了大胆地改编内容，袁阔成还在《刺龟山》中表现人物形体动作时，完美地借鉴中国传统武术的经典动作，将原小说中韩燕来与日本宪兵特务的交锋、与龟山的搏斗，都以十分漂亮的武术动作亮相于舞台，再加上袁阔成“绘声状形、声形并茂”的精彩表演，无论是对故事情节的发展，还是对韩燕来这个英雄人物的刻画，都起到了很好的烘托作用。如韩燕来在遇到蓝毛盘查时，原小说是这样写的：

> 骗得对方伸长脖子窥探时，他猛抢一步，对准八字眉心，狠狠地打出一拳。对方眼冒金星，“唉哟”一声，跌倒在地。韩燕来夺开道路冲出胡同口……

袁阔成在评书中则是这样表演的：

> 扬起这右拳来，“咣”！就给这家伙来了个“上勾拳”哪。这拳打的，好家伙！当时眼窝子就青啦……

这段台词，袁阔成不仅用了专业的武术词语，而且表演出了十分到位的“上勾拳”。这固然离不开他曾经拜师学武术的功底。而说与演的并重，则不仅获得了很好的演出效果，更显示出袁阔成的表演功底。

该小段评书中表现韩燕来与龟山搏斗时出手的几个武术动作最为精彩：

> “叭”！这耳光就扇过来了。他不知道韩燕来会武艺呀，他身上有功夫啊。燕来这么一抬手，使了一个“拨云见日”，“啪”！就把鬼子手给开出去了。可把鬼子给疼坏了，这胳膊差点折喽，这鬼子

还纳闷哪：

“怎么？我这一巴掌打哪了？是石碑上啊，是打到明柱上啦，这怎么了这是？”

燕来呀，也打顺手啦，他左手这么一晃，这右拳就抬起来了，就给这鬼子来了个“冲天炮”，“啪”！这一下子，就把鬼子给打得“腾腾”倒退好几步，“噗通”一下，一个仰面朝天哪，四脚哈天就摔在那儿啦。鬼子呀眼前直冒金星：“呀！大大地厉害！”

这鬼子还没吃过这亏哪，他一骨碌身爬起来了，左脚那趿拉板也掉了。他顾不了这些啦，一头扎到里屋去，“噌”的一下，他把王八盒子拽出来了，手枪。提着枪，两眼瞪得像饿狼一样，就奔韩燕来扑过来了……

韩燕来也没客气呀，他眼睛紧盯着特务头子手里这把枪，“啪”！由上而下就给了龟山这右臂这么一掌。这一掌在中国武术上可有名堂，叫什么名啊？“千斤闸”，就这一闸，差点把龟山的胳膊给闸折喽，啊“啪”！这手枪就掉下来啦。

“哎呀！”

龟山也纳闷啊：“怎么？我眼前站着这个人，是钢筋铁骨啊，还是怎么着，他手怎么这么大劲头啊。”

现在不容鬼子多想啦，枪也掉在地上啦，他一想：“干脆，我呀，柔道的干活吧！”

他过来，“腾”的一下，就把韩燕来给抱住啦，是抱住就摔呀。鬼子柔道那是很有功底的呀。他想“啪”的这一下，一个大背跨，就把韩燕来给摔昏在这儿。燕来明白这套，他却不知道韩燕来练过什么功夫。燕来不仅练过把式，而且也练过摔跤，把式加跤是越练越高啊。他举过墩子，摔过跤啊。拧过大棒子、小棒子，抖过皮条绳、铁链子、麻鞭子。那腿底下的功夫可了不得，“啪”这一下，这两脚这么一用力，纹丝没动。龟山哪，用足了平生的力气：“嘿！呀！哎！呀！嗯？”

龟山瞪着眼睛瞅了这么一瞅韩燕来：“躺下的没有？”

他这心里话：“他怎么没躺下呀？”

韩燕来差点乐喽。

“怎么？这有商量的吗这个！什么叫躺下的没有啊！啊，去你

⊙袁阔成在辽宁剧场演出《三秒钟》。

的吧！”

“噹”！燕来用足了力气，给他来了个“海底捞月”，这一拳哪，就把龟山这下巴给打歪了。鬼子龟山哪，是蒙着眼睛放驴呀，他死不撒手啊。他揪着韩燕来不放开，“咣当”一下，俩人就在屋里折腾开了。这龟山鬼子，一是练过柔道，二啊，这家伙，体格也挺棒。你别看他生得敦实，好家伙二百来斤哪。两个人一会儿这个翻到上边来了，一会儿那个被摁到底下去了……“哐”这一下，燕来一个“大鹏展翅”，又把鬼子给摁住啦……

回过头来再看一下原小说对韩燕来在刺死龟山之前与他搏斗的描写：

鬼子感到没有理喻的必要，抛下姑娘，扑赶过来，动手就要殴打。韩燕来闪过他的拳头，乘势搡了他一把，鬼子（他习惯了打人，从没想到住在城里的中国人敢和他还手）没有防备，打个趔趄，险些栽倒。他狂怒了，站稳身，使足力气猛扑韩燕来，后者支架住，两人打在一起……韩燕来带着满腔怒火，双手招架住上面，瞅个空子抬起右脚朝着对方肋部猛踢一下，这个家伙两手松开倒退了两步，随着沉重的响声跌在地板上，就像从空中掉下个大件行李。他爬起来头也不回，直蹿进里间屋去……

龟山的话未讲完，像有根铁棍敲击他的右臂，右臂一阵火辣剧痛，手枪当啷掉落。龟山要俯身捡枪，韩燕来从姑娘身后冲出来，底下伸出绊脚，上肩猛力一撞，把龟山撞个筋斗，然后扑过去骑着龟山抡拳便打……

原小说中的描写虽篇幅不长，但却形象地写出了当时韩燕来与龟山激烈搏斗的紧张场面，可谓语言简练、情节紧张，从文学角度讲，确实无可挑剔。

袁阔成正是围绕这一环节，紧紧抓住韩燕来的几个动作，巧妙地设计了十分专业的武术招式亮相，再加上武术动作到位的表演，都为评书小段《刺龟山》的表演增添了许多色彩。

就整体而言，评书小段《刺龟山》的故事情节一环扣一环，可谓紧张集中，扣人心弦。但袁阔成在表演中仍不忘适时插入一句幽默诙谐的语言，博得听众一笑，从前面韩燕来与龟山搏斗的表演中即可看出。这固然也是该评书创作、表演成功的又一体现。

在《刺龟山》中，袁阔成还有一个令人叫绝的表演，就是运用恰当的象声词来表现人物和环境。在评书表演艺术中，称这种表演为“绘声状形”，也是比较常见的艺术手法之一。评书演员在表演中如果将“绘声状形”运用得恰到好处，则会给观众带来如闻其声、如见其人、如临其境的感觉。如“腾”“噗通”“劈叉啪嚓”，等等。表演时，袁阔成不仅恰当地选用了这些不同的象声词，而且凭借他出色的口技表演，让听众如亲历紧张凶险的环境，亲眼看到特务和日本鬼子的狼狈相一般，应该说，这是《刺龟山》的精彩之一，也让听众更加体会到袁阔成评书表演艺术的魅力。

此外，为突出人物性格、本质，袁阔成在对环境的描述和为人物“开脸”方面也着重下了不少笔墨。如对龟山居住的小院环境是这样描述的：

这小院子，嗨！好款式啊！青砖的甬路，院子里啊，有四时不谢之花，八九长春之草，大盆的石榴树，古香古色的一个小四合院。北房屋里头啊，灯光挺亮……

对龟山的“开脸”也非常形象：

这人年纪也就在四十来岁，是个敦实的个子，那脑袋呀，剃得锃明瓦亮，脑门子上有皱纹，是三道抬头纹，一道斩子剑，好么，老虎脑袋那“王”字搬他脑袋上来了。这家伙是棒子眉，三角眼，狮子鼻，大嘴叉，两耳有点往前扇风，鼻子尖底下留着一小撮卫生胡。身上穿着一件和服，这件和服，衣料上乘，做工考究。他脚底下，趿拉着一双日本木屐，趿拉板……

总之，从大胆改编、丰富故事情节，到借鉴中国传统武术动作，再到充分发挥评书的艺术手法，袁阔成通过精心创作、加工整理和精彩的表演，不仅将一段忠实原作，艺术和表演都十分完美的评书小段奉献给听众，更让听众感受到他深厚的评书艺术表演功底。因而《刺龟山》在播出后，同样获得广大听众的好评和喜爱。

第八节
“江姐”与“赤道战鼓”

“江姐”是长篇小说《红岩》中的优秀中共地下党员，袁阔成在评书小段《江姐上船》中塑造的江姐的共产党员形象一直深入人心。而《赤道战鼓》则是袁阔成创作的一部反映非洲黑人生活和战斗题材的作品，这部新评书以刚果为社会背景，讲述了刚果人民反对种族歧视和外来殖民者侵略的战斗故事。

从中共地下党员到为自由而战的非洲黑人，不管是生活环境还是人物形象，用现在的话来说，实在是有些“不搭界”。但就是这样截然不同的人物形象，一经袁阔成的创作表演，无一不活灵活现地跃然于舞台之上。这些不同角色获得的巨大成功，除了深度的创作，更离不开袁阔成深厚而成熟的表演功底。先看对江姐的塑造：“以《江姐上船》为例，它本来是情节紧张、节奏紧凑、扣人心弦的一个段子，按照现代分类，属于惊险片一类。可是袁先生的表演一改以往，并没刻意制造紧张气氛，而是不紧不忙、从容自如地在那娓娓道来，犹如京剧唱腔中的二六板那样在那儿快拉慢唱，以此来吊足了观众的胃口。这样的说法，如果没有相当的功力，实难做到，可见袁先生在舞台上的掌控能力已到了何种程度。

“单就这个段子的表演而言，难度最大的是书中的女主人公——江姐。一个男演员，既不化妆，也不换服装，就要在台上演一个女人，而且这个女人还是个地下工作者，书中的正面形象，谈何容易！如果表演上过于有女人味，势必有矫揉造作之嫌；如果过于男人气，又会失去了女人应有的色彩；如果按影视剧表演那样来演，会显得过于生活化，没有了评书的特点；如果按京剧的那种程式来演，恐怕又太过刻板……这实在是太难了！

“那么，袁先生怎么演呢？他一不拿腔，二不作调，竟然是不温不火，不卑不亢，把男女之间两者的尺度，拿捏得不偏不倚，在掌握表演的火候上也准确到位，把一个机智果敢、临危不惧的女地下党员的形象展现于舞台之上。凡是看过袁先生舞台演出的人，无不为之叹服！

“袁先生的新书已经进入到了成熟阶段。成熟的标志在于，内容和形式创新的同时，舞台上的表演也同步进行，使两者做到了高度融合，几乎达到了完美的统一。这个时期的作品成功率极高，便是有力的证明。”

⊙袁阔成演出新评书剧照

这是马步秋先生对袁阔成成功塑造江姐给予的十分到位的评价，令人阅后既感受到袁阔成为评书创作表演付出的艰辛劳动，又对他的精湛表演由衷钦佩。

这个时期的作品《赤道战鼓》也可说是“内容、形式的创新与舞台表演的高度融合、完美统一”的又一成功创作。只不过比起当时那么深入人心的《江姐上船》，这部以非洲黑人生活和战斗为题材的新评书，似乎更充满了新奇和挑战。

因为评书毕竟是传承了几百年的中国古老文化的民族艺术，即便是在新中国说新书的时代，评书表演的内容也都是身边老百姓的新人新事。但这《赤道战鼓》说的人和事可就远了，远得都出了中国，跨过大洋，一直到了非洲。说白了，就是用咱们中国的评书说非洲黑人的故事，谁听了不觉着新鲜呀。既是新鲜，那就一定是想听的人充满了好奇，越是好奇，这人就越是想听听这站在中国说非洲黑人的书是怎么说的。

到了这份儿上，这中国人用评书说非洲黑人的故事可就不那么容易说了。首先是都知道，这刚果人就是黑人，可是到底他们穿得什么样，身上都戴什么，这穿的和戴的又都叫什么，他们是怎样生活的……这些都应该怎样用评书的艺术手法来表现呢？最起码这“明笔”“暗笔”“伏笔”什么的，用到这非洲黑人身上，将如何表现呢？还有就是都知道这非洲黑人爱跳舞，爱敲鼓，但也总不能一边扭着一边敲鼓说评书吧。另外最难表达的还是语言的问题，比如像刚果的利奥波德维尔和布拉柴维尔这两个城市的名字，怎么用评书的语言来表达，等等。说起来，这用评书说远在非洲的黑人故事，困难还真是不少。

困难虽不少，袁阔成却并不想放弃，仍然是凭着“年轻气盛、见多识广耳界宽、艺高人胆大”那股劲儿，一向不服输的袁阔成决定大胆尝试一下，一定要闯进这从来没有人说过的“外国”评书的“领地”。

结果如何呢？如果仍然仅仅用“大获成功”或是得到了“权威人士和业

内专家的一致赞扬”等文字来述说，未免有些落俗套。还是让我们看一段当时在海政文工团话剧团为人们熟知的小故事吧。

⊙ 20 世纪 60 年代的袁阔成

就在袁阔成创作表演《赤道战鼓》的同一时候，解放军海政话剧团也正在赶排这一同名话剧。当时他们刚刚从非洲体验生活回来，一听说袁阔成正在用评书表演《赤道战鼓》，大家都感到很好奇，有人甚至觉得这几乎是不可能的事。于是他们把袁阔成请到了团里，目的自然就是要亲眼目睹一下袁阔成怎样不出国门就用评书表演《赤道战鼓》的风采。

他们看了袁阔成的表演之后，什么“大感意外”“一个个赞叹不已”的评价就不用说了，单看一个人开玩笑地说“早知道袁先生有这两下子，我们何必要漂洋过海到非洲去体验生活呢，把袁先生请来就是了”，就可以想见，袁阔成这一次勇闯从来没有人说过“外国”评书的关卡，非常完美地过关了。

《江姐上船》与《赤道战鼓》的创作表演，既是袁阔成在“内容、形式的创新与舞台表演的高度融合、完美统一”的成功创作，也为评书的发展又一次开拓了新路。

第九节 说新书的成就来之不易

从1948年在山海关迎解放军进城，打头炮说的新书《小二黑结婚》，到20世纪五六十年代走进营口市曲艺团后相继创作表演的长篇现代评书《林海雪原》《野火春风斗古城》《红岩》《烈火金刚》，以及让全国广大听众耳熟能详并获得好评和褒奖的《肖飞买药》《江姐上船》《许云峰赴宴》等评书小段，此外还有《创业史》《艳阳天》《插旗》《风雨列车》《三声笛》等，都是袁阔成在这一时期创作的新书作品。

对于袁阔成说新书，天津著名的评书表演艺术家刘立福曾十分赞赏地评价说："说新书当初最红的应该是袁阔成。阔成为什么好？他脑子快，他开始就研究小段，一个《插旗》一个《过客》就拿了。他发挥自己的天赋和特长，把这个东西用活了。

"就在那个阶段，有一次袁阔成来天津，在'中华'演出，我们都去看了。唉哟，人家说得真是好，我们没有人家潇洒，那就是帅！《过客》里面那个大姑娘，一捋辫子一甩头，那个"相"真好看。那时候说新书的哪有这些表演？

"他后来的《肖飞买药》也是下了一定的功夫，嘴皮子利索熟练。有一年，白全福鸟市曲艺厅内部演出《肖飞买药》，语言、神态、动作，一招一式都模仿袁阔成。他吃亏是没有文化，但他的记忆力极好，人聪明。当时我正和马三爷坐在楼上包厢里，马三爷对我说：'立福，看了吗？这整个一个八哥。'

"他后来琢磨的新书最为拿手，在台上真火，也非常壮台，眼神儿也非常好。我后来去营口的时候，有一位观众跟我说，'阔成站那儿就披买卖'……"

同行艺术家的赞誉，无疑是对袁阔成说新书取得成就的肯定，但袁阔成却把这些看得很淡，因为他心中最深刻的体会是，要说好新书，离不开深入生活和努力钻研。而且在以后的新评书创作中，他也始终遵循这一信条。也因此，在2001年做客中央人民广播电台《午间一小时，名人相约星期五——听袁阔成说红色评书》栏目中，袁阔成与主持人赵忠祥曾有一段对话。

赵忠祥说：“我从阔成先生身上才发现说书的先生们的功力，了不得……我去的一个地儿是广播艺术团电视剧团，他们特请袁先生作示范表演，在艺术团体里面能够当着诸位，也算是大大小小的文艺工作者、艺术家来表演自己拿手的绝艺，这可不是一般的能耐，一般人还不敢上这儿表演。但是袁先生只要一出场，不管老艺术家、年轻艺术家，还是学员，两个字‘震住’了……那袁先生您是不是说一说，当初您开始说新评书的时候，怎么能把它说得脍炙人口，人人翘大拇指呢？”

袁阔成说：“当然也是在传统书的基础上，另外，有些人甚至还有错误的认识，认为能说话就能说书，远远不是这么回事。我怎么说新书，就是要深入生活，反复琢磨。比如我说《风雨列车》，我整跟着火车头跑了半个多月，在沈阳到山海关、秦皇岛这一带，我就跟着师傅们学，那时候还烧煤呢，用铲子铲那些煤挺沉的，司机把煤‘哗’的一声倒进去，我就在旁边看，那炉火简直不得了。还有怎么鸣笛，我就坐在机车里看，跟师傅没事就聊。再说《创业史》，我真下去背稻子，我背不动稻子，一捆一捆挺沉的，看着人家一背五六捆、六七捆就走了。我在那儿拱半天也拱不起来，后来一下起来了，回头一看，一个农民帮了我一把。这种感情是怎么来的呢？朋友们，当时感激得不得了。为什么？群众太好。所以我就忘不了这么一个小镜头。从中我就觉得出观众、听众的爱护和关怀。比如我说‘部队拼刺’，我是真去练了。我说‘过海插旗’，侦查处的同志就告诉我怎么泅水，怎么过去的，我就这样一点儿一点儿积累起来……”

这一段对话更让我们看到，在说新书获得成功、深受广大观众喜爱赞扬的背后，则是袁阔成为说新书而不断深入生活、钻研总结的努力，以及为此付出的辛勤劳动和汗水，就如赵忠祥所说：“应该说，他深入生活这一段，虽然说起来是非常轻松的，实际上你们没有下去过，不知道当时是何等艰苦，何等不容易，但是没有这样一个痛苦的磨炼过程，达不到后来的炉火纯青……”

第十节
沈阳与黑龙江的演出

在评书表演事业取得辉煌成就的同时，袁阔成也曾经历过几场难忘的演出，像1962年春天在沈阳的那场演出就很让他难忘。因为那场演出，不管是台上的主持人还是台下的观众，都与以往不同。参加演出的演员也只有袁阔成和营口市曲艺团另一位著名评书演员李鹤谦以及沈阳曲艺团著名鼓书演员郝艳芳。他们分别为在场观众演出了评书《过客》《水上交通站》，以及鼓书《南方来信》。

⊙袁阔成在大庆与铁人王进喜及李鹤谦等（冯赣勇摄）

⊙袁阔成在沈阳演出剧照

这么看，除了只有三位演员各演出一段评书或鼓书外，这场演出似乎没有什么特殊之处。但若看一下台底下看演出的观众，那可就不同一般了。原来台底下坐着的，并不是一般的老百姓，而是全体东北局成员。再看站在台上担任这场演出的主持人，也不是别人，而是当时的沈阳市委第一书记焦若愚。就冲这台上的主持人，也能想得出这场演出的级别了……

虽说是如此，这几位当年辽宁省曲艺界的“大腕儿”却没有“怯阵”，三个人齐心努力，袁阔成更是精神抖擞、帅气十足。结果，他们这场不同寻常的演出受到台底下“不一般”的观众一致赞赏不说，当时的黑龙江省省长李范伍同志更是在看完演出后就立马找到辽宁省主管文化的领导说：“我以前听过评书，可我没有看过，今天看了这场演出，真是太精彩了！一个人一台戏，演得活灵活现……”

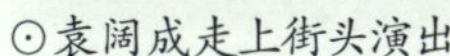
⊙袁阔成走上街头演出

⊙袁阔成在抗日英雄节振国塑像前（冯赣勇摄）

话说到这份儿上了，李范伍省长自然就是一个意思，力邀几位演员去他们黑龙江演出。于是，很快袁阔成又来到了黑龙江演出。这一次赴黑龙江，他们整整演出了一个月，每场演出都是异常火爆，处处受欢迎。就如马步秋先生所描述的那样：“黑龙江之行，可谓盛况空前，每到一处，人们都是热烈欢迎，热情相送；每一场演出，都成为当地人们热议的话题。长达一个月的巡演，在这片黑土地上掀起了一个又一个评书的热浪，其影响可想而知，有些黑龙江人至今提起这事还在津津乐道。袁先生的好友黄枫先生就曾说过：‘一个演员，能演到这份儿上，可以了！’”

黑龙江演出的火爆无疑让袁阔成又得到了更多观众的热烈掌声和叫好声。而对此早“习以为常”的袁阔成似乎更“处变不惊”，因为他最在意的是如何通过每次演出发现问题，从而进行总结和提高。这也让他在此次红红火火的黑龙江之行中，唯独深深记住了在大庆的两场演出。

一次是在到达大庆当天的一个联欢会上，由当时正在大庆体验生活的著名作家赵树理先生表演了一个叫“鼓套子”的节目。“鼓套子”原本是西北黄土高原上独有的一种民间技艺，它不仅集中了各种击鼓的技法，而且总结出各种套路来进行表演。看了赵树理先生表演的“鼓套子”，袁阔成十分感慨，都知道赵树理是一位名作家，却没想到他的鼓打得这样好。真是有声有色，充满激情，还那么具有西北风情的范儿！赵树理写的小说有特色，打的“鼓套子”

⊙袁阔成与曲协辽宁分会代表合影，二排右四为刘兰芳，后排右三为田连元。

更有特色，而“鼓套子”打到这份儿上，他得下多大的功夫呀！何等难得，令人钦佩！

赵树理在大庆联欢会上表演的“鼓套子”给袁阔成留下了十分深刻的印象，因此从黑龙江归来后，他还经常对身边的人说：“我们学东西，就要学赵先生这个劲儿，一定要搞出自己的特色！”

还有一次是在大庆油田的一个能坐五六百人的会议室里，那是来大庆的第一场演出。袁阔成在台上为大家表演的是《许云峰赴宴》，当他说到特务头子吃下一个丸子卡在嗓子眼时，全场一片笑声。没想到这时候，只见坐在前排的铁人王进喜突然站了起来，冲着后面的观众一挥手，大声喊道：“不许笑！”

他这么一嗓子，大家的笑声立马没有了，全场更是鸦雀无声。

这一下，站在小舞台上的袁阔成也愣住了，他不知道出了什么事。这时候，王进喜冲着台上的袁阔成摆手示意，意思是让他继续演下去。于是这一段《许云峰赴宴》才接着表演完。

第二天，铁人王进喜见到袁阔成，不好意思地对他解释说："昨天，我以为你在作报告呢，这么严肃的事，怎么能随便笑呢……"

袁阔成听了，一点儿没有生气，反而是认真检查自己有哪些地方做得不周到。他后来回忆说："哦，他这是误会了，看我一个人在台上说，还以为我在作报告呢。看来，虽然很多人都喜欢我的新书，但是对新书的推广和普及工作还远远不够啊！"

后来还有一次沈阳的演出，也给袁阔成留下了十分深刻的印象。那是在1964年，袁阔成不仅受到了来辽宁视察的两位共和国副总理贺龙元帅和中宣部部长陆定一的亲切接见，而且为他们表演了一段抗美援朝的新评书《老觉师傅》。

两位副总理对袁阔成的表演自然是赞不绝口，尤其是听到一位被誉为故事大王的同志受到夸奖谦虚地说"我和袁先生差远了！"时，贺龙元帅更是插话说："你怎么能和他比呢，你是业余爱好，人家可是大艺术家啊！"

沈阳和大庆的演出，有袁阔成的体会，也有他的反思，更有贺龙元帅对他的夸赞，无论从哪方面来看，无疑都让我们看到了一个谦虚又不断总结、不断进步的真实的评书表演大师袁阔成。

第十一节 情系营口

从参加全国曲艺汇演表演《舌战小炉匠》获优秀奖到大江南北巡回演出，从为中央人民广播电台开辟新小说栏目到带着脍炙人口的《肖飞买药》走进最早的中央电视台，来到营口后的袁阔成不仅全身心积极投入到他无比热爱的评书表演事业中，更在获得全国大奖的同时不断开拓演艺事业，可说是创作表演成绩斐然、硕果累累。

取得了成绩，袁阔成并没有停止艺术创作的脚步，他仍然不懈地对说新书进行钻研探索，仍然为提高评书表演艺术而执着地努力。随着一部部新书创作表演作品的成功问世，袁阔成越来越为广大听众熟知和喜爱，很多地方更是兴起了说新书的活动。一时间，一大批慕名者先后来到营口，他们虚心诚恳地向袁阔成学习，讨教说新书的创作表演经验。对这些来自全国各地的说唱演员或是从事文化宣传的工作者，繁忙的袁阔成总是抽出时间积极热情地和他们一起探讨学习。

还有一些地区为了更好地开展说新书活动，举办大型的故事员大会，并请袁阔成亲自光临指导。对于这些邀请，袁阔成更是毫不推辞，欣然前往全国各地示范表演新评书，并且进行讲学辅导。为了让更多的人学习袁阔成的评书，当时的春风文艺出版社还特意出版了袁阔成作品专辑《革命故事》在全国发售。在评书界里，一时有“无徒宗袁”之说。“无徒宗袁”的意思就是凡是讲故事的，说书的，没有一个不向袁阔成学习的。

不难看出，这个时期的袁阔成不仅积极推进了我国评书的发展和改革，更影响了一大批未来的评书大家。

当年亲自编辑出版袁阔成作品专辑《革命故事》的原春风文艺出版社总编耿瑛先生则有一段更为详尽的回忆：“1964 年，上海市掀起了说讲新故事的浪潮，先传到抚顺，又传到全国，上海文化出版社开始出版《故事会》，辽宁也编辑了一套《革命故事》。此时袁阔成为了向业余故事员看齐，已经把短篇新评书改名叫故事，也叫新故事或革命故事。春风社的《革命故事》第二辑是袁阔成专辑，我到营口市去组稿。我与袁阔成和作者赵博（市群众艺术馆馆长）经过研究，先选了几篇根据小说、戏剧改编的作品，有《舌战小炉匠》《许云峰赴宴》《江姐上船》《肖飞买药》《箭杆河边》。为了补写当时营口市委要宣传农村先进人物——吕王公社的老书记徐树刚的故事，我们三人一起坐火车到大石桥，又换汽车下乡，半路上要换车，住在汽车站旁边的一家小店里，第二天我们坐车到吕王公社，先见到老书记徐树刚，又访问了许多村干部和社员。我们爬上高轿顶，参观了梯田。忙了三天，合写出一篇《老轿顶上庆丰收》。袁阔成给社员试说了一遍。我把这本书的稿子凑齐，带回了沈阳，很快就出版了这本袁阔成的新故事专辑。”

在演艺事业不断获得卓越成绩的同时，袁阔成也得到了国家和人民的认可及赋予的荣誉。来到营口后，袁阔成多次参加省市地区的专场演出，受到国家领导人的接见，并先后担任营口市曲艺团、文工团、歌舞团团长等职务，当选为营口市委委员、营口市政府委员、营口市政协常委、营口市文联副主席、辽宁省文联委员、辽宁省曲协副主席、辽宁省人大代表、中国曲协理事、全国文代会代表。

从一个旧社会地位低下的年轻评书艺人，到一个新中国受人尊敬并得到诸多荣誉的曲艺团长，这一切，都是来到营口后袁阔成演艺事业取得的卓越成就。但每当提及此，袁阔成最念念不忘的是自己的一切都离不开党和国家的培养：“从 1955 年来到营口，一直到 1985 年调至中央人民广播电台文艺部，我在营口一站就是三十年。三十年的时间里，是营口培养了我，让我从一个普普通通的评书演员入了团，入了党，当了团长、政府委员、省劳动模范、市委委员……

“最让我感动和难忘的是组织培养我说新书。当时说新书，越说越觉得惭愧。因为什么？说这些英雄就得学这些英雄，自己连个党员都不是，感觉说起来怎么这么不像呢？总拉着个架子，摇着个扇子，像诸葛亮似的。政委也不像政委，司令员也不像司令员，后来组织也是下了一番很大的功夫来培养我，毕竟我是从旧家庭、旧社会走过来的，身上的毛病是很多的，有时候自己都意识不到……

“我说新书可说是跨越性发展，从农村小故事讲到洋洋万言的合作化运动，从抗日战争讲到解放战争，从解放战争后逮土匪讲到社会主义建设，可说是有民主革命时期、新民主主义时期和社会主义时期，如果没有组织的培养，是讲不出这么大跨越阶段的故事内容的。

“组织上也给我很多锻炼提高的机会，比如为黑龙江省举办上千人的故事员培训，为中共中央东北局全会晚会演出特邀评书专场，为中央首长到沈阳视察工作时举办的文艺晚会演出。我的演出受到了中央首长的欢迎，还受到了当年的国务院副总理贺龙元帅、中宣部部长陆定一、东北局第一书记宋任穷等领导人的接见。

“我为中央人民广播电台开辟的新书目，从《林海雪原》到农业合作化小说《艳阳天》，一气呵成录制了十余部新书。我在全国政协参加侯宝林先生主持的晚会上演出江姐的故事很成功，当时在全国政协举办评书晚会，可能还是首次……

“我说新书也赶上了好时代，新社会评书艺人成了人民的演员，社会地位提高，生活有保障，还有以前从没有过的创作环境，当我对改编创作的一段评书不满意时，我可以反复地进行排练，直到满意为止。你想想，这样的景儿，在过去说书只为养家糊口、家中指着你等米下锅的日子里是绝对不会有的。

“营口的日子让我难忘，但更让我难忘的是营口对我的培养，没有组织的关怀和培养，也没有我的今天……”

在营口，袁阔成经历了他评书表演艺术发展和提高的时期，也获得了丰硕的成果，这是袁阔成演艺事业发展道路上的辉煌时期，更是他从一名旧社会的评书艺人，翻身当家做了主人成为人民的演员，到一代中国著名评书表演艺术家的成长历程。

第十二节
怆然与感念

事业的发展和成就，组织的培养和关怀，人民的爱戴，都鼓舞着袁阔成更加勤奋努力地工作。但随着一场席卷中国大地的“无产阶级文化大革命”运动的爆发，让一心扑在评书表演艺术事业上的袁阔成被迫停止了他热爱的工作。

“文革”中，虽然也经历了“靠边站”、受冲击挨批判和下农村劳动改造的艰苦岁月，但袁阔成并没有把这些磨难纠结于心，他唯一感到痛心的，是不能工作，白白荒废了光阴。因此，提起“文革”的岁月，袁阔成曾这样回忆：“好事不能叫一个人摊上，坏事也不能叫一个人赶上。我经过一番艰苦拼搏，事业刚刚有所成就，广大观众也给了我很高荣誉，称我是‘评书巨匠’。本人也风华正茂，踌躇满志，准备在评书艺术上再跨上一个台阶。谁想，一场史无前例的运动开始了。我还没明白是怎么回事，团长职务被免了，造反派大喝一声‘不许放毒’！劈头盖脸地开始对我大批判，质问我为什么把日本鬼子的皮靴说得那么亮？为什么八路军要穿靸鞋？阶级立场哪里去了？接着是下乡，劳动改造，接受再教育……我这里就不多叙，不过有一段插曲，虽已过去多年，却无论如何也不能使我忘却。

“那是 1974 年冬天，落实政策让我担任歌舞连副连长。有一天，食堂要修一座烟囱，说现在的烟囱太细，烟火不畅，总吃闷熟的饭不行，任务自然要我去完成。上支下派，有令则行，干不干可是对‘红色宣传队’的态度问题。领命之后，我傻了。水泥怎么和，砖怎么砌，我一窍不通。又不敢说干不了，愁得我是两眼发直。忽然灵机一动，想起劳动局，那时没有劳务市场，劳动局管招用临时工。天无绝人之路，劳动局的同志帮助我找临时工，批沙子水泥，大折腾了好几天，总算把烟囱修起来了！我站在院子里一瞅，四四方方，溜光水滑，四面见线，倍儿直，五米多高，高出房顶一大截子！虽比不上工厂直刺蓝天的庞然大物，可在我们歌舞连院子里，也称得上是大景观啊！为此，我也得一美号——‘烟囱连长’。

"可是老天不知为什么和我开了一个不大不小的玩笑，就在我刚刚把烟囱修起来不久，来了个五点多级的地震，'轰隆'一声巨响，其他建筑物都完好无损，只有我修的烟囱倒了！我瞅着倒下来的烟囱真不知道是什么滋味儿。我真够废物的，'文化大革命'都快十年了，十年我都干了些什么？就修了这么个烟囱还倒了！一想到时间，心中不免一阵怆然。烟囱倒了还可以再修，可是失去的时间永远也无法再找回，况且不是几天，几个月，而是十年！"

"文革"中还有一件让袁阔成十分难忘的事，就是让他改行去唱京剧。评书演员唱京剧，听起来确实有些令人啼笑皆非，当时无法选择的袁阔成自然也十分无奈。但庆幸的是，袁阔成最终没有去演京剧。因此，与"烟囱连长"的"怆然"不同，提起"文革"中要他演京剧的事，袁阔成的心中，更充满了感念之情："'文革'时期我'靠边站'了，不能讲评书了。有人就提议让我来演京剧，他们说，我向袁世海学习就可以演鸠山。我听了，真是无话可说。常言道，隔行如隔山。再说那个年代样板戏层层审查、过关，抓得那么严格，不是想让谁演谁就演开玩笑的事。说实在的，当时真有点哭笑不得。

"后来这件事被当地驻军某部的李政委知道了，想不到这位李政委不但正义耿直，还懂得艺术，又了解掌握党的文艺政策。他立刻当着在场的地方掌权人把我批评了一顿：'放着你的拿手戏评书不说，演什么京剧？简直就是胡闹！有学京剧的空儿，不如好好把样板戏编成评书说说！'李政委这么一通说，不但没人再让我演京剧了，也把我给救了。后来我改编的评书《平原作战》非常受欢迎，还多次受到表扬。事后回想起来，如果没有李政委的那一通话，我真去演京剧了，那肯定是要出洋相啊。演不好的话，保不准被扣上破坏样板戏的帽子，再抓一个'典型'，那可就麻烦大了。所以到今天，我仍然对当年李政委的仗义执言感念不已！"

"怆然"与"感念"，同样来自袁阔成"文革"中的经历和感受，虽然意义不同，却让我们感受到一代评书表演艺术家虽身处逆境，却仍然对他的评书表演艺术充满了热爱与追求。

第十三节
逆境中的创作

1966年，已经停止文艺创作的袁阔成看到了英雄刘英俊舍身拦惊马的通讯报道，那一刻，他很激动，为刘英俊的英雄事迹感动，更有一股为歌颂时代英雄而创作的激情在血液里流淌。于是他静下心来，他要为英雄刘英俊创作一段新评书。

正好这时候工宣队找到了袁阔成和几位原来搞创作的同志，要他们配合宣传刘英俊英雄事迹的政治形势，创作一些节目。这一下，袁阔成更兴奋了，是啊，自个儿说书的本事终于又派上了用场，这心里能不高兴吗？可真一着手创作，袁阔成又犯难了。

原来，一篇报纸上刊登的刘英俊为拦惊马英勇牺牲的通讯报道，就是所有素材，在当时，通讯设施远不如当今时代的发达，一时又不可能获取更多有关英雄刘英俊的资料。因此，仅凭这一篇刘英俊舍身拦惊马描述的通讯报道，实在是很难创编出既有时间、地点、人物，又要有个来龙去脉故事情节的一段评书来的。再说得形象些，就是有点儿“巧妇难为无米之炊”了。

虽然创作困难不少，但对于创编新书屡获成功的袁阔成来说，似乎并不是个问题。不是故事情节少吗？那咱就在最高潮的惊马出现之前作一些铺垫。于是一番动脑筋，他在惊马出现之前写出：

> 江南的三月，早已是春暖花开，满地的绿色。而祖国的北方，则还是冰天雪地，一片洁白。三月十五日这天早晨，佳木斯的天气特别冷，要上班、上街的人流、车流却是来往不断，川流不息。你看吧，一排排、一行行、一列列、一溜溜，好一派繁忙的景象。

这一段，虽然仅仅是简短几句话，却把故事的时间、地点，以及刘英俊拦惊马之前的场景叙述得清清楚楚。紧接着，袁阔成又写出了两段，一段写的

⊙袁阔成 1968 年在哈尔滨

是大街上一队天真活泼的红领巾，他们走在上学的路上，人们看到的是一张张可爱的笑脸……接下来的第二段，袁阔成则对那匹马在没有受惊之前的一整套“状态”进行了详尽的描述：

这匹枣红色大马，好家伙！腰肥体壮，往那一站，足足比普通马大出一号来，浑身上下连根杂毛都没有，像块红段子似的，油光铮亮。再看马的下边，就像这匹枣红大马站在了雪地里一样，四条小腿以下连同四个蹄子，全是白色。因此，人们给他起了个名字——“雪里站”……

这两段描述，语言简练又生动形象，既让听众对周围的群众和受惊之前的大马留下了深刻的印象，又为后面大马受惊后紧急而又危险的场面作了很好的铺垫。而在这些起了很大作用的铺垫站稳之后，袁阔成要歌颂的英雄刘英俊

⊙袁阔成1972年表演《敌后武工队》（冯赣勇摄）。

⊙袁阔成1972年在山区为农民演出（冯赣勇摄）。

出场了……

不难看出，袁阔成创作的单段评书《刘英俊》从一开头就很精彩，而且牢牢抓住了听众。而正是这样的开篇，“成就”了这篇评书的中间和结尾，从而让评书《刘英俊》不仅受到热烈欢迎，也达到了在当时的历史环境下很好的宣传教育效果。

再看一下《刘英俊》从创作到演出的整个过程，却无一不浸透着袁阔成的心血和他对评书表演艺术的不懈追求与探索。因此，曾亲历当年袁阔成创作并演出单段评书《刘英俊》全过程的马步秋先生对该评书的创作从开篇、中间、结尾，一直到演出，都作了详尽的回忆：“应该说，这样的开篇简单明了，免去了许多无谓的介绍和交代。开宗明义，直接点出了故事发生的时间、地点和周边的环境，一下子就把观众带进了故事中来。就像一个好的影视剧开头那样，没用切换多少个镜头，就把观众带入了规定情景之中，能做到这一点，是很不容易的……

“一个文艺作品，最讲究的结构是豹头、熊腰、凤尾，意思是说，开头要简捷，中间要丰满，结尾要俏皮。我认为袁先生的评书《刘英俊》具备了这三个特点。有了好的开篇，便给中间留下了大量的空间，叙述主人公刘英俊从夸马开始，到爱马、惊马、拦马的全过程，这个过程，也正是前面提到过的起、承、转、合。当说到‘惊马拖着刘英俊的身体，跑出了几十米之后，停了下来，

⊙袁阔成为解放军战士演出。

一场灾难躲过去了，可是，我们的英雄却倒在了血泊之中’，这时袁先生再没有任何拖泥带水，让故事戛然而止，只三言两语，就收了场，真是恰到好处！每次演到这里，都会爆发出雷鸣般的掌声。”

一个看似配合政治任务的段子，一个被认为是应景之作的作品，竟然凝聚着袁阔成如此多的心血，不得不让人佩服他的敬业精神和深厚的功底……

一年后，英雄蔡永祥的事迹又被刊载到各大报纸。正在部队为解放军官兵演出的袁阔成听闻此讯后，立即以满腔热忱投入到创作中。虽然仍然是歌颂时代的英雄，但一向喜欢研究探索的袁阔成并没有像《刘英俊》的创作手法那样“照方抓药”，而是在表演中适时插进了一段朗诵，表现手法新，演出效果也非常好。对于这个出人意料的艺术表现手法，马步秋先生同样给了很高的评价：“袁先生在创作上有着严谨良好的习惯，从不糊弄，从不敷衍。他是个不

⊙袁阔成在田间为农民演出。

会偷懒的人，只要他想要做的事，一向是认认真真地在做。这恐怕是他取得一个又一个成功的秘诀，所以评书《蔡永祥》也不例外。它的成功，不在于袁先生把蔡永祥描述得多么伟大，不在于他把蔡永祥的事迹描述得多么伟大，更不在于他把蔡永祥的事迹表现得如何全面，而在于他知道在什么时候、什么地方，运用什么样的手段来表现。

“比如，这段书说到高潮的时候，也就是蔡永祥发现了横在路轨上的枕木之后，又发现远处的火车奔驰而来，他觉得用评书的手法已经无法把这个紧要关头的紧张气氛渲染出来了，因为这里没有什么细节可言了。没了细节，就没了描述对象，一味地说火车跑得如何，蔡永祥跑得怎样，是达不到想要达到的目的的。于是，袁先生用了一个谁也想不到的手法——朗诵，弥补了评书的不足。他这样写道：

蔡永祥朝着枕木跑去，

飞快得列车朝着枕木跑来。

距离在一点一点地逼近，

时间在一秒一秒地飞过，

永祥在飞跑着……

列车在飞跑着……

列车呀，你停下来吧，

我们的永祥跑过来了！

时间哪，你停下来吧，

我们的永祥冲过来了……

“艺术手段的改变，出乎人们的意料，收到的效果，却更是意料之外，把两种不同的艺术手法，巧妙地融合到一起，实乃大师的手笔，令人叹为观止！

“诗朗诵一向是知识分子的所爱，每个读过书的人几乎都有过朗诵的经历。它看起来容易，可要朗诵好了，就不那么容易了。就像弹钢琴看起来挺简单，谁都能弹几个小曲，可是要想弹出点名堂，却不是每个人都能做到的。一个从旧社会走过来的艺人，一个从没有进过校门的艺术家，竟然把它运用得如此得心应手，何等了得！可见袁先生驾驭艺术的能力，已到了炉火纯青的程度！”

1969 年，正在营口市毛泽东思想文艺工作队歌舞连工作的袁阔成听说水源乡出了个英雄人物魏德满，立刻拉上搞创作的程振家深入到水源采访，很快，评书小段《水乡雄鹰魏德满》创作完成并登台演出了。紧接着，他们又响应中央“工业下乡城市支援农村”的号召，一鼓作气创作了快板书《乔师傅下乡》，以创作组的名义登在了《营口日报》上。

1969 年也是新中国成立二十周年，怀着对祖国、对党的无比热爱之情，袁阔成受现代京剧的启发，又编排了交响乐评书《毛主席一家六烈士》。袁阔成在中间讲《毛主席一家六烈士》，后边是几十人的大乐队伴奏，根据故事中悲欢离合的情节变化来演奏乐曲，烘托气氛，效果很好，对于评书这门说表并重的艺术形式来说，袁阔成创编的这一新型表演形式的交响乐评书，无疑又是一次大胆的尝试和创新。而这一创编，至今无人超越。

1973 年 3 月到 4 月间，刚恢复不久的省文化局举办了辽宁省专业文艺汇演，袁阔成为本次汇演表演了他编演的故事《雷锋在列车上》。同年 11 月，又在沈阳举办了辽宁省地方戏、曲艺调演。袁阔成带来的是赵博同志创作的革命历

⊙袁阔成20世纪60年代演出剧照

史评书《三代交通员》。汇演之外，袁阔成改编表演的《紧急电话》《刀劈胡汉三》两段新评书，更是受到观众的欢迎。

从《刘英俊》《蔡永祥》到《水乡雄鹰魏德满》《乔师傅下乡》和《毛主席一家六烈士》，再到《雷锋在列车上》《三代交通员》《紧急电话》和《刀劈胡汉三》，身处逆境中的袁阔成始终没有停止艺术创作。就如后来成为营口文联主席的程克家所说：“‘文革’中，袁先生仍然继续深入生活，配合形势写新段子，他一直没有停止自己在艺术道路上开拓前进的脚步……”

第十四节 痛失爱子

1967年深秋，袁阔成的儿子小侠不幸病逝，这一生活上的重大打击，顿时让袁阔成和夫人陷入了痛失爱子的无限悲哀之中……

小侠大名叫袁俊侠，上边有三个姐姐，底下还有两个妹妹，是袁阔成夫妇六个儿女中唯一的男孩。可想而知，小侠在众人眼中如何像“千顷地中一棵独苗”般备受疼爱呵护。但袁阔成却只希望小侠能够努力读书，也许一直认为自个儿没有正式进过学校门读书是个抹不去的遗憾，所以他总是想着不能让儿子再经历那种没有文化的日子。生活中，袁阔成也从不要求小侠继承父业去说书，他心中唯一的想法就是让儿子好好读书，以后上大学。

袁阔成也从不娇惯袁家这个唯一的儿子，有时下班骑自行车走在街上看见小侠和同学一起放学回家，他总是叫小侠的同学坐在自行车的后座上，而让小侠在自行车后面跟着跑。别人看了，都有些不理解，袁阔成却只是一笑而过……

小侠也是个聪明懂事的孩子，不但学习成绩优秀，待人也十分有礼貌。更难得的是，小侠还继承了袁氏家族说书的天赋。都说龙王爷的儿子生来就会凫水，看来这话一点儿不假。虽然袁阔成从没要求小侠学说书，更没有过问过小侠说什么书，但是小侠刚刚长到8岁，没瞅见他跟谁学，也没瞅见谁教他，生是把个《肖飞买药》《节振国》，还有《雷锋的故事》几篇评书，虽不敢说是一字不差，但篇篇都是从头至尾流利完整地说下来。一来二去，学校里的每次文艺汇演自然是少不了小侠的评书表演。

要是没事去父亲工作的曲艺团或是演出的剧场那玩儿，小侠就更是短不了让曲艺团里的人叫住给说上一段。每到这时，小侠也不含糊，只要父亲不在场，保证是有求必应，当场就会来上一段。所以团里看过小侠说书的人都说，别看这孩子不大，可那动作、那派头，真是娘胎里带出来的，和袁先生一模一样，那一招一式，实在是太有袁先生的风范了……

袁阔成先生的三女儿袁田也回忆说："我的弟弟小侠很有说书的天分，从没用人教，好几段评书就都能够说下来。弟弟聪明，学习好，身体好，也喜欢体育活动，尤其爱踢球，记得舅舅特地单给他买了一个足球。我也有一帮爱踢球的球友，于是我就天天哄着弟弟，求他借给姐玩一天……我们姐俩挺合得来，所以那个足球经常是我玩一天，第二天赶快还回来，过一天再是弟弟给我，一个足球，我们姐弟俩分别带着各自的球友玩。弟弟非常喜爱游泳，也游得很好……"

可是谁也没有想到，这么聪明伶俐、体格健壮，又极具说书天赋的小侠，正是因为游泳出了事。那一天，已是深秋时节，游泳上岸的小侠虽感到了凉意，却也没什么不适，不承想回到家就开始发烧。袁夫人以为小侠感冒了，连忙让他吃下一些治感冒的药。可是吃了几天药，小侠的病情丝毫未见好转。这一下，袁夫人着急了，急忙找人帮忙弄了一辆三轮车把孩子拉到医院，大夫一查，怀疑是脑炎，建议立刻转到市区东边的传染病医院治疗。

一听说要转到传染病医院，袁夫人更着急了，离得远找不着人找不着车不说，这个时候袁阔成还正在部队演出，既不知道儿子的病情，更帮不上一点忙。等到袁夫人好容易找着车顶着黑天赶到传染病医院时，却没想到，医院里没有治脑炎的药！

焦急的袁夫人欲哭无泪，好在一位好心的护士听说病人是袁阔成的儿子，就劝袁夫人说："现在没有药，我们也无能为力，光着急不行，还是多想想办法，紧要的还是让袁先生赶快回来。还有就是托托人，弄些冰块儿来，先给孩子降降温，他实在是烧得太厉害了，这样总是不退烧，是很危险的。"

袁夫人听了，又找来了袁阔成的同事，也是营口曲艺团有名的评书表演艺术家李鹤谦先生。李鹤谦先生一边让夫人在医院陪伴袁夫人一起照顾小侠，一边按照那位护士说的，找人兵分几路，找冰块，找药，找军分区联系正在东海舰队为海军官兵演出的袁阔成。

当李鹤谦先生满头大汗从城西登车将冰块运到城东的传染病医院时，已经是第二天的中午，被高烧折磨了几天几夜的小侠身体已经十分虚弱，更糟糕的是，能够为小侠治病救命的药却一直没有找到。这天晚上，与高烧抗争了好几天仍然没能战胜病魔的小侠还是开了人世。

当袁阔成手中拿着为儿子治病救命的药，急急忙忙从旅顺口海军部队赶回营口传染病医院时，已是午夜时分，病房里也早已是人去床空……

12岁的小侠，就这样被病魔夺走了生命。唯一儿子的离世，让袁阔成悲痛欲绝，袁夫人更是双目凝滞，麻木地一动不动，作为母亲，她总觉得自己的责任最大。看着沉入悲痛中的夫人，袁阔成更觉得自己有责任帮助夫人走出失去儿子的阴霾……

在如此重大的生活打击下，袁阔成把失去唯一爱子的悲痛深深埋在心中，陪伴着夫人共同度过这段艰难的日子。他知道，这个家离不开他，他热爱的评书表演事业还有许多工作等着他……

捌

第八章 新征程的新篇章

第一节
进京献礼演出

粉碎“四人帮”后，中华大地一派生机。中国人民终于沐浴在改革开放的阳光下。袁阔成也从此踏上了评书创作表演艺术道路的新征程。为了夺回曾经令他十分怆然、在“文革”中失去的十年光阴，他把全部精力都投入到工作中。他努力钻研，积极创作，只为将更多更好的评书作品奉献给广大听众。

很快，电台里又传来了袁阔成连播的长篇《暴风骤雨》的声音，新中国一代评书的引领者，又一次走在了时代的前列。

1978 年 7 月，辽宁省曲协恢复，袁阔成当选为副主席。1979 年 9 月，沈阳曲艺团带着相声和鼓曲等节目进京，参加文化部举办的新中国成立三十周年献礼演出。由于当时团内评书名家“青黄不接”，袁阔成和田连元同时作为沈阳曲艺团特邀的评书名家随团进京演出。

袁阔成为此次献礼演出表演的是《水浒传》片断《桃花庄》，演出不仅受到高度夸赞，并荣获表演一等奖，得到国务院和文化部的嘉奖。

当时在京的原东北局辽宁省沈阳市的老领导宋任穷、周桓、焦若愚等同志都亲临剧场，观摩了这台晚会。

受到一致好评的评书《桃花庄》，虽不过就是《水浒传》的一个片段，但这段评书开门见山，没有一句废话，开头就是“鲁智深一进桃花庄，他饿了”这么一句，很快引出矛盾，使故事内容立刻进入了高潮。此外，在《桃花庄》的表演中，袁阔成在说到花和尚鲁智深扮新娘，学四个轿夫抬轿的动作时，吸收了东北大秧歌的步法，不仅表演新颖与众不同，更令观众耳目一新，给大家留下了深刻的印象。

当然这个表演出新并获得一致好评的《桃花庄》演出后，也曾有一段同行看法不同的“小插曲”。那是在袁阔成演出后，在北京召开征求意见的座谈会上，由一位北京的评书老艺人发言而引起的。这位老艺人在发言中首先表态说袁阔成是北京评书第九代传人，演得很好。但接着也谈出了对“出新”的《桃

⊙袁阔成与田连元等在北京

花庄》的看法。老艺人认为这个评书开头太突然，没有铺垫。他主张要先交代时间、地点、人物。所以他认为《桃花庄》开头应该是：北宋年间，鲁智深在五台山出家为僧，他醉打山门，犯了清规，住持写信，推荐他上东京相国寺去挂单，在进京的路上，他来到桃花庄……

但袁阔成认为《水浒传》的故事大家都熟悉，就没有必要按部就班来交

⊙袁阔成 20 世纪 70 年代在北京

代时间与背景。这自然源于一向勇于创新的袁阔成的艺术创作理念，而这个开头的创作效果确实非常好，因此与会的大多数同志都赞成袁阔成的这个观点。

进京献礼演出后，袁阔成在 1981 年 9 月又与郝艳芳、刘兰芳、王印权和耿瑛作为辽宁省的代表参加了在扬州举行的全国中长篇书座谈会。后来据耿瑛回忆，正是这次座谈会，让袁阔成有了改编《三国演义》的想法："开会期间，我们祭扫了扬州评话名家王少堂墓，观摩了广陵书会一些评话艺人的演出，听了中国曲协主席陶钝同志的长篇报告，各地演员与作者交流了编演中长篇书的

⊙袁阔成 20 世纪 70 年代演出剧照

⊙ 20世纪70年代袁阔成在北京

⊙ 1979年的袁阔成肖像照（冯赣勇摄）

经验。陶老抽时间找几位书坛名家个别谈话，有一天上午他带袁阔成到瘦西湖去谈了半天，谈些啥，他回来没说。下午陶老又带刘兰芳去瘦西湖谈了半天，她嘴快，回来对我说：‘陶老想让袁阔成成为传统书的状元，让我将来成为说新书的状元。’也是在这个时候，袁阔成萌发了要改编《三国演义》的想法……”

第二节
久违的《封神演义》问世

短短几年的时间，袁阔成创作表演、播录了《第十个弹孔》《特殊身份的警官》《蚍蜉撼树》《暴风骤雨》《漩流》《封神演义》《水泊梁山》《赤壁大战》等。其中中篇评书《特殊身份的警官》受到营口市人民政府的奖励，长篇评书《暴风骤雨》和《漩流》被评为全国广播评书一等奖。这期间，最引人注目，也是袁阔成为之付出心血最多的则是传统评书《封神演义》的创作和表演。

⊙袁阔成的《特殊身份的警官》演出剧照（冯赣勇摄）

其实，还在录制现代新评书《暴风骤雨》时，袁阔成就有了录制一部较为大型的传统评书的打算，尤其是在这个文艺界全面解冻、中华大地掀起一股传统评书热潮的时刻。他决定，只要《暴风骤雨》录制任务一完成，立刻录制那部“久违”的中国传统评书《封神演义》。

缤纷多彩的中国传统评书作品大体分为婚姻、武侠、公案、神怪等题材。《封神演义》就是一部以姜子牙保武王伐纣王为背景，以周代商的历史事实为依据，以姜子牙登台拜师、点将封神，最后以纣王失败告终为线索的神怪评书。

剖开《封神演义》表面塑造的诸多妖魔鬼怪看，其实说的都是人，书中既塑造了忠臣孝子、谋士权奸等人物，又有群仙斗法、掐诀念咒等神话情节的描述，因而《封神演义》又可说是一部故事内容丰富、情节生动，又颇能够显

⊙袁阔成的《磐河大战》演出剧照

示表演者功底的传统评书。

为此，虽然在20世纪50年代初期表演过《封神演义》，但袁阔成仍然做了大量的准备工作，除了重新查阅一大批有关资料，拜访曾经演过这段评书的同行和老友外，袁阔成又对如何夸张又适度地表现书中妖魔鬼怪进行了认真研究。一番精心准备后，犹如一名整装待发的战士，袁阔成只待随时“上战场”了。

完成《暴风骤雨》录制的那天，已是夜里10点多了。想起马上就要录制的《封神演义》，袁阔成似乎忘记了连日来的疲劳，夹着《暴风骤雨》小说，就向他的学生马步秋的家奔去。此时的马步秋刚刚随辽宁文化考察团从西安返回，看到深夜来访的袁阔成，立刻兴奋地告诉袁阔成说，西安的听众一听说是从营口来的客人，立刻纷纷打听袁先生，袁先生什么时候能来西安演出呀，现在大家都在等着袁先生再说几部传统评书哪……是啊，那里有离不开《封神演义》的八水绕长安，还有姜太公渭水河钓鱼……一时间，两个人又从西安聊起了即将录制的《封神演义》……袁阔成只觉得，自己录制《封神演义》的信心

⊙袁阔成在电台录制评书。

更足了。

1980年，袁阔成录制的《封神演义》终于在营口电台播出，虽然由于种种原因，播出的时间比预期晚了一些，但一经播出，立刻如于无声处听惊雷般，一下子又火了起来。尤其是那些一直期待着袁阔成说传统书的书迷们，更是一个个抑制不住地称赞说："袁阔成真不得了，不愧是评书大家，说现代新书他走在前头，说传统古书他更是行家，实在是令人佩服！"

《封神演义》的热播，也随着时代的变迁受到海外听众的青睐。一天，一位来自新加坡的客人找到袁阔成。这位操着一口流利中国话的新加坡人，一见面就邀请袁阔成去他们那里演出，话说得热情又诚恳，实实在在，没有半点虚伪。

可袁阔成却一下愣住了，因为这位新加坡客人的突然到访乃至热情相邀，不管从哪儿说，都让事先没有任何思想准备的袁阔成有些不知如何是好。当时中国刚刚改革开放，猛不丁一个外国人说邀请你出国，搁谁都得觉得太突然，袁阔成自然也是意想不到，再说自己是一名共产党员，出国演出这么大的事，一切还是应该听从领导和组织的安排，个人怎么能随便答应呢？于是他婉言谢绝了客人的邀请，算是了了这个"突发事件"。

事后，为此事"搭桥"的中间人对袁阔成说："这么好的出国机会，您怎么这么轻易说放弃就放弃了呢？这是可遇不可求的事，好多人千方百计想出

⊙袁阔成在唐山

⊙袁阔成受邀赴马来西亚演出。

⊙袁阔成走进录音室之前（冯赣勇摄）

⊙袁阔成《封神演义》剧照（冯赣勇摄）

国都去不成呢！”

袁阔成笑了，还是那句话，出国这么大的事，得听国家安排。

可能是《封神演义》太火了吧，新加坡客人走后没多久，又有一位美国商人找上门来了。估计也是感受到了《封神演义》的艺术魅力，或者是察觉到它可以带来的商机，反正是当时这个美国商人带着翻译直接去找袁阔成，一见面张口就要买下《封神演义》的全部版权。

虽说这又是一个“突发”的新问题，但袁阔成这一次对那个翻译回答得更干脆：“你告诉他，这是我们中国人老祖宗留下来的玩意儿，我们不卖！”

翻译听了，简直有些不理解，急忙对袁阔成说：“袁先生，这可是发财的好机会，您不能放着钱不赚呀！”

“你就告诉他吧，这部书的版权，已经有了婆家啦！”

袁阔成的回答，仍然是一点不含糊。

很多年之后，还经常有人忘不了当年袁阔成把人送上门的“财路”挡在门外的事，那可是一大笔钱，难道袁阔成就不后悔？袁阔成笑着说：“我这人，天生就不是发财的命！”

第三节 挑起重担

1981年，袁阔成又一部著名长篇古典传统评书经袁枫和李程两大著名编辑、导演的录音编辑，在中央人民广播电台播出，这就是他重编创作、震撼中华大地的巨作，长达365讲的长篇评书《三国演义》。

⊙袁阔成与中央台高级编辑袁枫

《三国演义》是六百多年前我国明代大作家罗贯中创作的一部气势恢宏的长篇历史演义小说，也是中国古典文学四大名著之一。因而从评书创作表演艺术角度来说，《三国演义》可说是评书的长篇巨著，可以称为讲史类评书中的一部重量级作品。

⊙袁阔成与袁枫、李程两位编辑录制《三国演义》。

《三国演义》作为一部文学作品虽然诞生于元末明初，但其实早在唐宋时期的诗文中就已出现了有关三国故事的记述。到了元代，又出现了《三分事略》《三国志平话》，并一直流传到今天。自从被称为集三国故事大成的罗贯中创作的《三国演义》问世后，历代的评书艺人就都以《三国演义》为蓝本，开始创作表演评书《三国演义》。

评书艺人通过多次创作演出，不仅将《三国演义》的故事内容发展得更加丰富，也使得《三国演义》的评书版本更加成熟完善。同时，由于《三国演义》中气势宏大的战争场面，各路英雄豪杰，跌宕起伏的故事情节，也更使得

⊙袁阔成与著名编辑李程

评书《三国演义》深得广大听众的喜爱，并广为流传。尤其是在我国南方，评话艺人表演的评话《三国演义》在很多地方都十分流行。

而在北方，一是武侠、剑侠书比较盛行，另外可能是因为《三国演义》篇幅巨大，人物众多，相对来讲表演难度大等原因，表演评书《三国演义》的艺人相比南方显然要少一些。从这点上看，在一段时间里，南方评话《三国演义》更盛于北方评书《三国演义》。

1979 年，中央人民广播电台决定播讲长篇评书《三国演义》，并把播讲任务交给了袁阔成。而此时播讲《三国演义》，抛开众多文官武将和宏大战争场面的表演难度不说，单就时代的变迁就已大大不同。

这个时候，我国已走过了“人民公社”“大跃进”的时代，也经历了“文化大革命”的血雨腥风，在改革开放的阳光下，人们的思想意识和追求、国家建设的各个领域都发生了翻天覆地的变化。因此，让更多的年轻人在积极学习、追求国外先进思想技术的同时，不忘中国的传统文化和历史，是中央人民广播电台开辟说讲《三国演义》的初衷，这也让袁阔成对自己提出了更高标准的要求，即对评书《三国演义》原版本进行重新改编创作。

此外，在人们已经摆脱思想桎梏、敢于讲真话实事求是的改革开放新时期，如何以历史唯物主义的观点评价历史与《三国演义》中的人物，显得尤为重要。

⊙袁阔成为录制《三国演义》作准备。

⊙袁阔成录制《三国演义》。

因此，无论是《三国演义》中作者褒刘（备）贬曹（操）的观点，还是书中描写的借东风、关公显圣等带有封建迷信观点的章节，都需要袁阔成在不改变原书轮廓的基础上进行“动大手术”的改编创作，这无疑也是该评书创作中的难点。

虽然深知此时接受播讲《三国演义》必将困难重重，但一向喜爱钻研探索、勇于挑战自我的袁阔成，仍然义无反顾地接受了任务。他要挑起重编创作评书《三国演义》的重担，他下定决心，一定要在20世纪改革开放的80年代，把一个全新的、袁阔成版的评书《三国演义》献给亿万听众。

第四节 重编创作《三国演义》

⊙袁阔成在长江三峡（冯赣勇摄）

⊙袁阔成在白帝古城（冯赣勇摄）

袁阔成首先认识到，《三国演义》是一部历史演义小说，因此它同一般的演义小说最大的不同就是"历史"的内容和意义。也就是整个小说不仅描写刻画了距今近两千年中华大地诸侯割据、群雄争霸的精彩故事，更反映出当年魏、蜀、吴三国鼎力的那一段长达半个多世纪的中国历史。

既是"文学"与"历史"并存，袁阔成首先认真阅读罗贯中著、毛宗岗评，并带全图绣像的《三国演义》，同时，他又查阅参照了《三国志》《三国史话》《三国故事》《三国纵横谈》，以及古本唱词《三国演义》等书，甚至连后来在日本发现的有关"三国"的最早话本《三分事略》，他也找来进行阅读参考。

如此大量地阅读和参考历史与文学资料，不仅让袁阔成深刻了解了那一段真实的历史，也让他感受到小说《三国演义》不同于历史的文学魅力。而这些对袁阔成在重编创作中以历史唯物主义的观点正确评价书中主要人物的功与过、是与非，又不失刻画人物、情节的完整和精彩，无疑是非常重要的。

但评书毕竟不同于小说，更不同于历史。袁阔成认为，评书艺术比较通俗，易于接受，所以一般老百姓都比较喜欢。但是说《三国演义》又不同于说其他历史小说。它既有表演评书的艺术，又有大量的历史事实，使用的又大都是文

⊙袁阔成在赤壁（冯赣勇摄）

⊙袁阔成在赵子龙塑像前（冯赣勇摄）

⊙袁阔成在井冈山采风（冯赣勇摄）。

言。而且它写的是一千八百多年前群雄纷争的历史故事，其中的人物就有几百个，战役也有几百次。不管是人物与事件，还是环境与战争，都是其他评书作品无法比拟的。

此外，小说《三国演义》虽属于通俗文学，但是原著文学性比较强。因此，在20世纪80年代的听众面前，如何将评书《三国演义》表演得既有古典风格，又通俗易懂俗不伤雅，是袁阔成最先思考的问题。

经过反复阅读和钻研，袁阔成决定从语言和发挥评书特点入手。语言即是对原书中生涩、陈旧的词汇做“手术”剔除，换上雅俗共赏、人人都能听懂的大众语言，同时也保留了一些听众熟悉易懂又很精彩的原书中的文言。总之一句话，就是采用文白相间的语言。而发挥评书的特点则是加强评书的“评”和“说”，通过评人、评事、评情、评理，可以拉近和听众的距离，起到和听众直接交流的作用。

袁阔成还十分注意在人物的叙述和人物的心理方面多下功夫，对此，他在接受媒体采访时曾说：“过去说评书只是注重用情节抓人，因而功夫花在制造悬念上。其实《三国演义》的情节大家都熟悉，如果还是照过去那样做，就不会有新的突破。于是我就把着眼点放在刻画人物上，注意挖掘人物的内心世界……”

⊙袁阔成在井冈山采风。

⊙袁阔成在河南官渡（冯赣勇摄）

⊙袁阔成在河南采风（冯赣勇摄）。

为了更形象地把人物和环境景物献给听众，袁阔成在潜心钻研的同时，还自掏腰包，花费了半年多的时间，先后去了成都、白帝城、宜昌、汉中、宝鸡、陈仓、五丈原等三国故地访察，搜集民间传说，核对古今地名、地貌等，这无疑也让评书《三国演义》的内容更加丰富更加完整。

秉着严格尊重历史事实和人物性格逻辑的原则，坚持充分挖掘和表现人物内心活动的创作方法，袁阔成终于把 120 回的长篇历史小说《三国演义》重编创作成 365 讲的评书《三国演义》，并于 1981 年在中央人民广播电台开始连播（上部），1984 年全部录制完成。这就是说，从准备到播出，袁阔成用了整整五年的时间。因而可以说，袁阔成播讲的长篇评书《三国演义》，实不愧为浸满了一代评书表演艺术家心血的一部长篇评书巨作。

第五节 用历史唯物主义观点评价历史人物

在对《三国演义》进行重编创作的整个过程中，袁阔成始终坚持用历史唯物主义观点评价书中的历史人物。这一点，我们从20世纪90年代出版的汪景寿、王决等撰写的《中国评书艺术论》，对袁阔成播讲的《三国演义》的一段评价中可以有所感受：要将它改编成评书，说给新时代的听众听，困难可以想见。而评书《三国演义》之所以成功，关键在于改编者站在时代的高度，分析历史事件和人物。

“站在时代的高度”即是从历史实际出发，以唯物主义观点去繁从简，去伪存真……使用了新的阐述方法，摒弃原书的“拥刘反曹”的正统观点，对封建迷信、怪诞不经的情节，在不改变原书轮廓的前提下，从四个方面加以评论，即评书、评事、评情、评理，因而剔除了封建迷信的糟粕……用历史唯物主义观点评价历史人物，塑造了一批有血有肉的人物形象……

这些评价，无疑是对袁阔成说讲《三国演义》获得成功原因的最核心的总结。我们不妨从书中塑造的几个主要人物形象来看袁阔成是如何用历史唯物主义观点对他们评价的。先看大家最熟悉的诸葛亮，在本书中，袁阔成除了对他的聪明才智加以刻画评说之外，更对原著中赋予诸葛亮的一些神话色彩删除一些迷信成分后，又适当地加以科学解释。如对诸葛亮完成借东风后的一段评说：

> 那东风果真是借来的吗？不是。那东风不管你借与不借，到时候它总是要刮起来的。诸葛亮事先知道甲子日东风必降。才摆了一套玄虚，迷惑周郎，叫人相信是孔明借来的东风。要不这么做，就不能创造出逃出虎口的条件。
>
> 诸葛亮借东风，为什么偏选在阴历十一月二十日甲子这一天呢？这是根据季节变化和气象变化选定的。因为建安十三年十一月二十日甲子日是“冬至”，冬至这一天，风向肯定会有变化。这种变化是诸

葛亮推算出来的吗？也是也不是，说是么，孔明还是懂科学的，有天文知识作依据的。说不是么，孔明不是神仙，并不会未卜先知。他长期居住在隆中一带，生活在长江、汉水之间，又喜欢游山玩水，访朋问友，又和弟弟耕种于田间，和农夫往来。

因而，诸葛亮对长江一带的气象变化情况是非常熟悉的。用现在的话说，就是诸葛亮掌握了气象变化的规律。他是有心人，积累了丰富的经验。有些实际经验是书本上所没有的，所以曹操和周瑜都不知道隆冬季节会刮起东南风来。曹、周二帅只知道隆冬季节刮的是西北风，这是死啃书本的表现……

唯独诸葛亮既有书本知识，又有丰富的实际经验，才掌握了甲子日冬至时，会刮起三天三夜东南风的特殊气象现象……

这一段袁阔成对诸葛亮在借东风以前经历的描绘及评说，可说是科学唯物的观点贯穿始终，因而也达到了袁阔成在创作改编过程中以历史唯物主义观点削弱神话和迷信色彩，让诸葛亮聪明智慧的形象更加真实丰满的目的。

此外，袁阔成对书中的另外两个主要人物曹操和关羽的塑造和评价，也同样以历史唯物主义的观点贯穿始终。如对曹操，既着重评说他扫平群雄、统一北方的军事才能和他写下许多不朽诗篇、创建建安风骨的文学天才，也对他杀杨修、华佗等人的喜惊多疑、奸诈残暴作了入木三分的揭露，同时还注意对曹操内心世界的刻画，再加上评说，不仅充分说出了曹操的功与过，也让听众感受到他带有时代特色的复杂性格，从而塑造出一个脱离了概念化、标签化，活生生的曹操艺术形象。

再看对关羽的塑造，袁阔成通过书中温酒斩华雄、千里走单骑、古城会、单刀赴会、水淹七军等精彩情节成功的艺术创作，不仅塑造出一个威勇忠义、武艺高强的英雄关羽，也客观地分析了关羽的忠义在当时历史环境下的积极意义。从而揭开了历代统治者给关羽蒙上的神秘面纱，还给听众一个本来面目的关公形象。

其实在《三国演义》中，袁阔成塑造成功的人物又何止诸葛亮、曹操和关羽？但无论是哪一个人物，都离不开袁阔成站在时代的高度，以历史唯物主义观点进行评价的创作原则，而这，正是袁阔成创作《三国演义》成功的原因之一。

第六节
“三英战吕布”的金戈铁马

除了站在时代的高度，以历史唯物主义观点进行评价的改编创作，袁阔成深厚而近乎完美的表演功底，也在播讲《三国演义》中得以充分体现。

袁阔成对嗓音的控制能力很强，可以自由地控制声音的轻重缓急，从而可以让语言变得抑扬顿挫，富于韵律感，就像唱一样好听。他还有一项绝技，就是对口技的运用……在演讲《三国演义》时，他充分发挥自己深厚的功力，通过嗓音的控制、气息的运用，把一部《三国演义》说得大气磅礴、跌宕起伏，极富史诗般的韵律美，这也是他说这部书的最成功之处。他在细节的处理上充分发挥了袁派评书的细腻，给不同的情景营造不同的小气氛，于是我们就可以感受到三英战吕布的铁马金戈……

这是评书界对袁阔成在播讲《三国演义》时充分发挥深厚表演功力的赞誉，而“三英战吕布”则更让我们感受到袁阔成精湛而又用得俏的表演技巧。先看“温酒斩华雄”一段：

> 关云长温酒斩了华雄，他手捻长髯、微合二目走进大帐。“腾”！“噗噜噜”！把华雄这颗人头扔在了帐下，当时就惊震了各路诸侯。
>
> 张飞一看哈哈大笑：“我二哥这次算是鳌里夺尊了。”
>
> 当李肃一听到华雄被斩的禀报时：“啊？”“咯嘣”一下，觉得后脑海“哄”的一家伙，好像真魂出了窍，可把他吓坏了，这么大的一员上将，在阵前，说碰上了一个面如重枣的将军，没走一个回合让人给宰了。“哎呀，天啊！”

这一段，无论是关羽“手捻长髯、微合二目”的神态，还是扔人头的“腾”“噗噜噜”的声音，还有李肃闻知华雄被斩后的惊恐状，都让袁阔成通过说讲和用得“俏”的口技把关羽的威武和斩华雄的英姿形象地表现出来，因而在这一章节的开始就抓住了听众。

《三英战吕布》中最吸引人的部分即是以“战吕布”为中心的，充满了金戈铁马激烈的战斗场景，首先从曹操派八路诸侯打虎牢关，王匡先锋迎战以及吕布出场开始：

王匡统帅精兵一万，来到虎牢关前，他还没等扎住大营呢，就听虎牢关那儿一声炮响，紧跟着探马跑来了：“报！”

“报上来。”

“董卓派将讨战。”

“哎哟呵！”王匡一听，“来得快呀，行啦，先别安营扎寨啦，先打吧！”

他率领人马，杀到阵前一字长蛇，把队伍拉开！王匡在门旗下注目这么一瞅：“哎哟！”

在阵前有一员大将，把王匡给看傻啦，为什么呢？他自从领兵作战以来，还从未见过这么漂亮的将军呢。他问身边的中军官：“此将何名？”

“哎哟，太守，你不认识？这就是董卓膝下义子吕布吕奉先呢。”

“噢！”

只见他亮银冠，珍珠嵌，雉鸡尾，多好看，龙鳞甲，似秋霜，胭脂袍，团花现，唐霓铠，避刀枪，八宝带，水晶錾，宝雕弓，如弯月，走兽壶，斜插箭，赤兔马，火炭红，画杆戟，神鬼战，少年英雄风流将，闭月羞花芙蓉面哪。

“嘿，这可真是，人中吕布，马中赤兔，可惜呀，这么好的一员将，保了逆贼董卓，呃！哪位将军过去，生擒吕布？”

“某愿往。”

从旁边飞过一匹战马，正是王匡手下的大将。他叫方悦，拧枪催马到了阵前，通说名姓，之后是拧枪就刺，吕布哪把他放在眼里，两马一打对头，“噗噜”！吕布把方天戟这么一抖，用了一招叫“蛟龙出海”，方天画戟戟头直奔方悦这个胸窝这就刺来了，方悦用手中枪往外这么一崩，“噹”！他使足了全身的力气，以为这下子，就给崩出去啦，这戟纹丝没动，只见吕布微微一欠身，前手一压，后手一抬，“噗”！刺方悦于马下。

王匡一看好厉害！他这“好厉害”这句话刚一出口，吕布把方天戟往起这么一举呀，紧跟着金鼓大作！“哗”！他的人马就掩杀过来了。把王匡杀了个大败呀。幸亏后边几路诸侯上来了，人家吕布不追啦，这才掌得胜鼓，回了虎牢关了……

接着对吕布连伤穆顺、武安国两将的战斗场面刻画得也很精彩：

“嘡嘡嘡嘡”，号炮连天金鼓大作！各路诸侯率领着自己的人马，杀到了阵前，摆了一个五方大阵，旗分五色，红黄蓝白黑。刀枪明亮，盔甲鲜明……

上党太守张扬部将穆顺，举着五股托天叉催座下马，到阵前通名之后就跟吕布杀在一处。这穆顺还真不含糊，居然能在吕布的马前走了四个回合，让吕布用了一招“大鹏展翅”，“噗”！把穆顺挑下了鞍韂。

“休伤我将。”

这“休伤我将”的话说出来，马也就到了阵前了。大家一看是河北太守孔融的大将，武安国。铁锤将军武安国呀，咬着牙，发着狠，在吕布的马前走了七个回合，让吕布用了个“平分秋色”，由上往下，一劈，“咔嚓”一下，斩断武安国的左臂。武安国惨叫一声，“当啷啷”，把锤就扔啦。他左边一栽，右边一晃，差点摺下鞍韂，一俯身，“嗒嗒嗒”，败下去了。

见武安国这么一败，吕奉先催马挥动方天画戟，杀入了公孙瓒的阵脚。杀过来了，众诸侯一起举起兵器迎战吧。好家伙，几万人马，八路诸侯，就把吕布给围起来了。吕布完全没把他们放在眼里，单人匹马如入无人之境。东突西杀啊，只见他的画杆方天戟是上下翻飞，把这些兵将杀得是纷纷倒退啊……

吕布用手一拍赤兔兽马脑门儿上，那红月光，“啪”！那红月光那紫松毛，“噗”的一下就扎起来，敢情这赤兔兽就怕动这地方，它四蹄蹬抬，“噗”！那哪是马跑啊，简直是一团风啊……

最精彩的当然还是张飞、关羽、刘备“三英”与吕布战斗的激烈场面，战斗从张飞出场叫阵，吕布受到羞辱开始：

“吕布呀！”

“怎么样？”

“娃娃，我给你出个主意吧，你不是三姓家奴吗？今儿你四姓得了，下得马来，跪在你家三将军的面前，叫我一声干老子，你再姓一次张，然后我一枪将儿挑死，不知你意下如何？”

“哎哟哟！”

差点儿把吕布给气哭喽，简直是七窍生烟了：“张飞！欺吾忒甚，休走，看戟。”

“噗噜”！一个“大蟒出洞”戟奔张飞刺过来了。三将军不慌不忙，右脚一踹崩蹬绳，左腿一撇当磕膝盖儿，一点飞虎韂，“啪”，往旁边一拨乌骓马，“噹”！举枪就把方天戟给磕出去啦。二马盘桓，打到了一处。四方面的战鼓一块儿敲啊，有吕布的人马，也有这些位诸侯的人马。

敲战鼓是给两位将军助威，开始是十几面战鼓啊，后来又增加，几十面，几十面大鼓一起敲。“噗噜噗噜！”“噜……”鼓声阵阵，杀气逼空。吕布还打算像挑那两员将一样，一戟把张飞由马上掀下去，哪有那事啊。这张翼德是越战越勇啊，他越打越精神，两个人一眨眼的工夫，六十个回合未分胜负。把这些诸侯和晾阵官都给看傻啦。

开始啊，还能分出个数来，知道吕布骑的是赤兔兽，张飞骑的是乌骓马呀，后来分不出来了。那两匹马呀，都搅到一块儿，撕到一堆去了。两员将是枪搅着戟，戟搅着枪啊。赤兔兽好像一片红霞，乌骓马好像一块乌云，乌云托着红霞，红霞裹着乌云。阵上的人这么一看眼都花了，分不出色儿来啦。

在旁边的关羽关云长，一看三弟六十回合，取吕布不下，云长有点儿不放心啦，一催坐马上阵来了：“娃娃吕布，休得逞狂，二将军来也。”

说着话，手举着八十二斤的青龙偃月刀，他把蚕眉倒竖，是凤目圆睁。关云长这两只眼不轻易睁，总是那么微合着，像睡着了似的。

他要这么一瞪眼，就要宰人了。吕布听见了喊声，侧脸这么一看：

“啊！”

吕布吓一跳，为什么呢？他在相府看见过李肃那告急文书，告急文书上写着，说华雄被一个面如重枣的将军给杀了，就这位吧。还没等吕布问他的姓名，青龙刀“力劈华山”就砍下来了。吕布把牙关一咬，一敌二将，三匹战马杀了一个丁字形。又战了三十回合呀，还没分出输赢来，这时候刘玄德撒马过来了，手里举着雌雄宝剑，虎牢关前三英战吕布啊！

吕布一瞅：嗅！你们哥仨打我一个呀，今天我和你们，以死相拼啦！

这四匹马就像走马灯一样，战鼓敲得震耳欲聋啊，这鼓是越敲越有劲。“噗噜……噗！噗……噗！”怎么没动静了？漏了！干脆不敲了！号角不吹啦！

这战场上是鸦雀无声啊，从来战场上没这么肃静过，不是肃静，把这战场上观阵的那些人全都给看呆了，连眨眼都怕耽误工夫啊。有多少战场上的名将，从未见过这么样打，这么样杀。打得这么凶恶的仗，一股杀气，直冲斗牛。只听几员将军手中兵器相撞之声，再没有别的声音了。

刘备上去又打了二十多个回合，吕布可渐渐有点儿支持不住了，他就觉得手中这方天画戟沉啦，一个人有多大力量，浑身都是铁，你能捻多少颗钉啊。这时候，远处在虎牢关上观阵的董卓，替吕布暗捏一把汗：“我儿奉先不能再打了。”

他吩咐，“赶快鸣金。”

“噹啷啷啷啷”，闻鼓必进，闻金必退，听见锣声，吕布轻轻地吐了一口气，他把方天画戟这么一摆，“噗噜”！在玄德面前虚晃一戟，一拨赤兔马，倒拖着方天画戟败回虎牢关。张飞苦追不舍，他一催坐下的乌骓马，“哗啦啦啦”！追着追着，张飞猛着么，一抬头看虎牢关上，云罗伞下坐着一个人：哦，这是那董卓吧。

“两位兄长随我来，今日不生擒逆贼董卓更待何时！”

他马就追到虎牢关前来了，董卓吩咐：“赶快放箭！”

“叭叭叭，日日日”！乱箭齐发！张飞没法再往前追啦，这才勒住了乌骓……

这一段表演，袁阔成运用大量象声词，将自己具有深厚功底的口技表演发挥得淋漓尽致，既塑造了勇猛作战的各路先锋大将，也描绘出刀枪明亮、盔甲鲜明的古战场。因而不管是在哪里，仅仅凭着“听”，人们就可以如闻其声、如见其面般感受到“三英战吕布”中一个个性格迥异的英雄豪杰鲜明的形象和金鼓大作厮杀连天的激烈战斗场面。

也因此，人们赞叹说：“听袁先生的书，真好似看一部电影，一场话剧。”想来，这也正是袁阔成说讲《三国演义》的魅力吧。

第七节
《三国演义》倾倒上亿听众

袁阔成在中央人民广播电台播讲评书《三国演义》后，立刻引起强烈反响。每天到了《三国演义》播出的时候，人们纷纷围坐在收音机旁，认真收听……下面我们节选几段当年曾在《文汇报》《每周广播电视》等各地媒体报道评书《三国演义》播出后深远影响的文章：

他的《三国演义》，早在北方红了半边天。收音机里一传出他的声音，修鞋匠停了手中的生意，路人驻步不前，建筑工人请旁人代录下来，农村大嫂先哄孩子入睡……北京一所中学的老师问他班上的学生："你们中间谁听袁阔成的《三国演义》？"齐刷刷，全班四十八个同学都伸出了手臂。甚至连中央的许多老同志都是袁阔成《三国演义》的忠实听众……

六百多年前，明代大作家罗贯中给我们留下了一部惊心动魄的辉煌巨著——《三国演义》；今天，著名评书表演艺术家袁阔成则以他出神入化的现代评书艺术，使这部古典名著焕发出新的光彩……

宋代人称苏轼的词"须关西大汉，铜琵琶、铁弹板，唱'大江东去'"。这次听北方著名评书演员袁阔成说《三国演义》，感到确有苏词描绘的那种豪放壮阔之气。他说的"赤壁之战"，听者如闻兵戈相击，战马嘶鸣，刀光剑影，杀声喧嚣。《三国演义》一百几十万字，三百五十一回，一个世纪的历史，四百多个人物，数十次战争，他娓娓道来，条清理晰，丝丝入扣，岂不令人咋舌！

袁阔成在电台讲《三国演义》，那引人入胜的描述、清晰悦耳的嗓音、流利动情的注释、哲理精辟的讲评，足以使人摘不得耳。从五岁顽童到七旬老叟，无不被他的声音所征服。古典名著自然有其自

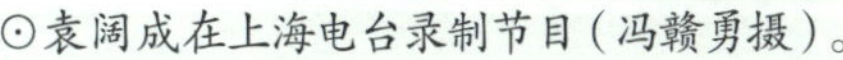

⊙袁阔成在上海电台录制节目（冯赣勇摄）。

⊙袁阔成在上海台开播《三国演义》仪式上表演节目（冯赣勇摄）。

身的魅力，袁阔成高超的技艺，尽情的发挥，无疑使其锦上添花，更富光彩……

除了媒体的报道，袁阔成自己也曾亲身感受到听众对评书《三国演义》的喜爱。那是有一次住在北京一家旅馆里时，来了两个人直接说找袁阔成。一看是两个不认识的陌生人，袁阔成就问他们说："你们从哪儿来？找我有什么事吗？"那两个人立刻回答说："我们从河北来，是县领导要我们来看望看望您。您的评书《三国演义》讲得太好了，我们全县人民感谢您！"袁阔成听了，感动得几乎手足无措。

还有一段经历也让袁阔成十分难忘，就是被人们传为"双过江"的故事。那是一次在洛阳举办的《三国演义》学术讨论会上，因为想在这次会上从别人那儿多学点东西，所以袁阔成没有带论文之类的书面材料。可是没想到会议主持人非要他发言不可，没奈何，袁阔成上台讲了《三国演义》中的一段"刘备过江"。

当时在座的大都是对罗贯中的《三国演义》十分熟悉的专家学者，一听说是一个评书演员发言，又是说一段"刘备过江"，不少人当即纷纷退场，只不过这些退场人中仍有几个"心有不甘"的留在了场外侧耳静听。没想到不听则已，一听就被这段"刘备过江"深深吸引住了。看来袁阔成的评书表演实在是有魅力，不多一会儿，原先离开会场的人又陆陆续续走了进来，有的人还尽量往前坐，当然是为了听个仔细。过后有些年长的学者对袁阔成说："研究了几十年的《三国演义》，还从没听说过这么一段生动的故事。"

《三国演义》播出后，中央台收到了数以万计的听众来信，很多听众说袁阔成堪比评书一代宗师柳敬亭，称赞他“古有柳敬亭，今有袁阔成”。《三国演义》在全国省市各广播电台相继播出后，更是得到海内外广大听众的好评。其中美国普林斯顿大学、日本早稻田大学的教授、汉学家等为此先后来到中国访问。很多台胞收听了《三国演义》后，思乡之情油然而生，他们纷纷来信，称赞袁阔成为当代评书巨匠。

作家冰心也对评书《三国演义》给予了很高的评价：“十二点午饭后，我又躺下休息，这时我收听的是中央台的长篇小说的连续广播。我最欣赏的先是陈祖德的《超越自我》，后来便是袁阔成的《三国演义》。这本书我是从七岁就开始看的，以后又看了不知有多少次，十一二岁时看到‘关公’死后，就扔下了；十四五岁时，看到诸葛亮死后又扔下了；一直到大学时代才勉强把全书看完。没想到袁阔成的说书《三国演义》又‘演义’了一番，还演得真好！人物性格都没走样，而且十分生动有趣，因此我从‘话说天下大势合久必分，分久必合’一直听到‘三分归一统’，连我从前认为没有什么趣味的‘入西川二十争功’，也显得波澜壮阔。我觉得能成为一位好的说书者，也真不容易！”

从老人到小孩，从普通工人到知名作家，从学生到专家学者，全中国上亿听众，无不为袁阔成的《三国演义》倾倒！

第八节 难忘"袁伯伯"的中学生

在袁阔成收到的数以万计的听众来信中，一位普通的、亲切地称袁阔成为"袁伯伯"的北京中学生的来信，吸引了袁阔成的目光。无论是那工整的一行行小字，还是信中对自己痴迷《三国演义》的娓娓述说，都让百忙中的袁阔成十分感动……

如今，三十年过去了，当年称袁阔成"袁伯伯"的中学生也早已成为跨过"不惑"之年的中年人，而那封字体工整、感情真挚的中学生来信，仍然完好无损地保存在袁阔成的家中。今天读起来，不仅让我们看到了一个真实的、三十年前难忘"袁伯伯"说《三国演义》的中学生，更如亲临其境般感受到当年袁阔成播讲《三国演义》的艺术魅力！

还是让我们读一下这位当年无限崇拜"袁伯伯"的小"粉丝"的亲笔信吧。

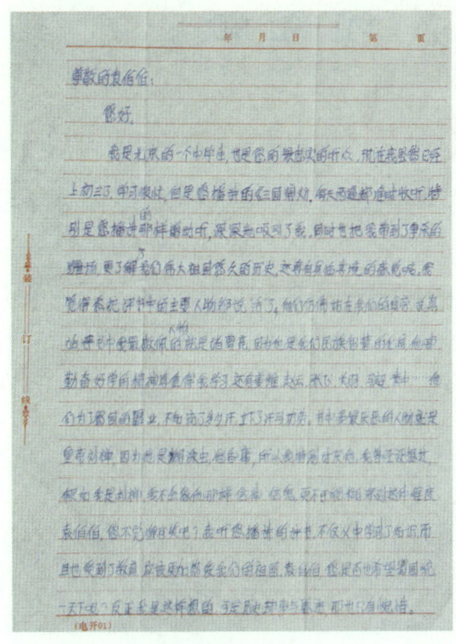

尊敬的袁伯伯：

您好。

[illegible]

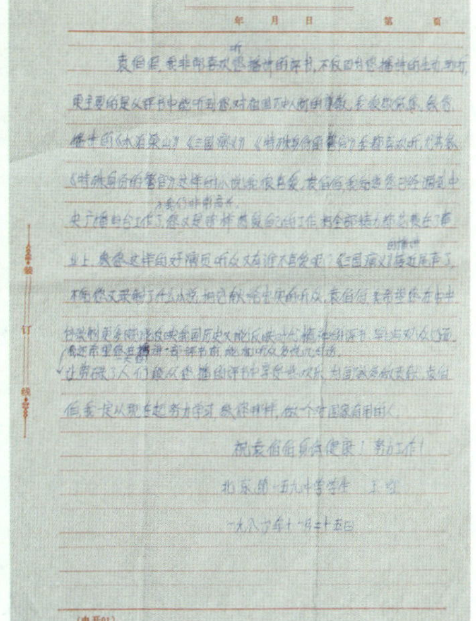

[illegible]

祝袁伯伯身体健康！努力工作！

北京第一五九中学学生 王红

⊙中学生王红写给袁阔成的信

尊敬的袁伯伯：

您好！

我是北京的一个中学生，也是您的最忠实的听众。现在我虽然已经上初三了，学习很忙，但是对您播讲的《三国演义》，每天两遍我都准时收听。特别是您播讲得那样动听，深深地吸引了我。同时也把我带到了争杀的疆场，更了解了我们伟大祖国悠久的历史，还真有身临其境的感觉呢。我觉得您把评书中的主要人物都说“活”了，他们仿佛站在我们的身旁。说真话，评书中我最敬佩的人物就是诸葛亮，因为他是我们民族智慧的化身，他那勤奋好学的精神真值得我学习。还有姜维、赵云、张飞、关羽、马超、黄中（忠）……他们为了蜀国的霸业，不知流了多少汗，立下了汗马功劳。书中我最讨厌的人物就是皇帝刘禅，因为他是糊涂虫，他昏庸，所以我特别讨厌他。我曾经设想过，假如我是刘禅，我不会像他那样信神、信鬼，更不可能糊涂到这种程度。袁伯伯，您不觉得可笑吧？我听您播讲的评书，不仅从中学到了知识，而且也受到了教育，应该更加热爱我们的祖国。袁伯伯，您是否也希望蜀国统一天下呢……

袁伯伯，我非常喜欢听您播讲的评书，不仅因为您播讲得生动、动听，更主要的是从评书中能听到您对祖国历史人物的尊敬。我很敬佩您。像您播讲的《水泊梁山》《三国演义》《特殊身份的警官》，我都喜欢听。尤其像《特殊身份的警官》这样的小说，我很喜爱。袁伯伯，我知道您已经调到中央广播电台工作了，我们非常高兴。您又是那样热爱自己的工作，把全部精力都花费在了事业上，像您这样的好演员，听众又有谁不喜爱呢？《三国演义》的播讲接近尾声了，不知您又录制了什么小说，把它献给忠实的听众。袁伯伯，我希望您在中央台录制更多既能反映我国历史又能反映时代精神的评书，希望这些评书早日与观众见面。我还希望您在播讲一部评书前，能和听众多说几句话。让劳碌了一天的人们能从您播讲的评书中享受一些欢乐，为国家多作贡献。袁伯伯，我一定从现在起努力学习，像您那样，做一个对国家有用的人。

祝袁伯伯身体健康！努力工作！

北京一百五十九中学学生　王红

一九八六年十一月二十五日

从每天两遍准时收听，到与《三国演义》的历史人物一同走进争杀的疆场，再到对一代评书表演艺术家“袁伯伯”高超的表演技艺的由衷喜爱与敬佩，这是一个十几岁中学生发自内心的表白，又何尝不是当年被袁阔成的《三国演义》迷倒的亿万听众的心声呢！

第九节
《三绝碑》——“告别”营口的最后演出

1986年，袁阔成在营口一个创作汇演大会上演出了一段《三国演义》选段《三绝碑》。这段评书是人们都非常熟悉的“三国”中曹操与杨修二人斗智的那一段。故事本身就很吸引人，经过袁阔成精彩的评书表演后，更是锦上添花，令人拍手叫好。尤其是一位来自北京正在营口考察的大学教授，他本人原本就十分喜欢听袁阔成的评书，可也只是听电台里的广播。这一次来到营口，亲眼看到了袁阔成的评书表演，当时就兴奋不已。回到宾馆后仍是兴奋得睡不着觉，终于忍不住，大半夜就把电话打到了接待他的朋友家中：“哎呀，袁阔成的评书实在是太厉害了，简直把曹操和杨修给说活了，这是有生以来第一次让我睡不着觉的演出……”

⊙袁阔成与时任中央宣传部部长邓力群

⊙袁阔成 20 世纪 80 年代演出剧照

《三绝碑》的演出不仅给这次汇演增添了光辉，更让很多营口人又一次亲历了袁阔成评书表演艺术的魅力。只不过谁也没有想到，当人们还在为《三绝碑》的精彩艺术回味无穷的时候，一纸调令，将袁阔成调到了中央人民广播电台……

事后回想起来，袁阔成那令人拍手叫绝的《三绝碑》，竟是他在营口舞台的最后一次亮相，无意之中成了他“告别”营口的最后演出。

其实，早在二十多年前的 20 世纪 60 年代，就开始有很多单位纷纷要将袁阔成从营口调回北京，这其中有部队的文艺单位，也有地方的文艺单位。只是由于种种原因，都没有调成。说起来，想调走袁阔成的单位，不外乎是看重他的精湛表演技艺和无人不知的名气，而营口之所以不愿“放走”袁阔成，自然仍是源于袁阔成近乎完美而卓绝的评书表演艺术……

⊙袁阔成 20 世纪 80 年代演出剧照

1986 年 5 月，袁阔成带领全家回到他阔别多年、祖祖辈辈生活过的北京城，成为中央人民广播电台司局级的文艺部艺术指导。历经三十年的风风雨雨，一代评书表演大师终于荣归故里，从此开始了又一阶段的生活与艺术创作。

这一年，袁阔成 58 岁。

第十节 电视评书的开拓

来到中央人民广播电台后，袁阔成又成功创作表演了一批电视评书作品。这是《三国演义》在电台播讲获得成功后，一代评书表演艺术家迈出的新步伐。而对于早在20世纪60年代初就已录制了他的第一部电视评书表演作品《肖飞买药》的袁阔成来说，无疑是他顺应时代的发展，在评书表演艺术创作上对电视评书的新开拓。

大型电视评书《赵子龙》是袁阔成在中央人民广播电台完成《三国演义》之后，在中央电视台录制完成的第一部电视评书。完成了《赵子龙》后，袁阔成又先后为中央电视台录制了《夜话三国》《神州擂》《转战南北》《薛刚反唐》等多部电视评书作品。1995年，曾经风靡中华大地的广播评书《三国演义》走进了北京电视台。此时的袁阔成虽然已经是66岁高龄，但仍然历时八个多月又重新录播了电视版的评书《三国演义》，这一电视版的《三国演义》，不仅是袁阔成评书表演艺术光彩的又一次绽放，更为中国评书表演留下了珍贵的资料。

⊙袁阔成录制电视评书《红岩》。

⊙袁阔成与导演、编辑李程在北京电视台录制电视评书《红岩》现场。

⊙袁阔成录制电视评书《碧眼金蝉》（冯赣勇摄）。

这些作品无疑是袁阔成对电视评书开拓的成果，更让我们看到，取得了辉煌成就的袁阔成，依然在评书艺术创作表演的道路上不断发展、不断前进。

谈起在电视评书创作表演方面的成就，袁阔成谈的最多的还是体会和收获："我涉足电视可能还比较早，大约是1962年开始在北京电视台录制节目。当时录制的全是小段，第一部录的是《肖飞买药》，后来又录了《李自成》。过去电视设备不像现在这么先进，好几台机器一架，机器一打点就走，出了错，景致一换改起来也方便。那时可不成，你说错一句，导演就得吓趴下，因为一错全得重录。

"我记得第一次录像时，我课备得原本挺扎实，可经不住导演一番叮嘱，弄得我倒不自信了。导演说：'你最好是一气呵成，尽量别出错，错了弄不好

⊙袁阔成录制电视评书《神州擂》（冯赣勇摄）。

还得重来。’他不说还好，他这一说我倒紧张了。本来我一说起书，精气神一来，就像奔腾的流水一样往外涌。可这回小灯一亮我就冒汗，我怕说起来出现倒音倒字的情况，结果一紧张还是保不齐就会说错。这一错就全停下来了，后来弄得我都有点发怵的感觉了。

“但万事开头难，经过这么几次反复就慢慢适应了。当时只感到录电视评书的要求比较高，但就是没意识到这种艺术形式实际上正处在一种升华的过程中。通过这种现代化的手段，不仅能使更多的观众看到，还能够将其永远记录下来。既能反复播放，也能当作影像资料得以永远保存。现在回过头来看，

⊙袁阔成在电视录制之前化妆(冯赣勇摄)。

⊙袁阔成在北京电视台录制评书《三国演义》。

尽管当时电视还不发达，但是这些作用却是实实在在不容置疑的。

“应该认识到电视评书的发展也是评书由书场到广播再到电视的一个逐步升华的过程，所以这一过程对演员各方面的要求也不一样。所谓不一样，是指演员在有意无意之间的一种变革。说实在的，刚开始录广播电视的评书，对演员来说也是一个逐步适应磨合学习提高的过程。过去在书场说书，演员只要清水脸，把脸刮得干干净净，头发梳整齐就行了，这也是对观众的尊敬。可现在上电视再这样就不行了。不仅要有整套的化妆、服装、道具、灯光布景，而且说书的时间标准严格，演播内容要引人入胜，语言要生动精练，等等。照搬你在书场上的那一套根本行不通。要不怎么有‘宁演八场，不录一讲’的说法呢？

“电视评书录好了确实不易，据电视台的同志介绍，根据科学的论证，人集中精力地看电视比较单一的画面时间不过 8 分钟，你再说长了，人家看得眼睛发酸就不爱看了。因为评书无非就是全景、中景、特写这么几个画面。所以你要想让人爱看，就得下决心把书说得精彩，要以情动人。此时此地、彼时彼地为什么这样或那样？要扣人心弦，一讲书一定要有一个中心，要给人家一些东西，不要浪费人的时间。说书难也就难在说出书的魂魄来。

“电视评书的录制，除了我前面说的 60 年代初录书时出的那种问题，这么多年过去了，即使今天录书也还会出现一些意想不到的情况。就拿后来在北京电视台录《三国演义》来说，有一次录像，我说得很投入，但不知不觉，随着情节的不断深入，我突然感到跟我备课的内容不太一样了。这时，我一琢磨，怎么好像我把下一集的故事提前说起来了？于是我停下来一问时间，敢情原本 20 分钟一集的书目，都已经录了将近半小时了，整整超了 8 分钟。原来摄像、导演等工作人员全都听出了神，忘记了掐时间。为此大家全笑了，把我也给气乐了。”

第十一节
最具书卷气的《西楚霸王》

继《三国演义》后，袁阔成又创作播讲了另一部长篇历史评书《西楚霸王》。相比仍然萦绕在人们耳畔的长篇《三国演义》，50回的《西楚霸王》虽然也是帝王将相、斗智斗勇、战火硝烟无所不及，却笔调舒缓，有如文学作品的散文一般娓娓道来，因而《西楚霸王》也被称为袁阔成评书作品中最具书卷气的一部。

⊙袁阔成演出前化妆。

⊙袁阔成20世纪90年代录制评书。

在《西楚霸王》第一回，袁阔成即以讲述历史的笔法，将“楚汉相争”的历史故事缓缓拉开帷幕：

> 听众朋友，今天我给大家讲一个楚汉相争的故事，这可是一部长篇故事。从哪儿讲起呢？从公元前221年，因为公元前221年中国的历史进入了秦代。这个秦王朝啊，虽然像爆竹一样，“当”的一声就这么完了，但是就在这一声“当”中，它揭开了中国中期封建社会的序幕。中国就从这时候起，从初期封建制走进专制主义封建制。这个秦王朝的创立者是谁呢？是秦族。它是羌族的苗裔。在战国末叶，新兴的秦族像一股强大的洪流，由中国的西北滚滚东流，是直冲中原，把中原各国的封建堤坝都给冲垮了，同时这股洪流也冲刷着中原诸多文化种族，融汇混合为一个整个的种族，就是后来的汉族……

这段开篇，语调平缓，文字简练，将一段中华民族发展的历史展现给听众，

⊙袁阔成 1993 年在家中（冯赣勇摄）

⊙袁阔成 1996 年在家中（冯赣勇摄）

既有评书表演的通俗，也有历史文化的内涵，可谓极具书卷气。

对《西楚霸王》中众多的人物和纷杂的事件，尤其是历史，袁阔成都精心地进行艺术加工，使它有别于一般传统评书的演绎，既通俗易懂，又精彩生动，从而牢牢抓住听众。如在第十五回“叔孙通弃秦择新主”中，秦二世闻听农民起义杀向咸阳的消息，召开博士儒生会时，对“以实相告”和“说瞎话”人处理的昏庸，袁阔成是这样创作的：

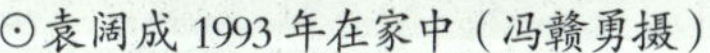

秦国的百姓啊，忍受不了秦二世胡亥的暴政。各地农民纷纷举起了义旗，起义大军像无数股洪流一样，就奔他这咸阳城杀来了。秦二世这才刚听见点儿信儿，他把手下的博士儒生全找来了，问大伙儿有没有这么档子的事儿。有个博士啊，咬了半天的牙，他发了狠心，跪倒在二世的跟前：“陛下，您要听真话，我就如实地说，是这么这么回事。”就把陈胜、吴广在大泽乡起义，以及各路义军的情况都跟胡亥说了……

这博士的一番话呀，就把这胡亥给说傻了。他瞅着这博士，眨了眨眼睛：“啊呸！”他狠狠地吐了一口，“哼，你你你你……你是一派胡言哪！啊？怎么，我秦国的百姓能起来反抗我？嗯？寡人对他们不薄啊……你们说！你们说……”

就在这时，站起一位来。这位名叫叔孙通，此人年纪在三十多岁，面似淡金黄中透润，细眉朗目，颌下一部短须。看得出，这个人生得面堂清秀，腹隐珠玑呀，是一位很有学问很聪明的人。“嗯，陛下息怒，陛下息怒。您不要听他乱说，他说得不对。”这一句话呀，就把这屋里的所有博士啊，都给说傻了。大伙儿就这么直瞪瞪地，瞪着这两个眼睛瞅着这叔孙通。这时呢，跪在地上的那位，瞅了叔孙通一眼，冲他点了点头。也不知道啊，他是同意叔孙通这说法，还是不同意。叔孙通一把把他拉起来了：“你站一边儿去！你怎么能在天子面前这么放肆呢？嗯？这太不像话了！陛下，您甭听他乱说，没这么档子事儿。现在呀，哪儿有造反的人呢？天下黎民百姓，感陛下之恩还感不过来呢，他们哪儿能谋反呢？……哎，好多百姓之家呀，对陛下您都是清晨三叩首，早晚一炉香啊……陛下，您千万别信他们这些话，没这么档子事儿……就是有些个人也就是小偷小摸。这个偷个鸡呀，摸条狗啊。哎，趁着做买卖不留神，把人秤砣揣走啦，也就这事，没什么大事。”

⊙袁阔成20世纪90年代演出电视评书《神州擂》。

叔孙通的一通瞎话反而让胡亥鼓掌大笑：“咳咳！对对对对对对！你说得好，你说得好，寡人我看出来了，就冲你站那地方，你也是个候补博士……这么着吧，来人哪，把刚才那官儿啊，给他拿下来，把他这官职啊，给这叔孙通。啊，让他候补去，他得好好补补，省着他在寡人跟前胡说八道的。啊，另外赏这叔孙通黄金十斤……还有二十匹彩缎……”

袁阔成对这一段有史书记载的历史进行的艺术加工，既通俗又深刻，也充分发挥了袁阔成一贯的表演风格，这一点，作家邓洪卫先生曾评价说：“此一节，史书是有记载的。但经袁先生的艺术加工，更加具有颠覆的荒诞，反讽的幽默。如果按传统评书来演绎，必定忠臣死谏，被绑法场，金

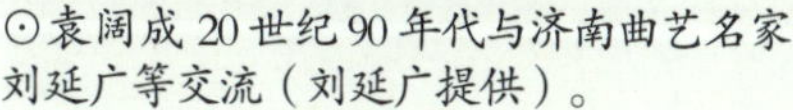

⊙袁阔成20世纪90年代与济南曲艺名家刘延广等交流（刘延广提供）。

⊙袁阔成20世纪90年代与田连元、刘延广（刘延广提供）

殿动本，血溅龙案，惊心动魄，血雨腥风，依袁先生的经验，如此演绎不费吹灰之力。可那就太俗了，就不是袁阔成了。袁阔成是含蓄的、内敛的，说的书是幽默的、有味道的，艺术是严谨的、有格的，经得住推敲的；胡编乱造，他是不愿意的。这就是袁先生的书为什么会有那么多听众，如作家、学者、科学家、曲艺家、戏剧家，甚至国家领导人都成为他的书迷。因为他的书是高雅的，有品位的。”

此外，邓洪卫先生对《西楚霸王》中充分表现出平民化幽默的评书特点的创作，也给予了很高的评价：“有文化的人爱听，老百姓也爱听。袁先生的书里有平民的幽默。始皇巡游天下，韩信胯下之辱等，都相当精彩。再举一例：吕公给女儿说亲。吕公、吕公之妻、吕公之女、刘邦、樊哙等人身份不一，想法不一，表现不一，矛盾冲突不断，营造了平民的喜剧氛围，樊哙在房山夹道的一句‘我跟他一说，他立刻就答应。他要不答应，我就跟他要那狗肉钱！’让人喷饭。刘邦进咸阳，要给功臣分房子分地分金银，樊哙劝谏，刘邦在心里说：你就是背狗肉柜子的命啊。这都是平民的语言、平民的幽默、平民的思维逻辑。俗中有雅，雅中有俗，雅俗共赏。这就是袁先生的魅力……”

总之，无论是创作还是表演，《西楚霸王》仍不失为一部充分体现袁阔成表演风格的优秀作品，就如邓洪卫先生说的那样：“诚然，《西楚霸王》的影响力肯定稍逊于《三国演义》，但《西楚霸王》在境界上是超越《三国演义》的。袁先生的艺术更加炉火纯青，已臻化境。他举重若轻，轻言慢语中，把刀光剑影、杀气凌空的秦末战争说得张弛有致、情趣盎然，功力何等了得。他已经不需要用评书手段来调动你的积极性了。你看这部书里，没有大段的贯口，没有一句倒口，也没用刀枪赞盔甲赞人物赞等来迎合少数听众，有的只是袁先生自己鲜活的富有亲和力的语言，来感染更多的人。”

第十二节 收山之作

⊙袁阔成在录制电视评书《转战南北》（冯赣勇摄）。

继《西楚霸王》之后，袁阔成又先后对传统评书《薛刚反唐》《十二金钱镖》等进行整理，并创新成经典作品奉献给广大听众。此外还有配合形势为纪念毛泽东百年诞辰录制的《转战陕北》、为神州十号上天录制的《飞天评书》都曾广为传播。

“非典”期间，袁阔成把自己关在家里，专心研究《封神榜》，他联想科学的重要性，创新地录制了科幻评书《封神演义》……

2003 年 11 月 11 日，中国唱片（音像）业文艺类节目评比中最具有学术性和艺术性的高层次奖项、被冠以“中国”名称的权威性大奖——中国金唱片奖第四届获奖名单揭晓，袁阔成荣获曲艺类演员奖。这个大奖也被很多曾获得此奖的艺术家视为最高荣誉。

2006 年 8 月 10 日，由中国文学艺术界联合会、中国曲艺家协会联合主办的中国曲艺界最高奖——第四届中国曲艺牡丹奖评奖结果发布会在北京人民大会堂举行，袁阔成被授予终身成就奖。

2012 年，袁阔成 83 岁了，这一年，他播讲的《三国演义》跟随“神九”航天员登上了太空。还是在这一年，一代评书表演艺术家完成了他为刚刚开播不久的高速公路交通台录制的评书小段《中华典故故事》。这也是在中国评书战线拼搏奉献了七十余年的袁阔成在耄耋之年为中华大地留下的最后一部作品，因而亦被称为袁阔成的收山之作。

在这以前，袁阔成还在中央台完成了第二版 80 回的长篇现代评书《野火

⊙袁阔成录制电视评书《薛刚反唐》（冯赣勇摄）。

春风斗古城》的录制，这也是他录制的最后一部长篇评书。因此要是说得细一些，《野火春风斗古城》可称为袁阔成长篇评书的收山之作。

虽然走进录音棚录评书对于驰骋评书舞台几十年的袁阔成来说，实在是熟悉得不能再熟悉，更何况此次录音不过为每小段 5 分钟，但为了这一次录音，袁阔成却作了很充分的准备。倒不是因为年纪大，而是越是小段，越是评书的特点一样不能少，“麻雀虽小五脏俱全”，这样才能体现精彩。所以袁阔成觉得，一定要选好材。

一开始选了很多，身边的学生张伟也帮着选，从《中国古典人物列传》到《成语故事》，从曹操到关公，袁阔成一个一个认真选。因为他觉得既是小段，就要在短短的 5 分钟内把故事说清楚，把人物说圆满，还要有趣味，还得有点评，而这也是说评书小段的不容易和精彩之处，也就是袁阔成对评书革新一贯主张的“长书短说，厚书薄说”。

经过前期的认真挑选、修改和删减，最后终于选定比较满意的“戴高帽”等三个小段，由张伟用电脑打出书稿。但大师录音时是从来不会看稿的，所以袁阔成很快就完成了腹稿。走进录音棚那天，是女儿袁田、学生张伟还有义子阎洪春陪着去的。一切安排好后，耄耋之年的一代评书表演艺术大师终于又一次绽放出光彩：

人间都喜欢戴“高帽”，神仙也不例外，话说当了神仙的关公

⊙袁阔成录制电视评书《薛刚反唐》（冯赣勇摄）。

负责把守南天门，就是说甭管哪位神仙，要想去人间，都得经过关公这一关。说起来过去这神仙也搞副业，干什么呀，制帽子，拿到人间去卖。想不到有关公把着南天门，谁也出不去。于是铁拐李自告奋勇说，还是我去吧……最后是铁拐李先把关公给奉承一遍，戴上了高帽，关公就给放行了……

这是袁阔成评书表演生涯的最后一次进棚录音，因而在他的学生张伟心目中，这一次袁阔成为高速公路交通台录制节目的点点滴滴，都成为一段难忘而珍贵的记忆："那天出门之前，先生照样是含上一粒速效救心丸（这是以往先生每次录音之前必做的一件事）。进了录音棚让先生坐下后，我们就都准备出去了。可这时先生却叫住我：'小伟啊，你别走。'我说：'先

⊙袁阔成录制电视评书《灞州挑袍》（冯赣勇摄）。

生您还有什么吩咐？’‘宝贝儿，你帮我听着点儿，哪有不合适的，帮我听着点儿，叫停……’

“先生的话，立时让我心中一震，我哪有资格给先生挑错啊，可是先生那份认真劲儿让我无法拒绝。他不在意年龄资历，降低姿态，征求意见，让我又一次感受到一代大师的境界。想起现在一些取得一点成绩就沾沾自喜、听不得意见的年轻人，真是为他们感到惭愧啊……

“看着先生真诚的目光，留在录音棚里的我心中一阵抑制不住的激动。都知道先生给电台录评书几十年，可是不用说仅仅跟随先生数年的我，即便是几十年前就跟着先生学习的无数前辈，也从没有听说谁曾在录音棚跟在先生身旁，但今天这个机会我得到了。就这样，在录音棚内，就在先生的近旁，我亲眼目睹、感受到了一个评书表演艺术大家在录音棚的风采……

“录音开始了，我一动不动地看着先生，只见他上身倍儿直，只坐一点儿凳子尖儿（这是为了让身板儿挺得更精神，说起来更精神饱满、底气十足），一双眼睛依然炯炯有神……当时只感觉，先生虽已 83 岁，但他那发自全身心流露出的自信，仍然足以让人感受到他强大的气场，十足的评书大师范儿。一句话，仍然是一人一部戏，一人撑起了舞台。

“正当我陶醉在其中的时候，先生突然喊了一声“停”！棚外的人不知怎么回事，连忙问起来。先生却问我：‘小伟，你看怎么样？’我觉得特别好，就说‘还行’，想不到先生立刻说：‘咱这个行业，没有还行，只有好和不好，再来一遍！’我当时就明白，这是先生的一贯作风，即对待艺术一定要严谨，不能糊弄，不能自我满足。我知道，先生要的答案是‘非常好’。果然，第二次录，先生一气呵成，可说是完美至极、无可挑剔，先生终于满意了。

“这次录音，先生首先教会了我应该怎么作录书前的备课，接着我又向先生学到了应该以什么样的状态和情绪去完成录音，以及怎么使用录音棚和麦克，如何与编辑合作等。事后和先生聊起这次成功的录音，先生对我说：‘你自己都不感动，怎么能感动听众呢？你得身临其境，自己跟自己较劲啊。’先生还很郑重地‘警告’我说：‘录音是严肃的，一定要认真，好好做功课，在录音棚外边把问题都解决，不要带着疑问和侥幸心理进去……’从那以后，我一直采用先生的那种录音方法。

“回想起来，这次录音，从选择到整理作品、打出文本，到进棚让我在他身边看他录音，实际上都是先生有意的安排，这是他在给我上课，教我如何录书。后来在 2013 年，先生又这样有意安排了一次。那次是我陪同先生参加北京啤酒节演出，那时的先生已很少参与演出了，但他仍是精心准备，而且仍然让我紧跟其右，看他如何上台下台，如何组织语言，在什么状态下演出节目，并且在演出完让我说感受，然后他再给我细心讲解。这就是先生现身说法的教学。联想起平时先生有意识告诉我应该练习什么，什么是重点，袁派的表演精华在什么地方，以及在生活之中不经意间就说出评书表演的重点，我更加感受到先生毫不保守、与众不同的教人育人的方法。几年来在先生的教诲下，我逐渐能够领悟并刻苦学习先生表演的精华，这是我最大的收获。

“现在我也在从事着为中国评书教人育人的工作，因此对先生毫不保守的献身说法教学更是深有感触。想起来，先生对我的教诲真是影响我的一生，我能够跟在先生身边学习，真是我最大的荣幸！

“先生的收山之作《中华典故故事》，虽不过为小段，但却对亲历其境、‘独享’先生录音棚内风采的我影响颇深。无论是先生严谨认真的准备和创作，还是先生风采依旧的大师表演风范，都让我终生难忘……”

第十三节 走进清华大学讲堂

2013年5月初，一封来自清华大学艺术学院的邀请函寄到了袁阔成的手中。邀请函郑重邀请袁阔成接受一讲“名家谈文艺系列讲座”的讲课任务。评书表演大师走进国家最高学府，这可是评书领域里从未有过的事。想当年第一个带头说新书，第一个带头撤掉场面桌，如今84的袁阔成又将成为评书界走进高等学府讲课的第一人。作为“名家谈文艺系列讲座”曲艺界唯一的被邀请人，无疑更闪烁出一代评书表演大师的光彩！

此次“名家谈文艺系列讲座”源于当时中国文联副主席冯远同志发起的“名家文化大讲堂”，在这之前已邀请过国学大师季羡林、京剧表演艺术家李维康、耿其昌夫妇等诸多文化、文艺界名家担任主讲，足见“名家文化大讲堂”蕴含的文化底蕴和深远意义。

袁阔成接到邀请函后，大家都非常为他高兴，尤其是一直跟在身边的学生李少朋和张伟，更是极力支持鼓动，力劝袁阔成积极准备“名家谈文艺系列讲座”的讲课内容。

但袁阔成却很淡定，在两个学生面前几乎什么话都没有说。其实看似表面平淡的袁阔成心里是挺矛盾的。这么多年来，心中最挂念的不就是评书的发展和传承吗？走进清华，不正是让学子们了解评书、喜爱评书的最好时机吗？但毕竟这时自个儿已经84岁，又已经淡出评书舞台多年，真去讲，那些朝气蓬勃的高智商学子们能够接受吗？

想来想去，袁阔成还是把李少朋和张伟叫到了一起“开会”。于是三个人一边小酌，一边说了起来……这“开会”也是晚年的袁阔成生活中最常见的一景儿。“会议”中，两个弟子自然是力劝袁阔成欣然赴讲，但是袁阔成说：“讲什么呢？学生们爱听什么呢？这清华大学的理科学生能对评书感兴趣吗？”结果两个弟子不约而同一起说：“先生您就讲讲什么是评书……”

看着两个弟子热切的目光，袁阔成很激动，三个人终于一起说了起来……

一阵热议之后，袁阔成更有了收获，一是定下来去讲课，二是心里有了讲课的草稿。看来这次小酌真是意义非同小可。小酌之后，袁阔成又开始了认真准备，最后他为这次讲课定了一个别致而又令人回味的题目——《评书艺术：且听这回分解》，并在两个弟子面前演说了一遍。

5 月 30 日，在女儿袁田和弟子张伟的陪同下，袁阔成终于走进了中国最高学府清华大学的大礼堂，望着大礼堂坐着的来自清华大学及中国传媒大学、北京大学、人民大学、北京师范大学、首都师范大学等众多院校朝气蓬勃的大学生，一代评书表演大师终于运足了底气，从评书这门艺术的起源、发展，说到评书是解释人生、解劝人生，又说到会说书的人说人，不会说书的人说故事……直说得一众学子屏气凝神，全神贯注。

说评书，就离不了说书人的三“宝”，当袁阔成把手中的醒木、折扇和手绢展示出来时，大礼堂的气氛立即活跃了起来，特别是他将手中的折扇灵活而又神奇地变出了一个又一个花样，更是让学生们拍手称奇……

大讲堂的高潮是袁阔成为学生们即兴表演的评书中夸赞大刀的“刀赞儿”、描述人物的“人物开脸儿”以及警醒人们言行的佛教“评书小段”。虽然是很短的小段，但他的“宏大”的表演气场立时笼罩了整个课堂，一时间，当年那个声情并茂、活力四射的评书表演大师袁阔成又站在了舞台之上。

互动的时候，兴趣不减的学生依然沉浸在对中国评书的探索和求知中，有提问题的，更有传媒大学播音系的一名爱好评书的同学主动请求上台表演一段评书，并请袁阔成点评……

在争相与袁阔成合影拍照中，一代评书表演大师走进中国最高学府“名家文化大讲堂”的讲座结束了。而这堂内容丰富、形式活泼的讲座，不仅是 84 岁的袁阔成的又一杰作，更如同一束燃烧的火炬，为传承了几百年的中国评书如何走向新时代和发扬光大作出了新的贡献。

就如从支持、鼓励到准备，再到走进清华，始终陪伴在袁阔成身边的李少朋和张伟所说：“袁先生走进清华大礼堂，不仅让我们看到了一代评书大师不减当年的风采，更为宣传中国评书，让年青一代了解中国评书，关注、热爱中国民族文化作出了贡献。在中国评书发展不景气、后继乏人的形势下，更具有深远的意义。”

讲完课的袁阔成更是兴奋，他没想到，在为中国评书发展的前景担忧时，能够走进清华大学的大礼堂宣讲中国评书，这实在是一个难得的发扬光大中国评书的大好良机。更让他没想到的是，这么多学理工科的高材生能够在长达两个多小时的时间里兴致勃勃地听他的中国评书讲座。因而讲座结束后的袁阔成依然精气神十足地对身边的张伟说：“评书必须走进高校，缺少了知识分子和有文化的年轻人的支持和关注，评书艺术就要衰退了，以后有机会，还要多走向高校……”

2014 年，85 岁的袁阔成在有“老百姓口碑荣誉”之赞的华鼎奖颁奖典礼上，与李默然、谢铁骊、王昆、常宝华、张瑞芳等著名艺术家共同获得“人民喜爱的老艺术家”称号。

玖

第九章 评书巨匠的风采

第一节
“辞演”与“卖鞋”

“辞演”与“卖鞋”，这两个词原本一点儿搭不上，可是把它们连在一块儿，就是两段小故事，而且是袁阔成的真人真事。先说“辞演”这件事，它来自袁阔成的回忆：“我有一位好友叫张存孝，也是一位评书演员，说话有点儿口吃，可是说书倍儿溜。1952 年夏天，我介绍他到唐山演出，因为一个小条件和园方掰了，当时他就收拾行李走人了。这在演艺界是很平常的事儿。我挂不住了，张兄走了，我也不干了！

“我所在的茶社经理急了：‘咳！我又没欠您什么条件，生意这么好，每天满园，干着好好的，怎么能说走就走呢？您跟张先生不一样，我可没有亏待您的地方！’我对经理说：‘你待我确实不错，生意挺红火这也是真的。可是我介绍来的演员，又是我要好的朋友，在这染这么一水，我脸上无光，所以他走我也走，您就甭劝了。’

“唉！经理只剩下叹气了。从此圈里人都说我特讲义气，真够朋友。又说我脾气够大的，那么好的买卖说撂就撂，放着钱不挣，搁谁会呀？袁爷的脾气真够可以的！”

再看“卖鞋”，是年轻时的袁阔成和一个“另类”说书先生交往的趣事，同样来自袁阔成的回忆：“朱大法千，四个字的名字，猛一听以为此公是日本人，其实不是，他也是一位说书先生，名字叫朱法千，说书很讲究宗派门规，特别强调师承字儿辈儿，那么朱先生是哪门哪派呢？哪派都不是，用现在话说叫自学成才！他原本是位少爷，老家在唐山地区榛子镇，家里开着好儿个大烧锅[①]，良田百顷，使唤奴婢，茶来张口，饭来伸手。二十来岁就抽上大烟啦，据说没解放他就把家败了。朱大少肩不能担担手不能提篮，怎么办呢？说书吧。少爷从小爱看爱情小说，什么《红杏出墙记》《啼笑因缘》，脑子好，看完全

①大烧锅：造酒的厂子。

记住了，就说它吧！没想到一说还红了，红遍了林、马、古、赵、唐，这都什么地方呀？都是矿区呀，林西、马家河、古冶、赵各庄、唐山，哪儿说都满园。

“当时男女先生们所说的书目大都是传统的，呼家将、杨家将、三侠剑（铁伞先生）。朱先生的书新鲜呀，全是爱情，所以特别叫座。朱先生的派头也和别人不一样，上台叼着象牙烟嘴儿，桌上总是摆着三盒烟，三炮台、白炮台、美国骆驼！说着说着，饿了，叫饭店送来俩菜一壶酒，跟唠家常一样，边喝边说，两不耽误！

“奇怪的是，听众也是不急不躁，瞅着他连吃带说。哪有这样说书的呀？时至今日，半个多世纪了我也没想明白，这算是一种什么魅力呀？从认识朱先生到现在，我也没见过第二位，因为说书不是演戏，真吃真喝真招呼？朱大法千呀。

“说归说，朱先生学问可真不小，四书五经、中文外文、天文地理、生活百科。这可生不得气，人家是少年拿钱供出来的，要不是让大烟害了一下，说什么也落不到演艺界呀！我和朱兄处得很好，经常烫壶酒一块儿聊聊，真长学问呀！说真的，那会儿还不太明白‘与君一席话’呢。

“有一次我和朱先生去天津玩了几天，特地在老天华一人买了双鞋，礼服呢单皮底，做工考究，质量上乘。北京内联升、天津老天华字号货色就是跟别处不一样！逛完了往回走，一下火车傻眼了，还有十多里路呢！可是俩人腰里一个子儿没有啦！走回去？朱先生哪受得了呀！甭说十多里，一里他也不走呀，怎么办？俩人一商量，干脆卖鞋得了！‘要卖卖我的，谁让我是大哥呢！’朱兄真够样！说书先生火车站卖鞋，是不是惨了点儿？朱兄才不在乎呢，家里立柜都抬出去卖了（抽大烟那会儿），卖鞋算什么呀！话虽这么说，心里也不大得劲儿，毕竟我们二位是当时那一带的角儿呀！

“鞋刚摆上，碰上一位熟人。‘呦，朱先生、袁先生您二位……’这位愣了。朱先生实话实说了，把这位给乐得前仰后合，当即从兜里掏出十块钱给我们雇了辆车。没有不透风的墙，没几天圈里就全都知道了。有人就说了，二位在天津少喝点儿至于落到如此地步吗？嗨！谁说不是呢！”

两件真实的事，经袁阔成的回忆说出，生动又吸引人，既让我们看到了一代评书巨匠重朋友、讲义气的为人和洒脱、风趣的性格，又如同欣赏了两小段袁派评书一样回味无穷。

第二节
读书与查字典

几十年来，经袁阔成表演的评书，不管是传统书还是现代评书，都十分受听众欢迎。就像有听众说的：爱听袁阔成的书，而且是越咂摸越有滋味，没别的，就是两个字——喜欢！之所以如此，固然离不开袁阔成长期勤奋读书学习、不断积累的丰厚的文化底蕴。因而袁阔成也经常说："说书人的肚子里应该是个'杂货铺'，什么东西都得有……"

⊙查阅资料中的袁阔成（冯赣勇摄）

袁阔成在这里说的"杂货铺"，就是指多读书，为各类知识作积累和储备。就像一个知识库，既有生活离不开的柴米油盐酱醋茶，又有文化少不了的琴棋书画诗酒花。只有这样，评书演员在创作表演时才能够得心应手，听众才会觉得韵味深厚。

对于多读书、积累丰厚的知识，袁阔成还说："过去人们称说书的人为说书先生，为什么会有这样的称谓？因为人们觉得说书人知道的东西较多，听了你说的书能学到一些知识，能明了一些事理。如果你对这个知之不多，孤陋寡闻，说出来的东西驴唇不对马嘴，车轱辘话没完没了，这个先生你还配当吗？"

虽然小时候由于环境所迫，袁阔成只断断续续上了三年私塾，但他在几十年的评书表演艺术道路上却不断钻研、不断进取，并取得卓越成就。凭借的，除了自身的天赋，更离不开他的勤奋读书。熟悉袁阔成的人都知道，他的房间就像图书馆一样，整个屋子里书架子上就不用说了，从床上到床下，再到椅子上，全都是书。

营口的同志都记得，在 20 世纪 60 年代物资还不那么富裕的时期，团里若是有人出差去北京回来，大都带些挂面、糖和肉之类的食品。唯独袁阔成，

⊙思考中的袁阔成

从北京回来大包小包倒是不少，却无一例外全是书。去接站的同事一看，天哪，这哪是出差呀？这不整个一个给图书馆搬家嘛！也有人怀疑过，袁阔成这么多书，他看得过来吗？于是找机会去他家任意翻开了几本，结果看到，几乎每一本书上都有条条杠杠的圈点……

去袁阔成家做客的著名话剧表演艺术家李默然先生看到那么多种类繁杂的藏书后说的话令人感慨："难怪他知道的东西那么多，原来他看了这么多的书，真是个名副其实的杂家！"

而爱读书、读书多而杂的袁阔成最早的"功夫"则起于查字典。那还是在20世纪50年代初期刚刚开始说新书的时候，当说到一段评书里的"八路军

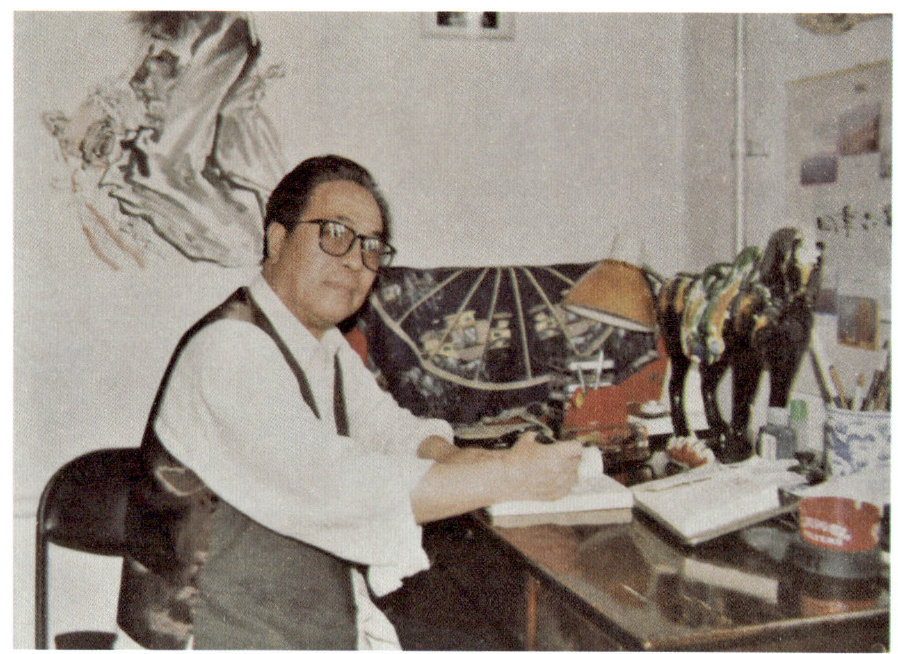

⊙寻找新资料的袁阔成

扎裹腿”时，没想到这个“裹腿”的“裹”字袁阔成不认识。他只是觉得这个字眼熟，好像在哪里见过，可就是不知道念什么。琢磨了半天，对了，想起来了，火车站的行李房不就有这个字吗？

原来50年代初期，我国还没有推行简化汉字，所以那时行李房的“行李”两个字还是繁体字“行裏”。这么一看，这当时“行裏”的“裏”和那个“裹腿”的“裹”字还真是容易弄混了。所以袁阔成当时并没多想，也没去查字典，张嘴就把这“裹腿”直接说成“李腿”了。这一下不打紧，用袁阔成的话说：“八路军这‘李腿’一扎不要紧，一下就扎了一两年，也没人告诉我……”

后来，还是一位老团长来听书，他一听这“八路军扎李腿”，怎么琢磨也不是那么回事，于是他找到袁阔成，说：“你这李腿好像不大对劲儿，你是不是应该去查查字典呀。”袁阔成一听，立马去查了字典。这才知道这说了一年多的“李腿”应该是裹腿。嗨，要不是这位老团长，真不知道这“李腿”得扎到哪一年呢！

这看似一件近乎笑料的小事，袁阔成却十分在意，他觉得这简直就是犯了评书表演的“大忌”。因而他一面告诫自己今后决不能再犯这样的错误，一

⊙静思的袁阔成

⊙创作中的袁阔成

面又给自己立下了“凡是不认识的字，哪怕是认不准、模棱两可，甚至是一字多意的字，也都必须查字典，以字典为准”的规矩。

从此，袁阔成不管走到哪里，都不忘随身带着一本新华字典。字典查多了，字音念准了，认识的字也多了，读的书也更多，知识也更丰富。而这对评书表演艺术的提高，可说是尤为重要。谈起这些，袁阔成更是体会颇多：“鲁迅先生看书，能在字里行间看出‘吃人’二字，那是人家有本事。我们之所以看不出，因为我们没有那道行。怎么办？就得在另外一些书里去找、去补充。比如说《暴风骤雨》，除了正文书外，有关土地改革方面的东西，你得尽量去看。看得越多越好，因为整个书贯穿的都是这些事儿。当你都看明白了的时候，说起来才不会洒汤漏水。说《红岩》也一样，如果你连什么是‘中统’，什么是

‘军统’都不明白，怎么能说明两者之间的关系呢？你又没当过特务，又怎么能知道其中的诡秘？所以要想深一些了解，就必须看一些东西，再加上多了解一些川味儿的民风民俗，把几者结合起来，才能把书说得有声有色，人家听了，才能觉得有滋有味儿……”

努力读书与认真查字典，始终伴随着袁阔成几十年评书表演的艺术创作，更彰显了一代评书表演大师好学与钻研的勤奋精神。

第三节
“逼”出来的谢幕“范儿”

都知道袁阔成的评书表演精彩，听众们在饭后茶余更是少不了对他的夸赞。而在圈内同行的聊天中，大家聊得最多的，则是袁阔成在表演完后的“谢幕”。因为他的谢幕实在是太与众不同，太别具一格了。

谢幕，大家都懂，一般就是指演员在演出完毕之后，给观众鞠躬敬礼，然后转身退出舞台，表示演出结束。但袁阔成的谢幕却全没了演出结束的景儿。这全都是因为他的谢幕极具“袁氏”的“范儿”。首先是他表演完的鞠躬敬礼，那是随着最后台词的节奏来行的一个 90 度大鞠躬。比如《肖飞买药》的结尾：“也不知哪儿还放一炮，什么意思呢？这是欢送啊，欢送肖飞呀！啊！这叫鸣枪开炮来欢送，欢送独胆英雄完成任务，是胜利而归！”

随着这“胜利而归”铿锵有力的节奏，袁阔成紧接着的一个 90 度大礼也十分果断有力，稍微停歇之后，他抬起头，紧接着右腿向后稍退一小步，然后身体略向前倾，转向舞台 45 度角，面带笑容，就像戏曲表演的走圆场一样，两臂如飘带般自然摆动，急步而又飘然而下。这么一来，不论是 90 度的大鞠躬，还是急速转身的飘然而下，不仅与前面书中表演的气氛节奏吻合、一致，更把观众带到了继续观看演出的情绪之中。这样的状况，“返场”自然而然地成了接下来的节目。于是，在观众的热烈掌声中，袁阔成如退场前一样，潇洒地摆动双臂，快步而上。只不过换了个方向，面向观众敬礼，接着开始表演……

因此可以说，袁阔成的每一次演出完毕后的谢幕，根本就不是演出的结束，而是演出的又一个开始。时间一长，袁阔成更是和观众一样，把谢幕当成了演出时必不可少的一个内容。

这样与众不同、独具一格的谢幕，也让袁阔成的每场演出都获得了无数的“返场”，更成为当年业界的一段佳话。当然也有很多人不知道，袁阔成这近乎完美的谢幕，既不是自己设计的，也不是练出来的，而是“逼”出来的。

谈起被人称道的谢幕，袁阔成回忆说：“曾经有人问过我，那样与众不同的“谢幕”，当初你是怎么设计出来的呀？我当时一听就笑了。我告诉他们说，哪有什么设计呀，完全是逼出来的。当年评书走进剧场，有好多东西我也不太适应。比如说过去在茶社说评书，就没有‘谢幕’这一说，可后来进了剧场，就需要了。我一开始也不知怎么去做，没办法，只有向别人学呗。可是学了那么一段时间，自个儿还是不大自信。特别是赶上大一点儿的舞台，老半天走不下去不说，还有好儿回没等走进侧幕呢，人家下一个节目就该开始了，弄得还挺尴尬。只好自个儿加快脚步走下去，就这么着一来二去给逼成这样了……”

虽然袁阔成谦虚地称自个儿的这个谢幕是“逼”出来的，却形成了他飘然而下、潇洒又与众不同的谢幕“范儿”，而这，不也正是袁阔成评书表演艺术的又一魅力吗！

第四节
一把扇子寄深情

2008年，79岁的袁阔成将他亲手绘画并题字的一把折扇送给了第一次见面的学生张伟。从此，正在学习曲艺专业的大学生张伟就经常跟在一代评书表演大师身边学习，那把袁阔成唯一绘画并题字的折扇，也从此被张伟珍藏在身边。

⊙袁阔成与学生张伟

一把折扇为何如此珍贵，为何要送给晚年的弟子张伟，这一切，还得从张伟要跟着袁阔成学评书开始说起。

张伟是我国第一届学习曲艺专业的大学本科生，著名相声表演艺术家李金斗的爱徒。现在北京城市学院任曲艺教研室副主任、担任曲艺专业教学工作的张伟也是中国曲艺家协会和北京曲艺家协会会员、北京鸿达以太演播家、中央人民广播电台音像出版社特约演播家。他专攻相声和评书专业，先后荣获第五届中国曲艺牡丹奖入围奖，全国大学生艺术展演相声、小品双项一等奖，辽宁省首届大学生戏剧节个人表演一等奖、优秀作品奖，全国青少年精英演艺人才大赛金奖等多项荣誉，并在中央人民广播电台播出了长篇评书《剑客行》《康熙会盟》等。2008年，张伟在大学毕业前夕参加了营口市“和谐杯”评书故事大赛，获得专业组一等奖，并与袁阔成的女儿袁田先生相识。之后，经师父李金斗的引荐，张伟正式跟在袁阔成身边学习评书。而谈起自己珍藏的那把折扇，张伟说最难忘的是第一次与袁阔成见面。因为正是这第一次见面，袁阔成送给了他那把十分珍贵的折扇。张伟回忆说：“这是我们爷俩第一次见

⊙袁阔成为赠给张伟的扇子作画。

⊙袁阔成为赠给张伟的扇子题字。

面时先生送给我的。所以当时的情景我至今记得清清楚楚。那天，先生穿一件浅色外套，戴着帽子，脚穿一双‘内联升’布鞋（后来我才知道，先生只穿‘内联升’的布鞋），浅色裤子，背着小包，手里拿着个小布兜，步履矫健地一步一步走过来。我飞奔过去，叫了一声：‘师爷您好。’（是我师父告诉我的）先生激灵一下，然后哈哈大笑：‘高材生，张伟，来啦爷们儿！’我只会呵呵傻笑，倒是没忘给先生鞠了一躬，先生用手一拉我，走，进去聊……”

第一次见面，79 岁的一代评书表演大师就和不足 20 岁的曲艺专业大学生聊得风生水起，从怎么看待评书的发展，到怎么认识评书，又到应该怎么说好评书……年轻的大学生结合自己听过、看过的一些资料、戏剧、电影等，向大师述说着评书的发展现况和自己大胆的构想，还有话剧表演和评书表演的共同之处……年老的袁阔成则一边乐呵呵地听着，一边不时说出他对评书的一些看法，像“评书不论怎么发展，紧跟时代是很重要的”，还有“评书演员要对评书有敬畏感，因为你说的是书，它跟单口相声是不一样的，从表演到语言的运用技法都不一样，首先你要知道评书它是严肃的艺术”……

袁阔成的话，既让学生听得入神，又充满了幸福感，因为这都是他第一次听到，而且又出自著名的评书表演艺术家之口。他们又接着从袁阔成熟知的几位张伟的大学老师聊到了评书进茶馆的事。

张伟说：“先生，我想问您一个问题。您说评书是不是也应该走进茶馆，这是不是评书以后的发展趋势啊？”

袁阔成摇了摇头：“茶馆只能作为评书传播的一种形式存在，不能否定它的好，但是呢，如果评书再回归小书馆，这是一种没落和退步……我经历了好几个历史时期，我的先辈都是说书馆的，都挣钱，能耐都很大，都很有社会地位，但是在旧社会，你再有地位，也是说书的，社会底层人物。观众喝着茶，嗑着瓜子，听你说书。为了能让观众听你的书，你就得去迎合观众，有的毫无严谨性，满嘴跑火车。再有能耐的说书先生，为了生意和上座率都得降低身份，很难谈到有自尊，你说得再火，也就是那百十来人，因为坐满了就那些人。说完三个月，再去另一家书馆，说得再好，推广上，也是小群体，谈不上有大发展，一部书就可以了。后来解放了，我自己就有所改变，为什么评书不能上大舞台呢，永远在书馆呢？我就编排了很多节目，终于评书可以走进剧场，和歌舞一样同台演出了，而且不比他们效果差，为了上舞台，我借鉴了很多艺术门类，话剧、武术、戏曲、相声、杂技等，就是为了让节目更好看，说表并重能打动人，后来我用了十几年的努力，评书不仅上了舞台，从半身艺术变成了全身艺术，而且还去了体育场，这就是进步革新。剧场咱们成功了，我就想去电台，再努力，向夏青老师他们求教，怎么借鉴他们广播，融入到评书里边去，后来听众越来越喜欢，成功了，电视慢慢普及了，评书也可以上电视啊，那时候中央电视台还不叫中央台，叫北京电视台，我就又往电视上迈了一步，也反响很好，而且走进广播和电视后，对评书有很大的普及和宣传作用，那个时期评书很火的。有了网络，我又尝试说了网络飞天评书，我所经历的，做的努力，就是让评书跟着时代走，不断进步创新，普及评书，而现在一下子又回到书馆，我觉得这是一种退步，但是百花齐放，不见得不好，只能作为一种方式存在，但是演员得精心设计，认真排练准备，不要求你说得多么完美，但求你能有几分敬畏感，对评书这门行业也要有敬畏感。我特别希望年轻人能够多多关注评书，都来学习评书，像相声演员那么多，就好了……”

袁阔成的一席话，让张伟如醍醐灌顶，他一动不动地看着自己的先生，一句一句默默记在心里。但袁阔成的话还没有说完：“现在你们孩子都不太会选书，有些书，知道就可以了，可以学习精华，知其所以然，但是不能抱残守缺，我们有些从业者也有误导学生的，不明白的太多，因为学的时候也不太懂，嗨，这行业挺难的。你这么年轻喜欢评书就不容易，能坚持下来就好了，多看书，多思考，我送你四个字，熟思静评，你要多思考这几个字，做个好的继承者。评书有一天没了有文化的人关注，没有了年轻有点学识的年轻人学习，就真的堪忧了。首先你说书，是不是得看懂书啊，你就要多看书，多思考，有选择地学习……”

听说张伟要去参赛，袁阔成又嘱咐说：“不要惦记拿奖，争强好胜，首先要想着去学习，多看看，长长见识，就不白去。跟谁也不要比，要比就跟自己比，才最实在。”年轻的大学生听了很感动，因为就在昨天，师父李金斗先生也是这样对自己说的，看来艺术家的思想是很相近的。

一老一少的对话不知不觉已经快两个小时了，张伟有些担心影响袁阔成休息，却不知，大师的“结束语”仍然精彩得让他难忘：“宝贝儿，你很幸运，拜了一个好师父，踏踏实实跟你师父学本事。但是我提醒你，你还要有意识地多去学你师父的为人处世风格，那也是很重要的。能耐不够可以慢慢学，人品不好，专业再好没用。你小子言谈举止，基础不错，有点你师父的意思，你知道我和你师父的关系吧……嗯，你小子不是外人，有些福分和潜质，喜欢评书，以后可以经常到家里来……”

张伟赶紧站起来，一边给袁阔成鞠躬，一边说“谢谢爷爷”。

“叫爷爷也对，从你师父那论该这么叫，但是咱们说书的都叫先生，以后叫我先生也行。”说着，袁阔成从包里拿出一张签着“小伟惠存，袁阔成”的 DVD，一边递到学生的手中，一边说，“这张光盘，有我几段作品，你回去可以看看，喜欢就可以学学，不明白来问我。”

激动的张伟还没缓过神儿，袁阔成又拿出一把折扇：“宝贝儿，我刚才说了，你有几分福分，我啊，很少给人写扇面，更不会给人画扇面，你是唯一一个。这把扇子给你，这是我画了好长时间的，画得不好凑合看吧，这边的几个字，你要记住，也是我对你的期望……”说着，袁阔成打开扇子，立时，他的亲笔手书“小伟，后辈要比前辈高”展现在眼前。那一刻，张伟只觉得一行热泪流淌在脸颊……

从第一次见面与袁阔成的热聊，到被赠与唯一绘画与题字的折扇，一幅幅画面深深印在张伟的脑海中……其实袁阔成留给张伟的何止是那把珍贵的折扇，一代评书表演大师把他对中国评书的热爱、关注、忧虑，把他对年轻的新一代学生寄予厚望的真情，和这把折扇一同留给了他的学生。

第五节 只有学生没有徒弟

很多人都知道，袁阔成成绩卓著，身边更不乏虚心求教的众多学生，但他却从未正式收过一名徒弟。对此，一代评书艺术大师自然也有自己的看法："拜师收徒，只是个形式问题，没有必要过分地看重它，我有那么多学生，已经很知足了，在我眼里，学生和徒弟没什么两样，只要肯学，我就肯教。这么些年，我已经习惯了，没必要去改变它了。"

⊙袁阔成与学生李少朋

与袁阔成情同父子的李少朋，是著名评书表演艺术家李鹤谦的侄子，他的父母也是营口有名的评书演员。而从小就得到袁阔成指点，深得袁阔成真传的李少朋更是在全国评书大赛中夺得专业一等奖，并在中央人民广播电台录播了金庸的长篇评书《笑傲江湖》《雪山飞狐》等作品。因此专家评："中国录播金庸第一人，乃李少朋也。"对袁阔成终生未收徒弟的事，李少朋回忆说："我从小就喜欢评书表演，那时我家就住在袁先生家的后院，袁先生也很喜欢我。'文革'后期的时候，父亲带我去袁先生家，让我拜袁先生为师，并让我给他磕头。袁先生连忙拦住说：'别称师父，拜师是旧的东西，现在不兴了。别叫师父，叫老师。'接着袁先生又说，'这都什么年代了，过去收你为徒，是赏你一口饭吃，那时的徒弟要住到师父的家里，吃住由师父负责。徒弟不光是学艺，还要给师父干家务活儿，像什么生火做饭、端茶倒水，哄孩子倒尿盆的，都得干。赶上师父不高兴，挨骂挨损的更是少不了……'我觉得袁先生是追求进步的人，他在旧社会学艺吃了不少苦，心中留下了阴影，他总觉

⊙袁阔成父女同台演出（冯赣勇摄）。

⊙袁阔成与学生、朗诵艺术家铁成

⊙袁阔成与学生田占义、陈克峰、赵维莉(冯赣勇摄)

⊙袁阔成与学生方青卓

⊙袁阔成与学生冯赣勇（刘力捷摄）

⊙袁阔成与学生刘兰芳（冯赣勇摄）

⊙袁阔成与学生、义女汪文华（冯赣勇摄）

⊙袁阔成与学生汪文华、刘延广、何祚欢等（刘延广提供）

⊙袁阔成与学生刘延广等（刘延广提供）

得新社会了，年轻人不能再受过去学徒的苦了。所以他说：‘我不敢收徒，不能再走过去的老路，都叫学生……’

“后来又和袁先生提起收徒的事，他说：‘我的徒弟要是女的，就应该像倪萍那样，要是男的，就应该像王心刚那样的……’我想，实际上，袁先生心目中对徒弟的期望值是很高的。另外袁先生从小读书少，他很敬重有文化的人，尤其羡慕大学老师，喜欢学生叫他先生，甚至连家里的孩子对外都称他为先生……”

跟随在晚年袁阔成身边学习的张伟说：“袁先生从没正式收过徒弟，但是他有很多学生，老人家教学也很认真，可是他的艺术太难学了，要具备的条件也太多了，首先得有文化，有表演基础，有正确的艺术观、价值观，最重要的是得耐得住寂寞。学袁先生得先学会听和看，不容易啊。到了老年他也很有感触，跟我说过，很多人都不太了解他，大家都只是在意学他的动作和外在的神态，却从不知道去了解他这个人，为什么要创作这个作品，他的创作和表演依据是什么，演员根据生活经历怎么表演、怎么处理……没有抓住魂，你腿脚再好，也是四肢发达，华而不实，一身匠气。袁先生说，他教过很多学生，他

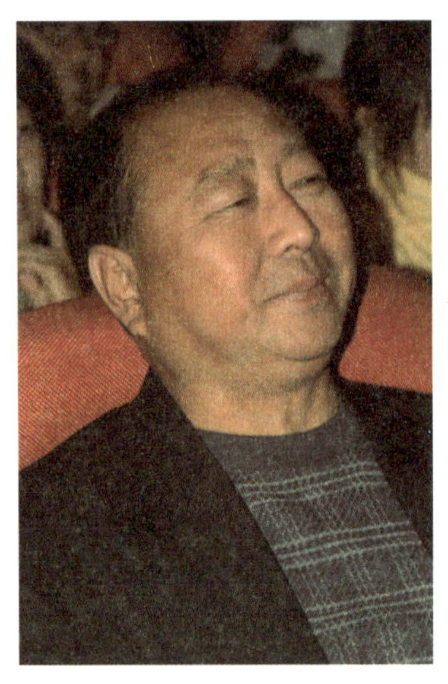
⊙被袁阔成称为学他最像的学生巩宝生

们虽然没有从事评书这个行业，但在各自的领域里都有自己的建树，这也是评书艺术给予他们的……”

虽然没有正式行过拜师仪式收徒，但袁阔成却始终不忘培育新人。进入耄耋之年后，更是注重培育新人、带学生。他的学生很多，来自四面八方。因此袁阔成说：“学生不少，有地方的，有部队的，一半是师生的关系，一半是朋友的关系，虽然我这儿没有研究生、博士生导师这一说，但是有的都演了好多年了，回过头来又到我身边来了，重新要学一学，研究研究……”

为了教好学生，袁阔成每天都坚持看书学习，有人对他说：“您这年纪，已经很有成就了，干吗还这样用功读书？”他很平静地说：“这才哪儿到哪儿？学海无涯，艺无止境，还得琢磨呢……”

袁阔成亲自指导的学生既有评书名家，也有文化艺术界的名人。像中央人民广播电台著名播音员、朗诵艺术家铁成，中央电视台《曲苑杂坛》栏目主持人汪文华，《夕阳红》栏目主持人陈志峰，郑州市人民广播电台文艺部主任编辑赵维莉，还有著名影视演员方青卓、王勇，话剧演员马步秋等，不仅受到袁阔成的教授和指点，并且完成表演了多部深受群众喜爱的评书作品。后来这几位袁阔成亲身教出的学生虽然没有活跃在评书舞台，但却无疑是各自行业中的佼佼者。

而袁阔成教过、能够接他的班、一直活跃在评书艺术表演舞台上的学生更是遍及祖国大地，可谓桃李满天下。像鞍山市曲艺团著名评书表演艺术家巩宝生（袁先生曾说，巩宝生是学他最像的弟子），铁路文工团著名评书表演艺术家田占义，还有一直跟在袁阔成身边、陪伴他走完人生最后路程的张伟……他们都是他指导成长的学生。

还有一个受到袁阔成亲身指点教授的学生更值得提上一笔，就是他的女儿袁田。出生在评书世家的袁田，自幼耳濡目染，受父亲表演艺术熏陶，不仅喜爱评书表演艺术，更极具表演天赋。上学时参加了校文艺宣传队后，小小年纪的袁田就先后为大家讲了《毛主席去安源》《雷锋的故事》《纪念白求恩》《抗洪抢险》等故事，受到同学和观众的热烈欢迎，被赞为“故事大王”。

在父亲的悉心传授和教导下，袁田的评书表演艺术水平日益提高，后来正式加入营口市曲艺团。这以后，继承父业的袁田一直活跃在舞台、电台及电视台上，先后表演、播讲了《管鲍之交》《茅焦解衣见秦王》《八荣八耻》《天霸拜山》《许云峰赴宴》《峥嵘》《奥运火炬手》《明镜高悬》《李大钊的故事》《春秋五霸》《战国七雄》《抗战英雄》，与张伟合作的《白玉老虎》等。

如今，年届六旬的袁田仍然十分忙碌，前不久刚刚在中央广播电台“华夏之声”上与刘振波、张伟合作录完47讲的古典评书《康熙会盟》。谈起自己热爱的评书表演，袁田先生说：“我还会创作更多更好的评书表演作品，因为我热爱评书表演，我要为父亲奉献了七十余年的袁派评书发扬光大而努力。”

第六节
名副其实的顾问

都知道袁阔成评书表演艺术成就卓越，演出和录制的评书表演作品更是数量丰厚、多姿多彩。却不知，一代评书表演大师在大量创作演出的同时，更与多位作者合作，整理、集结出版了一系列的评书文本图书。到了 20 世纪 90 年代，袁阔成更被辽宁春风文艺出版社聘为评书丛书的顾问。由于对“顾问”工作的认真负责和令人敬佩的作为，袁阔成不仅受到称赞，还被出版社誉为“名副其实的顾问”。这，自然还得从袁阔成开始出版评书说起。

最早是在 1979 年新中国成立三十周年时，在《辽宁文艺创作选》的《曲艺选》中，出版了袁阔成享誉全国的评书《舌战小炉匠》和他与弟子巩宝生合作的《紧急电话》。1982 年，在《古今评书选》中，又出版了袁阔成的《许云峰赴宴》《桃花庄》。

这以后，一直到 1986 年，除了《评书三国演义》（上集）外，又相继由广播出版社出版了《赤胆忠心》，黑龙江人民出版社出版了《时迁大闹大名府》，百花文艺出版社出版了《赵子龙》等书，以及被收入到各种曲艺集与评书集中的许多短篇评书。1985 年由春风文艺出版社出版的半文半图本中篇评书《燕青打擂》，还被香港改编成武打故事片，受到广大观众的喜爱。

1991 年，袁阔成的《长坂坡》《哪吒闹海》《节振国夺枪》被收入《中国评书精华》（四卷本）中。1999 年，《舌战小炉匠》《许云峰赴宴》被收入新中国成立五十周年辽宁优秀文学艺术作品系列丛书《曲艺卷》中。

而关于评书大师被誉为“名副其实的顾问”，辽宁春风文艺出版社耿瑛总编则有一段深情的回忆：“春风社曾两次聘请袁阔成当丛书顾问。第一次是 1991 年戴宏森主编的《中国评书精华》（四卷本），各卷序言与选目都征求过他的意见。12 月 3 日他收到样本后，来信说：‘作为一个老朋友，一位评书演员，非常感谢你为评书界、为广大读者及评书爱好者做了一件好事，此举功在当今，德在后人，首先感谢改革开放，感谢热心此举之诸贤！’他说得对，

⊙袁阔成与耿瑛总编（耿柳提供）

没有改革开放的好政策，哪能出齐这套丛书。第二次是1996年编辑《中国十大传统评书经典》（十卷本）。当年4月，他看完我起草的‘总序’初稿后，来信说：‘所谓顾问，顾得上就应问。’他一共提了4条意见：1.加入评书在传播文化方面的功绩；2.强调三国、水浒等章回小说源于说书，古代说书先生功不可没；3.高台教化，以古鉴今；4.不能忘了前辈老师，如辽宁名家福坪安、丁正洪、李鹤谦、李庆溪、赵玉峰都应提上一笔，有真本事的，还得说以上诸老。最后还说，序文出自我这位行家老手，笔墨应该重些，他指的不是字数，是分量！我虽非司马迁，但此书也带有些《史记》性质，不知要传多少代？从选材、着笔、断论，尽量慎之为尚，多两个反复总比遗憾、慨叹要好些……”

两次做丛书顾问，袁阔成的话虽不多，就像他所说“所谓顾问，顾得上就应问”，但无论是他“此举功在当今，德在后人，首先感谢改革开放，感谢热心此举之诸贤！”的感谢之辞，还是他“不能忘了前辈老师”的一条意见，都让我们看到一个硕果累累的评书大家仍然关注评书、尊重评书前辈的高尚情怀。就如耿瑛先生所说：“读来信，受教育，袁先生真是一位名副其实的艺术顾问。”

第七节
首先是一名党员，然后才是演员

1965年，已经在评书表演事业上取得辉煌成就的袁阔成又成为一名中国共产党党员。从此，他时刻不忘以一名共产党员的标准严格要求自己。而他经常说的那句自己“首先是一名党员，然后才是演员”的格言，更为许多人熟知，就如他在接受记者采访时说的那样：“我从来没有忘记自己是一名党员，在我入党时，党组织对我说：‘从现在起你要从主席台上坐到后面去了，领导要陪别人了。别人坐小车，你要走路或挤公共汽车，这些事你想过没有？解决了没有？’这些话我现在还记得很清楚。从那以后，我就清楚地意识到，今后我不仅是一名演员，更重要的是一名党员。”

“首先是一名党员，然后才是演员。”袁阔成是这样说的，在生活和工作中，

⊙袁阔成与女儿袁田在北京

⊙袁阔成的红色情怀

⊙袁阔成在基层演出。

⊙袁阔成 20 世纪 50 年代为营口山区人民演出。

他也是这样做的。因此，提起这些，原盘锦市宣传部长瑞君同志深有感触地回忆说："袁先生以他感人的艺术魅力征服了成千上万的听众，而他对待艺术工作的严肃态度，又表现出一位党员文艺工作者的高尚品德……他常说：'人民把我们称作人类灵魂的工程师，我们就应该对得起这个称号，努力把最好的精神食粮献给人民……'在金钱面前，袁先生没有随波逐流，更从不计较，记得他曾对我说过：'要是为了挣钱，那很容易，我一个人不管到哪儿，打个点，

⊙袁阔成 20 世纪 70 年代为营口小学生演出。

一天最少收入几十，但是我是在党旗下宣过誓的，我追求的是党的事业……'

“1983 年的‘六一’，袁先生应邀为中国少年儿童中心义演。他为孩子们表演了一个反映善与恶斗争的故事《仁义鸟》，受到了小观众的热烈欢迎。演出结束后，充满感激的领导同志问袁先生有什么要求，但他什么也没提，只喝了一杯白开水就走了。而在中央台录制节目及《三国演义》的录书费，袁先生也全部交给了营口曲艺团。

“几十年来，袁先生从不以名演员自居，而是处处按照党员标准要求自己。外出时，以他的级别，完全可以车接车送，住高级宾馆，但他都拒绝了……在书目的选择上，他总是先考虑是否对党对人民有利。像有些老书，虽然技巧很高，但社会效果不好，他便‘忍痛割爱’……袁先生就这样以一个党员文艺工作者的高尚品德，实现了一个共产党员的誓言。”

女儿袁田则回忆说：“在我的心目中，父亲不仅是一位杰出的评书表演艺术家，更是一名优秀的共产党员。他经常对人说，我首先是一名共产党员，然后才是演员。在我的记忆中，父亲一直是以共产党员的标准要求自己的。

“记得母亲曾说过，当年为了说新书，收入受到影响，家里穷得只剩下一领炕席，一床破被，最后实在太困难了，父亲就让母亲卖掉了结婚戒指和旗袍……虽然那时父亲还没入党，但提起来，父亲说：‘我是党的人，党希望我们说新书，砸锅卖铁我也要说。’

“父亲一向把金钱看得很淡泊，当年为了说好‘三国’，父亲去了全国很多地方考察，却全都是自己掏钱，从没向组织提出任何要求。他给学生辅导，出去讲课，也从不收钱。人家非要给钱，他要不就是给人家写一个签上营口曲艺团的收据，要不就是让人家直接汇到团里。

“像那几年抗冰雪、地震的义演，父亲也从来都是当仁不让地走在前面。对于曲艺界有名的天津北方曲艺学校（那是当年陈云同志一手倡导成立的，也被称为培养曲艺家的摇篮），父亲总是义不容辞坚持定期去讲课。记得父亲80岁那年，为北方曲艺学校准备讲的是‘怎样搞好评书的舞台表演’。虽然本来准备只为评书专业的学生讲，没想到一听说80岁的袁阔成来讲课，老师们，快板、相声和鼓曲专业的所有学生，再加上天津曲艺团的团长带上全团的人，全都来了……那一堂课的影响自是不必说，父亲仍然是一分讲课费不要，车马费也是自己掏腰包……”

第八节 人生抒怀

⊙袁阔成在与观众见面会上（冯赣勇摄）

2014年，一代评书巨匠85周岁了，依然是思维敏捷、身板硬朗。与人聊起天来，依然风趣幽默，就如他在播讲评书小段一样，时而引人发笑，时而令人深思，听后久久回味无穷……

谈起身体的健康，袁阔成说：“人的身体好，离不开好的心态，还要注意坚持锻炼身体有好的饮食习惯。我这个人酸辣甜咸都不忌口，猪的、牛的、羊的，烤的、炖的、涮的，都能招呼，但并不贪食，八成饱住筷。每餐必有一青菜，炒、拌、生、熟都可以，绿油油、脆生生，食色诱人，帮助消化又有营养，何乐而不为？我现在满口牙无一人造的，饭前再来杯茉莉花茶，怡然自得……

⊙卷烟，是袁阔成戒烟后的乐趣。

“以前因为抽烟引起咳嗽，对说书效果有影响，我早就下狠心戒了烟，但饭没戒，也不能戒。记得在三年困难时期，粮食奇缺，一次说《三国演义》张飞大喝当阳桥的段子，由于长期腹饥难捱，精气神儿不够，这一喝喝得不漂亮、没底气。虽然观众没说什么，但我仍然觉得很歉意而又无奈。人是铁饭是钢啊！作为演员，我把身体当地种，你不敷衍它，它也就不糊弄你，这样才有精力去搞艺术。”

“吃饭不忌口”“把身体当地种”，又如两个评书小段般风趣，让我们

⊙袁阔成垂钓

⊙袁阔成在北京十渡（冯赣勇摄）

⊙袁阔成在陶然亭

看到了袁阔成的“养生哲学”。

在自己最热爱的评书表演事业和取得的荣誉、成就面前，袁阔成最不忘的则是严格要求自己，谦虚待人，把观众当朋友：“我对自己没有别的要求，就是台上台下要尽量一致起来。我这点儿艺术，这点做人的道理，都是党和人民教给我的。作为一名演员，人品和艺德同样重要，做人做不好，你的艺术再高也不好使。做演员的台上台下都要把观众和听众当作朋友，只有这样才能成

⊙晚年的袁阔成与夫人在一起

⊙袁阔成在新加坡

⊙袁阔成小憩

为一名合格的文艺工作者……

“我觉得一个人的心态很重要，尽量少攀比，比如朋友之间见了面聊起来，说谁谁当了总经理了，哎哟，了不起，是嘛，有能人哪。人就应该这样，也就是说把自己的位置摆正了之后，什么都好办了。像有的人，成名了，走路也不一样了，脸也扛起来了，主要是自己没想好，如果想好了之后，就一定会长期谦虚谨慎。到现在，我的街坊邻居，包括小孩儿，见着我，我说：‘小朋友，下学了？’发自内心，绝不是跟孩子在作戏，他这么大，我跟他作什么戏啊？当然有时候我看不惯的也不少，比如我坐公共汽车，‘腾’，上来两位，一位白发苍苍，带着的孩子有十岁了吧，有个座位，老太太让孩子坐：‘宝贝儿，你坐这儿。’那孩子也不客气，一下坐在那儿。我瞧着就不顺溜。因为什么？这不符合我国的国情。大小伙子，你都十岁了，不站着干吗？还好，老太太旁边有个年轻人，我很感动，我正要站起来，他站起来说：‘大娘您坐这儿。’老太太才坐下。

“所以说这个书，也要宣传人间美德。大到国家大事，小到生活琐事。要家庭和美，家和万事兴嘛。一定得和和气气的，夫妻、兄弟、朋友都客气点，别挤着眉，瞪着眼睛，那不得劲，用不着。所以说大事化小、小事化了就完了。我一直严格要求自己，到现在到饭店去吃饭，都不敢大声说话，不瞒诸位，真是找个地方旮旯，怕被人家发现了……

“记得有一次我在外边沐浴，可不是现在的这种高级浴池，八毛到一块二一位的那种，我在洗，在我对面的一位认出我来了。‘您是不是袁阔成？’我说‘是’。‘您怎么到这儿洗澡来了？’我说我总在这儿洗。‘那哪儿成，得给您修个浴池。’我说‘行了吧，这个浴池就可以’。我眼泪差点下来了，就是说既然群众对演员这么推崇，这么爱戴，作为一个演员有什么了不起的！你就在那儿洗去吧，凑合吧。我尽量脸朝里边点洗得了……

“我老说‘出必告；返必面；将上堂；声必扬’这些在论的老祖宗留下的名言，至今指导着我们怎样做人。你出门办事得跟家里人打招呼，回来后也得言语一声。前一句是对年轻人而言，要养成尊敬家长的良好习惯。那么后一句话更是体现了人的修养和礼貌。上哪儿办事，你要敲门打招呼，人家答应了你再进去。要是没这习惯，好嘛，人家那儿正数钱呢，你推门就进，整个有侵害人家隐私权的嫌疑，这能行吗？所以说古人给我们留下的这些至理名言是一笔宝贵的精神财富，可不能轻易丢掉。”

第九节
艺无止境、永系评书

除了爽朗的性格、健康的身体，晚年的一代评书巨匠仍然在钻研评书表演艺术，创作表演新的作品。进入新世纪之后，面对不断发展的新形势，袁阔成紧跟时代步伐，通过一个个发生在股市里的真实故事，又为北京电视台录了一段他创作的“散户兵法”之“三十六计”的新评书段子《证券评书》。

谈起这段内容新、顺应时势的新作品，袁阔成说：“证券这东西对于评书来讲算一个新课题吧，我下了一些功夫，跑了几趟股市，之后逐渐地产生了兴趣，也就有了这段《证券评书》……”

紧接着，在中国首部“游戏贺岁大片”《三国风云Ⅱ》北京首发式上，该动画片头放映过后，袁阔成登上舞台，为观众表演了精彩的评书《三国演义》选段。从说古典评书《三国演义》到为游戏大片《三国风云Ⅱ》助阵，表面看，似乎“跳跃”有些大，但袁阔成却看到，这是时代的发展和需要，自己非常理解也非常支持。因此他在接受记者采访时说：“三国文化是我们国家宝贵的文化遗产，它体现了中国人民的智慧。用电子游戏的形式推广三国文化，可以使全世界的年轻人体验到东方文化的精髓。而且我对这个游戏的操作、形式特感兴趣……现在对咱们国家来讲，说白了抓两头：一个是老年，不承认不行，这是铁的事实，我们已经步入老龄化社会；二是娃娃们，拿这个三国来讲，你不能把它局限到少儿玩游戏，老年听评书，少年也得听，也得看，你就找这个能勾起他们兴趣的地方，他在里边能知道好多东西，这个很重要，这是一个功绩。表面看只是个游戏，其实后面的东西很深邃，有很值得人深思的东西。所以为‘三国’游戏尽一份力，我义不容辞……”

2008年，为迎接北京奥运会，袁阔成领衔推出了《评书说奥运》系列节目。8月8日至24日，《评书说奥运》在中央台文艺之声《今古传奇》栏目中进行直播后，获得国际奥委会名誉主席萨马兰奇亲手颁发的“公平竞赛奖……

晚年的袁阔成还有一个最大的爱好，就是看主旋律红色的影视剧，从《长

⊙艺无止境、永系评书是袁阔成永远的追求。

⊙晚年的袁阔成心中，仍是割舍不掉的“三国”情结。

⊙袁阔成晚年照

征》《解放》，到《东方》《八路军》，再到《周恩来的四个昼夜》，不但准时坐在电视机前一一认真观看，而且看一遍还觉得不过瘾。后来学生张伟就一张不落地给他买回影碟，他就一部接着一部地观看，每一部都是反复看几遍，一边看一边琢磨，有时还短不了几句评论，神情是那样专注……

谈起这些，学生张伟说："先生十分爱看反映革命历史题材的红色电影，电视里看完后总是跟我聊起片中的内容，看他这么喜欢，我就给他买来影碟。先生很高兴，每个片子都看了好几遍，有时也拉着我一起看，一边看一边还给我讲……看着先生兴致勃勃的样子，我知道那是他发自内心对党、对老一辈革命家深厚感情的流露……先生看得很认真，他跟我说：'我老是想，怎么能够把电视里对人物的刻画，对人情世故的描写，用到评书里，表现出来……'我听了，心中一震，我为先生心里始终装着他热爱的评书感动。先生还对唐国强、马晓伟、孙为民的表演给了很高的评价……"

带新人，讲课，电台录音，对主旋律红色电影情有独钟，还有喜欢下象棋，喜欢养猫……一代评书巨匠的晚年生活依然丰富多彩。而他念念不忘的，仍是他无比热爱的、永系心间的中国评书："要我说呀，只要有外交部存在就有评书。人总得说话吧，谈判离不开说话，话说得不明白，谈判肯定也谈不好。评书作为一门语言艺术，尽管它的发展前景不容乐观，但却还会占有一席之地的。老祖宗留下的话说得好：话是开心的钥匙，你做什么工作也得去谈话，你得去讲。只有把心交给人家，别人才能把心向你敞开。夸张点说，评书就是它能够开多少把锁呀？容易吗？但是事情得辩证地看，反过来，我为什么又说这门艺术这么沉重呢？我自己都感觉背着一个大包袱，压得我都快喘不上气来了，越挣绷还越觉得沉……实际上，我说的什么意思呢？评书要发展，必须要与社会的发展同步。都说不破不立，但破的一定要超过立的才行。现在是信息时代，评书虽然是传统形式，但要与社会同步前进，就要让这种艺术形式更多地反映新生活、新内容，只有这样，才能跟上时代的步伐。”

依然是那么风趣幽默，那么富于哲理，充满了一代评书表演大家的魅力，让人听了回味无穷……

尾声　最后的谢幕

尾声
最后的谢幕

发病住院

2014 年 9 月 2 日（农历七月二十），与学生们一起过完 85 岁生日宴会后，袁阔成在女儿袁田、弟子李少朋和张伟的陪伴下准备去复兴商业城。没想到走了没多远，老人就歇了好几次。一问，他才说：“嗨！我没跟你们讲啊，这老人呢要老先老腿啊，我就觉得我这两腿就跟杠子一样……”

这时，学生们才发现，老先生的腿已经有点肿了。他们要求袁阔成去医院，但袁阔成并没太在意。又过了几天，连脚都肿了。这时袁阔成才给他关系最亲密的义子阎洪春打电话。在阎洪春的精心安排下，袁阔成终于住进了空军总院泌尿科病房。检查结果是心脏问题，于是转到心脏内科。经过治疗，消肿很明显，袁阔成的身体也得到了一些恢复。提起这一段治疗，张伟说：“因为排水消肿，卫生间去得比较多，所以晚上我和李少朋老师都是一夜不合眼，紧紧盯着，但老爷子很好强，总是自己下床到卫生间，我们俩就负责搀。经过一段治疗，虽然每天晚上都要起来几次，但消肿良好，精神、饭量、睡眠都越来越好，每天晚上饭后我和李少朋老师推着轮椅在走廊转几圈，和先生聊得也越来越多。

“先生夜里睡醒时只要一敲床栏杆（这是我们值夜班先生叫我们的一个暗号），我俩‘噌’地就跑过来，先生一抬手，我们俩立马就明白了，先生要起来。不用思考，每次都几乎是同时，我俩左右一搭手，一扶先生后背，先生毫不费力就站起来了。嗨，现在想起来，真是默契……每天晚上先生都会坐起来跟我们聊很多，比如评书发展、未来啦，自己的一些经历啦，还有一些自己的不足啦，等等。每到深夜夜深人静的时候，还会聊一些平常我们听不到的话。有一天晚上，先生起来之后，坐在床上一言不发，低着头，思考了有三五分钟。我和李少朋老师伏在床前静静看着他：‘先生，您哪里不舒服吗？上卫生间吗？’先生摇摇头，看了我们一眼，叹了口气：‘嗨，你们说这砂锅居的砂锅白肉怎么那么好吃呢？’这个包袱一抖，哇！我们爷仨全都乐了，大师的幽默和思维真是别人不能达到、不能理解的。后来与先生如亲父子的阎洪春听说后，立即亲自跑到砂锅居，为先生打包带回了一份砂锅白肉。所以尽管整夜不合眼很疲倦，住在燕郊的李少朋老师在倒几次地铁和公交时困得还经常坐过站，但我们总是尽自己的力量照顾先生，珍惜那一段和先生在一起的时光……

“先生在住院期间给我们开了会，不许把他住院的消息对外公开，我知道，这是他不想让他生病的状态呈现给朋友和观众，他总觉得他应该永远是那个目光炯炯、说表并重、谈笑风生的评书演员袁阔成。这可能是先生内心深处的自尊吧，因为他光鲜了一辈子，所以一直到先生病重的后期，朋友、学生们才知道他病了，他的老朋友、资深编辑叶咏梅老师去看他，他还说：‘叶咏梅，你要是跟他们说我住院了，我可不答应……’”

第二次住院

2015 年 1 月 29 日，袁阔成回到家中调养，仍然由李少朋、张伟、袁阔成夫人的义子刘振波和女儿袁田、袁红、袁凤及外孙朱占京分班伺候。几天后，袁阔成再次住院复查治疗。一开始还比较稳定，但由于药物反应，排便出现了问题。深知先生连上卫生间都不愿麻烦人的李少朋不怕脏不怕累，主动上手帮助先生排便，接着刘振波、外孙朱占京和张伟也轮流承担了这项任务。特别是外孙朱占京，因为是孙辈的唯一男孩，更为病中的外公付出了许多。袁阔成虽然没有说什么，心里却十分感动，有事更是直接喊他们，连女儿都不叫了。

第二次住院，袁阔成的身体已大不如从前，但头脑清晰，时不时仍和弟子相互“幽”一个“默”。一天半夜，袁阔成起来想喝水吃东西，李少朋和张伟搀扶他坐到沙发上，半天没言语的袁阔成说：“我什么时候可以出院啊？”俩人哄他开心说：“先生您不要有压力，没事，您这身体基础多好啊，比我们都好，恢复之后，再找个‘红颜知己’没问题……”袁阔成听了哈哈大笑：“去去去，别拿老头儿逗哏。”吃完东西喝完水，缓了半天，袁阔成示意要躺下，俩人把他搀到床上后，坐在床上他仍是有一会儿没言语，忽然一摇头：“嗨，红颜知己，谁还没点遗憾呢……”噢，还没忘呢，这回是两个学生乐了……

最后的时光

因为快过年了，虽病情不见好转，袁阔成还是在 2015 年 2 月 16 日出院回家了，但家里治疗条件毕竟不如医院。于是过完年，2 月 26 日又住进了海军总医院。没有想到，从 2 月 26 日到 3 月 2 日，四天的光阴，竟成为一代评书大师人生最后的时光。

袁阔成住进海军总医院之后就开始输液，每天从早上八点到晚上凌晨三点多才能输完。他的腿又开始肿了，此时的他，应该是很痛苦的。其实从这次住进医院后，袁阔成似乎就明白，可能回不了家了……

张伟回忆

“3 月 1 日那天，我总感觉会有什么不好的事情发生，先生的状态不怎么太好，情绪非常狂躁。晚上我去值班，进病房时，他正看着我，似乎知道我要来了，眼睛里有那么几分释怀和安心，我静静地走到他床前，他跟我点点头。我摸着先生枯瘦的手，他还有意识地攥了攥我的手……

“病床的旁边放着各种仪器，先生身上贴着测量心脏的线，因为太瘦，那些线老贴不住，我找了几次护士才把线贴住。这时候先生虽然头脑依然清楚，但可能是太难受了，他老想从床上起来，情绪也很激动。看着先生那么难受的样子，我和先生的外孙光着急说不出话来，大夫也没有太好的办法，先生的女儿袁田和袁红更是全都哭了……

“先生看着两个女儿和外孙，一句话也说不出来，不知道这时先生心里在想什么，但是有一点我肯定，先生已经知道自己要走了……凌晨三点的时候，先生的情绪稳定些了。我坐在先生身边，他这时似处于一种深思状态，沉默不语。我贴近他耳旁：‘先生您喝水吗？’他摇了摇头，没说话。过了一会，护士来抽血。我和护士跟他说：‘先生，您翻翻身。’他意识仍然清楚，很配合地侧了侧身，护士抽完血，还说谢谢爷爷，先生微微一笑。

“护士走后，先生又自己侧了侧身，半侧卧着，躺了一会，他瞪大眼睛看着旁边的沙发，我以为他有什么吩咐，赶紧过去：‘先生您有什么不舒服吗？’他看着我，一句话没说，微微一笑，双手在胸前摆了摆，然后慢慢放下，很安静，再也没有说一句话。现在想起来，他双手摆了摆是在向我们、向他曾经那样辉煌的人生告别……

“就从这个时候开始，先生的心率越来越低……3 点 27 分，先生的心脏

⊙袁阔成先生追悼会灵堂（冯赣勇摄）

停止了跳动，我看着先生，他的面容是那样安详……”

这一天是 2015 年 3 月 2 日。一代评书表演艺术大师离世，中华大地沉入一片哀痛之中，人们纷纷表示深切的怀念之情。

中国曲艺家协会主席姜昆：很遗憾没有弄成袁先生的专场演出

“今天袁老师走了，他一辈子为评书事业奋斗的精神在我们心中留下了非常深刻的印象……他跟一般演员做的事儿还有所不同，他把‘新书’，也就是革命题材书，从小舞台推向了大舞台。早些年上过中央人民广播电台，央广的编辑把他当作专家请到台里做节目。王震将军生前就对袁先生说：‘我天天让我的孙子听你的评书，听《三国演义》，让他们好好接受传统教育……’袁先生把新书推到了大舞台上，但是他总觉得这个宏愿并没有像他预想的那样完成得那么好。他想把《肖飞买药》这些有革命传统的评书推出来，像《三国演义》一样受到观众欢迎，在老百姓心中扎下根。他觉得自己的这个宏愿没有完成，老说还要再弄两年。袁先生这样的大艺术家，一直有一种忧患意识，老觉得这个担当还没有完成。从袁先生身上，我特别能感受到这一点。这几年一直在跟袁老师接触，希望他能够总结自己，告诉年轻人怎么说好评书，要给他的艺术生涯做总结活动，但每每都被袁先生拒绝，说还早了一点。我觉得他心中还有一个目标，还希望把评书事业更加发扬光大……我跟他说，如果缺钱我去跑钱，缺节目咱们去找节目，节目单我找地儿帮您印……他今天同意了，明天又觉得不行了，说给自己办个专场算是怎么回事啊。最后还是很遗憾没弄成……”

著名表演艺术家刘兰芳：他的单段表演，在北方再也找不到这么一个人了

“要说新评书，除了袁先生绝对没有第二位，传统书真算得上炉火纯青、登峰造极。在东北的这批评书演员，几乎没有人不会说《肖飞买药》这几段书，老先生去世太可惜了……他的《肖飞买药》《许云峰赴宴》《江姐上船》在那个年代脍炙人口，家喻户晓。我认识他已经五十多年了，1961 年就认识了。那时他到鞍山表演，就看到他的《武松打虎》，是真好，就把他请过来做示范表演。到 20 世纪 60 年代，袁先生演出了《肖飞买药》，还有 70 年代的《桃花庄》、80 年代初的《灞桥挑袍》。他的单段表演，在北方再也找不到这么一个人了……”

著名评书表演艺术家田连元：他是我们评书界闯新路、表演上独具风格的泰斗级人物

“袁阔成先生跟我相识多年，早在我二十多岁、他三十多岁时，我们就认识了，那个时候正要求全国说书行业‘说新唱新’，当时很多说书的老艺人只会说老书，不会说新书，但袁先生在‘说新书’方面可以说是一名‘闯将’……袁先生的表演独具风格，不仅说得好，而且具有观赏性。他的台风漂亮、帅气干练，节奏鲜明，艺术见解也有独到之处，比其他同行高出一筹，是我们评书界闯新路、表演上独具风格的泰斗级人物……”

著名相声表演艺术家李金斗：他的评书艺术真的是具有警示后人的正能量

李金斗是袁阔成在世时正式磕头的义子，也是一直关系很好的朋友，平日常有来往。曾到医院探望袁阔成的李金斗回忆说：“我告诉他我去看他，结

⊙张伟和师父李金斗先生、师娘张蕴华先生与袁先生最后告别，右一为相声名家石小杰先生（冯赣勇摄）。

果他提前半个小时就坐起来等着我。我问他能不能回家过年啊？他笑着说没问题。他喜欢喝酒，我们还约着等他出院了喝点儿酒，我给他买炒肝吃。等我离开的时候，他还站起来送我……他的评书艺术真的是具有警示后人的正能量！袁先生出身评书世家，他的评书，可以说是老书说得到位，新书说得精品。他的新书《烈火金刚》《暴风骤雨》《林海雪原》《红岩》每一部都是精品……他的语言第一大特点是很正，用行话说就是口甜，而且只要是懂中国话的人，谁都能听得懂；他用语言刻画人物的能力特别强，无论是老书中的人物，还是现代人物，包括日本人，他都能表现得活灵活现。他的评书还有一个最大特点，就是都有潜在的包袱，很幽默。评书评书，第一是评，第二是书，这书不是只指故事，还有知识，有技巧。袁先生的《水浒传》为什么说得那么好，因为他以前练过武术，身上有功夫！老爷子为人特别低调，不愿多宣传炒作，他在评书界是首屈一指的第一位，但他从来不宣传自己，别人夸他时，他也说‘不要瞎捧，不好’。他对艺术非常严谨，对青年人也非常关心喜爱，并且要求严格。”

最让李金斗感动的是在2014年的一件事，那天一大早袁阔成就给他打电话说：“宝贝儿，我让你妹妹给你送个花篮去……今天是10月3日，你已经干了十一周年相声俱乐部了！相声园子不好干，能干十年以上太不容易了，你还在坚持着，我得向你祝贺！”李金斗当时就流下了眼泪，他说：“老爷子真的疼人啊！而且他身体能上台的时候，每个月都来园子说一次书，真的是让人敬爱的大艺术家！”

北京曲艺家协会副主席崔琦：大师、泰斗这样的称谓当属名至实归

“干爹在评书界的地位不容置疑，大师、泰斗这样的称谓当属名至实归。更有媒体称：‘古有柳敬亭，今有袁阔成。’我想这应该是干爹独有的殊荣。有人总结干爹的评书表演，具备了‘漂、俏、脆、帅’的特色，我个人觉得他的表演特点是‘火爆’，用白话来形容就是嘎嘣利落脆……田连元先生对我说：‘我们跟他比不了，我年轻的时候，他就已经是大马金刀了，可惜你没看见他当年的风采。’刘兰芳的先生王印权也对我说，袁先生的每一段书里都有一个亮点、一个绝活，是别人没有也学不来的。他和袁先生相识五六十年了，年轻时也说过评书，曾经请袁先生指导过一个抬腿开门的动作。结果，就这么一个动作，可以说是画龙点睛，他演出时使出去，立刻赢得满堂彩……干爹走的那天，我第一时间赶到家里，我向干爹的遗像磕了三个头并献上了我撰写的挽联：“巨擘千古纵横捭阖书道阔，大师百年评说善恶艺风成。”

中央人民广播电台编辑杨泽柱：再也听不到先生“骂”我了

“行里人都知道先生喜欢‘骂人’，身边的人都怕他。我也至今还记得挨先生的一次‘骂’。那是一次和先生约好三点见面，我掐着点到了，却见先生坐在那里勃然大怒：‘这是第一次，也是最后一次！’原来先生已经等了半个小时了。从此之后，我拖拉的毛病彻底‘根治’了。其实先生所谓的‘骂’实际是一种高超的语言技巧，他是在教年轻人规矩，激励年轻人奋进。就像一次金斗大哥说的：‘你小子就幸福吧，说明老爷子身体还好，还关心你。’可是现在，先生走了，再也听不到先生‘骂’我了……”

袁田先生的弟子关昀：近几年袁先生比较关心的是评书与时俱进的问题

“袁先生一直在专注自己的艺术，一直恪守着评书演员要看得起自己、要做学问的信条。他经常给我们讲，你看京剧的程式，看相声一辈一辈地传承，我们评书演员都应该很好地向人家学。我原来搞交响乐演出的时候，袁先生总是让我给他留一张工作票。坐在那里听听交响音乐会，有时候会化进他的书里……他说评书应该教如何做人，不能什么都说。袁先生只给中央台做过形象片，商业性的广告他从来不接……近几年袁先生比较关心的是评书与时俱进的问题，直到前段时间他还在挂念着世界反法西斯七十周年评书能说些什么。”

袁阔成一手培养的原营口曲艺团副团长文启东：袁老是我们膜拜的大师级的人物

“袁老师的艺术是以新为特点，他在艺术造诣上追求一个新，随着时代的变化而说书，与时俱进，抓得住时代的脉搏，这是留下袁派评书的一个关键……袁老是我们膜拜的大师级的人物，不是我们平常人所能评价的。可以说袁老是带着使命来的。我不是说他是神。通常像这种人，包括对待朋友，对待家人，对待艺术，他的能力是太强了……”

原营口市文联主席程克家：冠之以“德高望重、德艺双馨”名副其实

“初识袁阔成先生即给了我非常美好的印象，他完全没有想象中的名人架子，也没有那么多的‘讲究’。袁先生举止儒雅，文质彬彬，见人面带笑容，说话谦恭和蔼，常常在自嘲自贬中流露出他特有的机敏、幽默、风趣、俏皮，给人亲切、随和、一见如故之感……

“当年为了提携我这个新兵，每有名人名家来营口看望袁阔成先生，他都邀我赴会，出席作陪。比如著名相声大师侯宝林、黑龙江省曲艺团著名山东快书演员黄枫、鞍山市曲艺团著名快板书演员王印权，他们都是专程来看望袁阔成先生的。听他们的谈吐，随意畅快，谈笑风生，没有客套，没有恭维，真挚亲切，如兄弟般不分彼此。他们对袁先生的敬重，让我深深感受到袁先生在曲艺界名分之高，影响之大。“桃李无言，下自成蹊”，冠之以“德高望重、

德艺双馨”名副其实……

“袁先生从不向组织伸手要待遇，个人的事能克服就克服，也从不麻烦别人。袁先生一向自尊、自重、自律、自省，他是我的入党介绍人，更是我永远敬重的德艺双馨的艺术家。”

辽宁电视台导演史艳芳：我被先生的工作态度折服

“1987 年，我录制了袁先生的《水浒传》中独立成章近 30 集的评书《时迁大闹大名府》。录制开始没多久，我就被先生反复揣摩人物、认真研究情节和细分语言表现等工作态度深深地折服了。特别是每段的结尾，更是与众不同，不仅展示了先生的艺术魅力，还留下了令人特别期待的悬念。先生还非常支持我对录制《封神演义》的改革尝试，比如在营造书的氛围方面，先生从不拒绝特写、近景和其他角度的拍摄。有时为了镜头，我会打断先生的情感表达，甚至会破坏传统评书的习惯性，但先生都很配合，而且对我的失误先生也都包容和理解。”

原辽宁省委宣传部长王充闾：我和袁先生在营口一起参加农村社会主义教育运动

“第一次见到袁阔成先生是 1962 年他在盘山县沙岭带队慰问演出，那时他才 33 岁，尽管一路上风尘仆仆，但他仍是意兴盎然，一袭浅黄色的中山装，腰杆笔直，面庞方正，双目炯炯有神，透出一股勃勃的英气。

“1965 年，我和袁阔成先生在营口县大石桥镇东窑村一起参加农村社会主义教育运动，并同时帮助他收集、整理一些农村素材，以充实评书艺术资源。我们在东窑村同睡一铺炕，同吃农家的‘派饭’，还一同参加社员大会，一同下地干活。男女社员们习惯称呼他‘老阔’。他是市曲艺团团长，‘四清’规定一律不叫官衔，叫‘团长’也觉得隔着一层。叫‘老袁’吧？他刚过而立之年，并不老。直呼其名，又显得不太尊重。而‘老阔’这个称呼，亲切、得体，老少咸宜，应该说是很妙的……

“六个多月时间里，每个月至少有二十次，‘老阔’在午饭后或晚上，随地打场，即兴演出。有时，还到瘫痪老伯、孤寡奶奶家里去献艺。演出剧目绝大部分都是新书，有的段子是新编的，还未曾公演过……

六个多月的时间里，我听遍了袁阔成先生说的《红岩》《烈火金刚》《林

海雪原》《暴风骤雨》《赤胆忠心》《敌后武工队》《野火春风斗古城》等新书中的著名段子，既饱饫了精神滋养、艺术享受，更充分接受了革命传统教育，也从他那高尚的情操、品格、艺德中，认知了一位艺术家所应遵循的正确道路……”

袁阔成的弟子田占义：先生在业务上一丝不苟，在生活中对我关爱有加

“20世纪70年代末，我有幸向袁先生学习他的代表作《肖飞买药》。第一天，袁先生从早晨一直教到中午，该吃饭了，他对我说：‘走，咱爷俩吃涮羊肉去。’我一听，心里可高兴了，可算轮到我有机会孝敬一下老师了，没想到，袁先生拍着我的肩膀说：‘咱俩定个规矩，从今天起，谁工资高，谁请客。你没有我挣得多，今天我来请。’我还想再争取一下，袁先生一拽我的胳膊：‘嗨，走吧。’就这样，在业务上一丝不苟，在生活中对我关爱有加，袁先生的人格魅力在无形中影响了我。

“我年轻的时候，跟很多人一样，经常爱打听业内人的新闻，每次学习完之后，就爱跟老师说说这些。有一次，我正说得高兴，袁先生把我打住了：‘行啦，你知道的不少啊。张先生的事你知道，李先生的事你也知道，这里就是没你田先生什么事。以后心思别老往这上边放，多往书上放，多在书上下功夫。’袁先生告诉我，要把所有的精力都投入到评书艺术当中，要在业务上精益求精。

“几天来，我一直忙于办理老师袁阔成先生的后事，除去悲伤以外，还有无限惆怅。一闭上眼，四十年的往事，一件一件地浮现在眼前，仿佛刚刚发生一样……”

原中央电视台《曲苑杂坛》主持人汪文华：评书是我结识袁先生的机缘

“第一次看袁先生的舞台表演是在营口的艺术剧场。那一次袁先生的《肖飞买药》给我印象深刻极了！他的表演帅气洒脱，每个人物都极富个性，实在令我惊叹折服。后来我专程向袁先生学习《肖飞买药》，经过袁先生的悉心指导，我表演的评书《肖飞买药》在全军文艺汇演中获表演一等奖。后来我在央视录制播出的中篇评书《神州擂》又获得优秀节目演播奖。先生走了，但我永

⊙袁阔成义子阎洪春，学生李少朋、张伟和先生最后告别（冯赣勇摄）。

远忘不了先生对我的教诲，忘不了先生和我一起认真研究编导《曲苑杂坛》每一期节目的情景……”

袁阔成先生的弟子李少朋：他不仅是艺术家，更是一位慈父般的长者

“先生走了之后，我经常会梦到他，回想起很多和他在一起的日子。对待艺术他很严厉，在生活上很疼人，我学习评书《肖飞买药》的时候，一个鬼子走道的动作，他会示范多少遍来教我。我做不规范，一遍遍不让过，直到做对为止。我参加完了全国评书大赛，得了一等奖，他开心地拉着我：‘好儿子！’每次吃饭他都会点一个我爱吃的菜，总怕我吃不好，后来我进入影视圈，做了制片人，拍摄电视剧《榛园村》时，他几乎每个礼拜都要打电话找我到家里来，关心指导我应该注意的事项，一定要把作品的定位找准，一定要质朴，要有情，要拍就拍出大农民的形象来，歌颂我们的党和辛勤的劳动人民。屈指算来，我已经和先生相识半个多世纪了，和他有着跟别人不一样的感情，在我的心里，他不仅是艺术家，更是一位慈父般的长者。”

陪伴袁先生走完人生最后旅程的张伟：先生很为中国的评书发展前景担忧

“跟着袁先生七年，我最敬佩先生的一点就是：从他的脚本里你看不出什么东西，但经他一表演，一立起来就是活的，特别神。我曾经跟他聊过：‘先生，您就是天才。’他说：‘我不承认自己是天才，因为我真的下过很多功夫。’比如曾经为了一个掏枪的动作，他就苦思冥想设计了一个多月，其间看了很多武术、舞蹈、戏曲，从中汲取灵感和营养。袁先生的‘拿来主义’非常厉害，看了什么东西都能用到自己的作品里，像他有个《空中担架》的段子里面的一个动作，是看芭蕾舞时看到人家的大跳，他就在评书里根据这个自己设计了一个大跳……先生热爱评书表演事业，很为中国的评书发展前景担忧，近几年来他跟我聊得最多的，就是担心评书以后可怎么办……

“他老人家一直期盼能有很多‘九〇后’关注评书、学习评书。现在我在北京城市学院担任评书教学，如果他老人家能看到我教的这些曲艺专业大学生们在学习他的作品，刻苦钻研他的表演，他老人家这份夙愿我替他完成了，我想他一定会很安慰，会特别高兴的。

“八宝山送别时，我师父李金斗先生和师娘张蕴华先生亲自到八宝山送别先生，他们拿了一瓶珍藏多年的，也是袁先生生前最喜欢喝的茅台酒，师父师娘分别为先生敬了三杯酒。我遵照师父的话，在先生遗体前磕了三个响头，敬了三杯酒，事后大家都说这是徒孙对师爷最有人情味的告别……

“先生在世时每次外出吃饭会客，我都紧随身边，每次出门，我都要给他穿上外套，再戴上帽子。在和先生最后告别的时刻，我先为先生整理好被子、衣服，然后拿着礼帽，对先生说：‘先生，我再最后给您戴回帽子吧……’

“先生走了，每天早上八点钟布置任务，我拿笔速记的那一景儿没有了，先生训斥骂我的声音听不到了，想去为先生买他最喜爱的茶杯、小手包和蝈蝈也只有我自己了，有些想不通的事也没法和他说了……

“很多人说我的表演和为人都很像先生，很有他的影子，我觉得我不是像，而是和先生在一起的时候不知不觉间被他的一些魅力所感染，沾了他的仙气！”

大师远行

2015 年 3 月 8 日，一代评书表演艺术大师袁阔成先生的追悼会在北京八宝山公墓大礼堂举行。礼堂正前方悬挂着袁阔成先生的遗像，依然是那个双目炯炯有神、让人永远忘不了的舞台上神采奕奕的评书大师……

大厅里摆满了花圈挽联，覆盖着一面鲜红党旗的评书表演大师静卧在万年青和鲜花丛中，一片肃穆的大厅里，人们鱼贯走向前，默默向大师鞠躬，为大师远行作最后的告别。礼堂外的走廊里仍然站着长长的队伍，那是来自四面八方的“书迷”们，他们静静地等在院子里，只为给他们敬慕的、即将远行的大师送上最后一程……

春风中，杨子荣仍在舌战小炉匠，肖飞买药的神勇智慧仍在闪耀，还有江姐、许云峰，还有《三国演义》的金戈铁马……一句句，一声声，仿佛仍在耳边……

2016年4月18日，坐落在江苏泰州的评书评话博物馆正式开馆。馆内专门设立了评书大师袁阔成先生的展厅，厅内端立着袁先生塑像。袁先生的学生张伟赴泰州出席了开馆仪式并参观了先生的展厅，中国曲协主席姜昆先生和泰州的市委领导特意听取了张伟提出的修改意见。

袁阔成先生在世时一直对江苏泰州评书评话博物馆的建立十分关注。早在筹建初，就专门让女儿袁田和学生张伟代表自己赴泰州开会，并通过曲协向

⊙泰州评书评话博物馆袁阔成展厅

⊙泰州评书评话博物馆展出的青年袁阔成演出剧照

筹建的博物馆捐赠了自己的一枚私章和一把珍藏多年的扇子，还有书籍、光盘，以及马季先生赠送的大褂一件。此外，袁先生还让女儿袁田和学生张伟重新装裱了王震副主席的来信及《三国演义》发行的海报一并献上。

江苏泰州是被视为评书祖师爷的柳敬亭先生的老家，而袁先生又被誉为“古有柳敬亭，今有袁阔成”，如今，中国古今两位评书表演大师同在泰州闪烁光芒，可谓意义非凡。